# 质量与标准化论文集

江苏省质量协会
江苏省标准化协会 编

河海大学出版社
·南京·

**图书在版编目(CIP)数据**

质量与标准化论文集 / 江苏省质量协会,江苏省标准化协会编. -- 南京:河海大学出版社,2025.6.
ISBN 978-7-5630-9761-6
Ⅰ. F273.2—53
中国国家版本馆 CIP 数据核字第 2025CC0381 号

| 书　　名 | 质量与标准化论文集 |
|---|---|
| 书　　号 | ISBN 978-7-5630-9761-6 |
| 责任编辑 | 俞　婧 |
| 特约校对 | 滕桂琴 |
| 封面设计 | 槿容轩 |
| 出版发行 | 河海大学出版社 |
| 地　　址 | 南京市西康路1号(邮编:210098) |
| 电　　话 | (025)83737852(总编室)　(025)83787476(编辑室)<br>(025)83722833(营销部) |
| 经　　销 | 江苏省新华发行集团有限公司 |
| 排　　版 | 南京布克文化发展有限公司 |
| 印　　刷 | 广东虎彩云印刷有限公司 |
| 开　　本 | 787毫米×1092毫米　1/16 |
| 印　　张 | 14.125 |
| 字　　数 | 350千字 |
| 版　　次 | 2025年6月第1版 |
| 印　　次 | 2025年6月第1次印刷 |
| 定　　价 | 108.00元 |

# 《质量与标准化论文集》编委会

编委会主任：张　前　刘显浩

编委会副主任：顾　平　祁宁清　蒋顺祥

执 行 主 编：孙家琴　许　峰

编委会成员：张　前　刘显浩　顾　平　祁宁清　孙家琴　许　峰
　　　　　　蔡振华　赵诺奇　杨璐瑶　王玉云　魏慧丽　黄　凯
　　　　　　李　玟　齐　倩　李余东　蒋学澄

# 前 言
## Preface

在当今社会,质量与标准化已成为推动经济社会高质量发展的重要引擎。随着全球经济一体化的加速发展,质量与标准化在产业发展、国际贸易、社会治理等方面发挥着越来越重要的作用。江苏省作为中国经济的重要板块,一直致力于提升产品与服务质量,加强标准化体系建设。近年来,江苏省在质量与标准化领域取得了显著成就,涌现出大量富有创新性和实践价值的研究成果。为了系统梳理和展示这些成果,江苏省质量协会和江苏省标准化协会通过公开征集、单位推荐等方式,广泛收集了涵盖质量与标准化各个领域的高质量论文。在论文筛选及评审过程中,我们坚持学术性、创新性、实用性和前瞻性的原则,确保入选论文具有较高的学术价值和实践指导意义。经组织专家初审及终审,共评出 35 篇优秀论文。论文内容涵盖质量与标准化理论、质量技术与标准化创新发展、质量管理与标准化实践案例等多个方面。论文作者来自不同领域和行业,具有较广泛的代表性。本论文集展示了江苏省质量与标准化工作者在质量与标准化领域的研究成果与实践经验,旨在为社会各界提供一个交流思想、分享经验的平台,不仅为质量与标准化工作的开展提供新的思路和方向,也为相关领域的研究者和实践者提供一些宝贵的资料和参考。

展望未来,在新一轮科技革命和产业变革的形势下,质量与标准化工作任重而道远。我们要进一步顺应培育和发展新质生产力的需求,坚持以创新为先导,加快质量管理数字化转型,加强质量技术与标准化深度融合,推动质量与标准化工作向更高层次、更宽领域拓展,进一步强化质量支撑和标准引领作用,推动新质生产力加快发展。

在此,我们要向所有为本论文集作出贡献的作者、审稿人及工作人员表示衷心的感谢与崇高的敬意。正是有了你们的辛勤付出与无私奉献,才使得这部论文集得以顺利问世,同时,我们也要感谢所有支持和关注质量与标准化事业的同仁和朋友们,期待社会各界能够共同参与、携手努力,共同推动质量与标准化事业蓬勃发展。

编委会

2025 年 1 月

# 目 录
Contents

## 质量品牌篇

极简三维度大质量管理模式 003

实施红星传动"1253"质量管理模式 010

做新做强"泰州早茶"品牌 打造城市独特IP 020

提升QC小组活动自驱力的方法探索与应用 024

推动地下管网质量变革 筑牢城市安全"生命线" 030

"双碳"背景下企业质量管理创新策略探讨 035

多品种原粮检测中智能检测系统的研究与应用 041

品质创新,品牌非遗,云锦艺术,传承文明 047

综合智慧服务创新型企业质量文化建设路径研究 053

低碳视角下废弃电子烟的处置现状与思考 058

白酒酿造质量信息追溯平台的构建与应用 065

卓越绩效管理模式下的高效能质量管理探索 072

应用六西格玛方法提升海上风电集成电缆导体控制精度 077

打造日用陶瓷领先品牌,助力中国陶瓷全面振兴 093

"真善美"文化赋能企业质量管理实践与成果探究 096

六西格玛在提高汽车钢一次合格率中的应用 105

现场QA四阶段培养模型构建及应用 118

互联网经济下食品质量安全问题浅析 ···································· 123

## 标准化篇

基于 ARIMA 时间序列模型的活期资金沉淀标准预测 ···················· 129
标准化如何助力制药企业新质生产力发展初探 ···························· 136
新质生产力引领茶产业焕发"新容颜" ···································· 141
以战略性新兴产业标准化试点推动城市信息模型高质量发展 ·············· 146
汽车发动机冷却液冰点的不确定度评定 ···································· 150
基于隔空操作的 HUD 技术在新能源汽车中的标准化应用初探 ·············· 154
给孤残儿童一个温暖的家 ·················································· 159
试论标准化工作在新质生产力发展和经济转型升级中的作用 ·············· 163
基于数据出境的标准化工作推进 ············································ 166
多芯光纤在空分复用光传输系统中的标准化探索与实践 ···················· 171
深化实施标准化体系建设、推进标准化向项目化转变 ························ 180
构建智慧车站高标准市场体系 ·············································· 184
"智改数转网联"背景下医疗器械生产智慧监管标准化研究 ·················· 188
标准塑造管理形态,数字赋能市监效能 ······································ 194
高标准引领高质量发展 ···················································· 200
苏州市知识产权服务标准体系构建及发展策略研究 ·························· 207
数字经济与先进制造业融合发展中的标准化思考 ···························· 213

# 质量品牌篇

# 极简三维度大质量管理模式
## ——无锡宝通质量创新探索之路

濮强

无锡宝通科技股份有限公司

**摘　要：** 近年来，随着企业不断发展，在国家"高质量发展"、"双碳"战略等政策的大背景下，宝通公司确定了全新的发展战略："绿色化、智能化、一体化、全球化"战略（"新四化"战略）。面对国内外复杂的经济、政治环境压力，如何才能确保公司各项战略目标的顺利实现，无疑成为企业经营重中之重的课题。宝通"极简三维度大质量管理模式"正是在这样的背景下诞生的，本文将介绍这个由企业不断摸索、发展、创新出来的，同时考虑到产品质量、工作质量、经营质量三个维度的大质量管理模式。

**关键词：** 新四化战略　极简　三维度　大质量　创新　探索

## 1 引言

无锡宝通科技股份有限公司（以下简称公司）成立于2000年，前身为无锡橡胶厂。公司现有员工1 500人，年销售额约35亿元（2023年），主要产品为工业散货橡胶输送带等，广泛用于全球各大港口、码头、冶金厂、矿山等场所。在宝通公司20余年的发展过程中，公司不断完善和创新质量管理模式，探索并实施了"极简三维度大质量管理模式"，公司的质量管理逐步从传统的仅仅关注产品质量向关注工作质量、关注经营质量的大质量思想观转变，取得了明显的业绩。公司现拥有全国行业内规模最大、实力最强的研发基地，行业首家"国家企业技术中心"、业内首家CNAS实验室，"省级企业技术中心""省级工程技术中心""省级博士后科研工作站"等一流的创新平台。近年来，公司获得了行业内首个国家科学技术进步奖；同时也是国家863计划、国家重点研发计划、国家火炬计划等重大项目的承接单位。2023年，公司荣获江苏省省长质量奖提名奖。

## 2 全面推行"极简三维度大质量管理模式"

公司成立至今已有 20 多年,其发展历程实际就是一个质量管理不断创新、变革发展的过程。公司现阶段创建并全面推进的"极简三维度大质量管理模式"与之前不断积累、不断探索、不断沉淀、不断变革创新的质量发展之路是分不开的。早在 2018 年前后,公司就初步总结出了一套较为系统的质量管理方法:基于高可靠数据驱动的零缺陷的全过程质量控制管理方法(见图 1)。

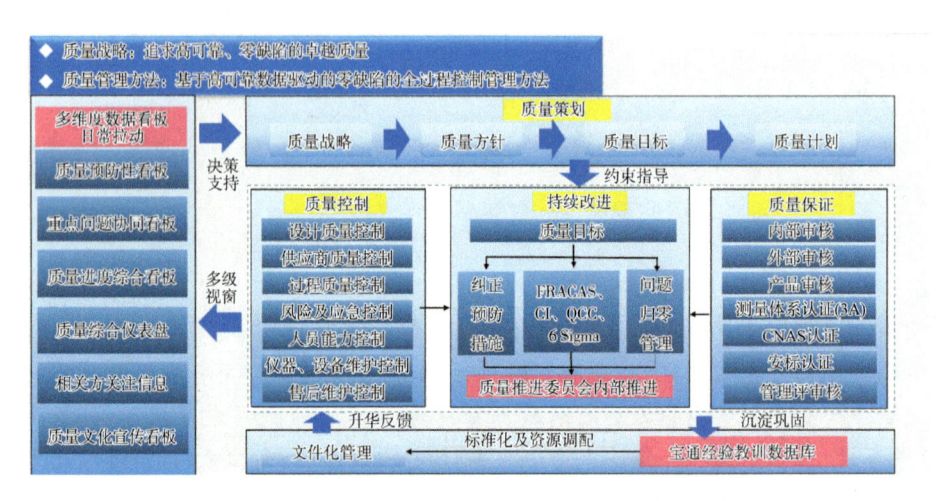

图 1 基于高可靠数据驱动的零缺陷的全过程质量控制管理方法

通过使用这套质量管理模式,公司的质量管理水平已达到行业较高水平,特别是在高可靠性方面得到了高端客户的认可。

2020 年,在大质量观的思想转变下,公司将原有质量管理方法进行沉淀,并将其作为基石,升级打造出新的质量管理模式:"双轮驱动、双擎支撑,永不停息的全栈式服务"的质量管理模式(见图 2)。

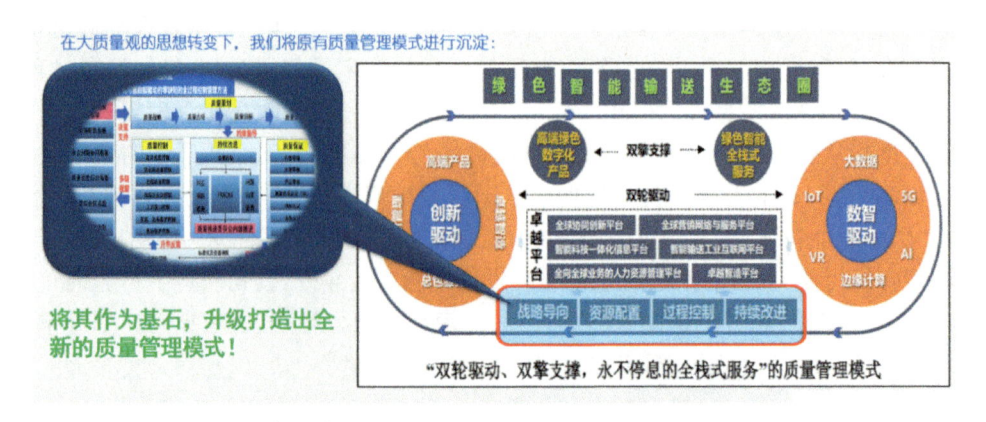

图 2 "双轮驱动、双擎支撑,永不停息的全栈式服务"的质量管理模式

经过两年多的实践探索,2022年初,在企业首席质量官的倡议以及集团董事长的大力支持下,公司明确了大质量发展观的思路,即"产品质量、工作质量、经营质量,一个都不能少"的原则,从而彻底将公司质量管理的范畴由传统的关注产品质量,扩展到工作质量,甚至经营质量的层面。

为全面推进和落实公司的大质量工作,公司正式成立"宝通大质量管理委员会",由董事长担任委员会主任,首席质量官担任委员会办公室主任并负责总体策划与推进。从此,公司开始全面推进大质量管理工作。

通过不断创新和变革,公司继续在原有质量管理模式的基础上,逐渐摸索出自己的大质量管理模式,即"极简三维度大质量管理模式"(见图3)。

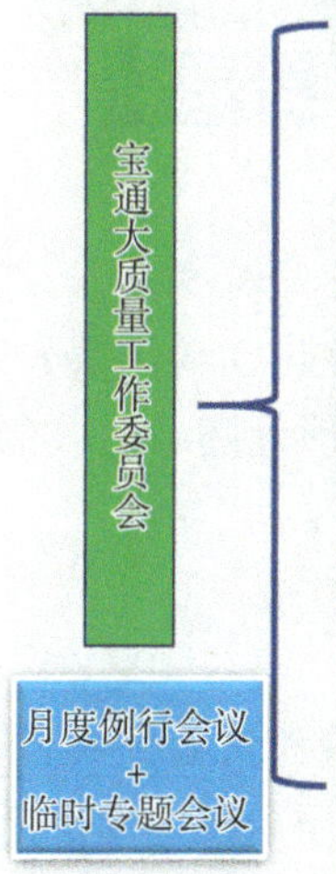

| | 重点工作项目 | 内容概要 |
|---|---|---|
| 产品质量 | 1、质量战略落实 | 加速"高可靠、零缺陷的质量战略"落地 |
| | 2、加速隐蔽工厂消除 | 取消返工专线、重复检验等隐蔽工厂工序 |
| | 3、供应链的全面升级 | 引领各主要原辅材料、外协供应商的战略方向,升级质量水平 |
| | 4、智能检测比重提升 | 加速推进自动检测设备项目比重提升 |
| 工作质量 | 5、管理体系流程再造 | 公司运营全过程再识别、再优化、再整合、再简化 |
| | 6、质量委员会网络铺设 | 集团大质量工作委员会以及各子公司、子部门基层质量工作委员会的建设以及能力提升 |
| | 7、质量成本精细管理 | 用经济效益促进质量工作快速推进 |
| | 8、质量成熟度评价体系 | 全面动态地掌握每日质量全局,定期评价公司质量管理成熟度 |
| 经营质量 | 9、大质量新模式 | 探索宝通全新的大质量管理模式,确保集团总体战略制定质量 |
| | 10、质量品牌文化建设 | 提炼、创建、宣传质量文化,并与政府主管部门、重点客户、行业协会、质量协会、质量专家等加强合作,梳理质量品牌 |
| | 11、大质量基金的运行 | 基金将用于奖励积极推动质量改善、质量创新、质量变革的优秀部门、优秀项目和卓越质量人员 |
| | 12、智慧质量技术探索 | 探索智慧质量等前沿质量技术 |

宝通大质量工作委员会
月度例行会议 + 临时专题会议

**图3 极简三维度大质量管理模式**

为了便于全员快速理解,公司直接将大质量工作简单分为产品质量、工作质量、经营质量三个维度,在实际落实过程中再将其细分为12个重点工作方向,然后层层展开,全面同步推进。

## 2.1 维度一:产品质量方向——追求高可靠、零缺陷的卓越质量

在保留橡胶输送带行业特点的基础上,公司坚决进行自我变革与自我创新,打破行业界限,借鉴了其他优秀行业(如汽车、医疗、航天、军工行业)的质量管理经验,全面推进零缺陷战略。

为确保成功,公司将零缺陷战略分为六个阶段,一步一个脚印去实现。经评估,公司在2022年初仅处于零缺陷的第三个阶段,即虽然可以做到"防止缺陷流出工序",但是工序内的一次合格率未被重视,各工序内仍然存在大量返工、二次处理、重复检验等情况(见图4)。

基于此,公司依据实际情况结合克劳士比经典14步推进落实总体零缺陷战略,设定的目标是到2024年底,初步达成行业内首家实现零缺陷的企业的战略目标。

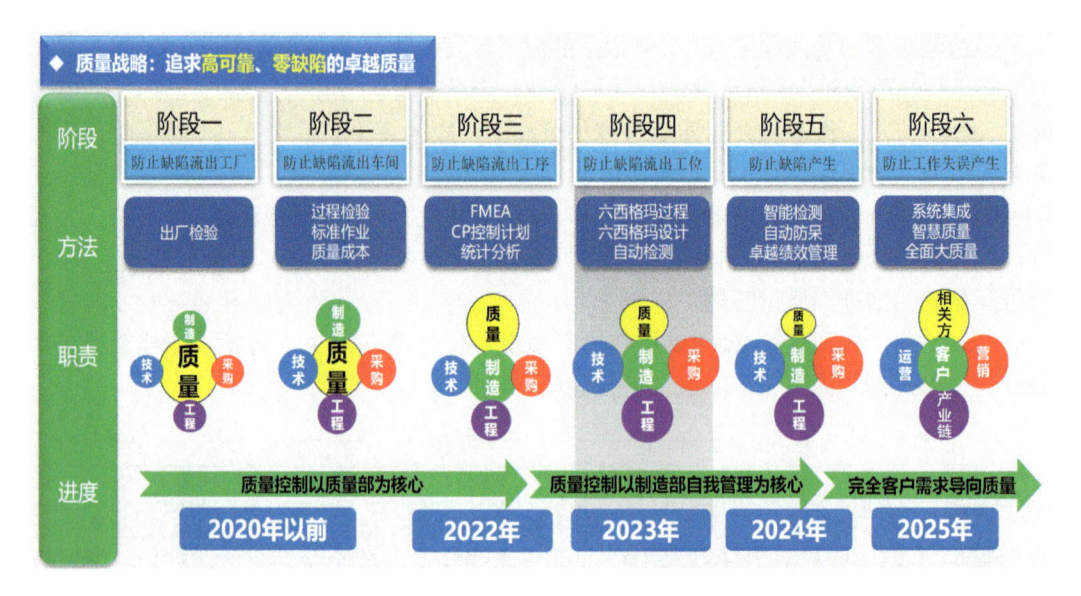

图 4 追求高可靠、零缺陷的卓越质量

实际上,2023年底,随着公司综合质量管理水平的快速提升以及各种自动检测仪器、防呆设备的陆续到位,公司已经初步实现零缺陷的战略目标(阶段四),预计随着公司智能化黑灯车间的不断增加,至 2025 年底将真正实现零失误(阶段六)。

## 2.2 维度二:工作质量方向——管理体系流程再造

在不断推进产品质量零缺陷的过程中,我们越来越发现如果工作质量无法得到确保,那么产品质量也根本无法确保。经过笔者仔细地调查,90%以上的产品质量问题实际上是人为失误造成的,所以提升工作质量水平迫在眉睫。

为此,公司主要从两个方面着手,一方面,由董事长指导成立"宝通大质量基金",并配套建立《宝通大质量考核制度》,将原来公司主要以处罚为主的考核制度变为以正面奖励为主的制度,特别是鼓励大家"第一次就把事情做正确"。公司积极奖励对质量有贡献的员工与团队,得到了广大员工积极响应,特别是第一批 32 个公司级改善课题得到了有效落实,不仅扩大了企业的经济效益和质量效应,也大大改善了公司的质量文化氛围,同时也涌现出一大批在促进质量提升方面表现优异的员工,这些都是公司的宝贵财富。

另一方面,公司全面梳理业务流程。首先,识别出公司产品生命全周期中的 10 个关键过程(包括 4 个价值创造过程和 6 个支持过程),然后对其进行细化梳理,将其分解为 31 个主要过程,并进一步细分为 186 个子过程。

公司对于每个子过程采用过程方法的分析手段,明确输入、输出等要素,查找非增值过程、冗余过程、职责模糊之处等过程痛点,从而优化过程。随着 186 个子过程首轮优化完毕,公司上至组织架构优化,下到车间班组日常生产计划落实,再到设备维护、物资采购、人员招聘、实验检测、库存管理等业务流程都得到明显改善,主要体现在一些关键 KPI 的大幅提升:生产节拍与周期的提升、单位成本的降低、客户抱怨的减少等。由于流程优化导致沟通成本、失误概率大幅降低,公司的工作质量得到了大幅的提升。

## 2.3 维度三:经营质量方向

在当前世界政治形势、经济形势复杂多变的态势下,如何确保公司始终走在正确的道路上?如何确保公司在转型发展决策中比竞争对手更快一步?针对这些问题,公司成立了"宝通集团战略管理委员会",公司首席质量官第一次被纳入集团战略制定的核心团队中。在首席质量官的建议下,集团战略委员会成员们学习了更加专业和科学的战略制定技能,同时也制定出一套战略制定和修改的规则——《宝通科技战略委员会管理办公室议事规则》,从而规范了公司总体战略的制定过程。经过不断的调研分析、总结讨论,公司结合自身的优势,确定了新的发展战略——"绿色化、智能化、一体化、全球化"战略(简称"新四化"战略,见图5)。

图5 宝通集团"新四化"战略

在宝通新的总体战略("新四化"战略)发布的同时,宝通集团战略管理委员会积极组织公司各大板块业务子公司进行战略分解,按照战略优先级有序分配资源、加速布局和落地执行。宝通"新四化"战略自实施以来,不到一年时间,就为宝通带来巨大的收获,如:在2022年7月,全球矿业巨头必和必拓集团与宝通科技共同研发的世界首条碳中和输送带产品,在宝通智慧工厂无锡基地正式下线(见图6)。该产品获得国际权威认证机构SGS颁发的全球首张输送带产品"PAS 2060碳中和达成宣告核证证书"(见图7)。

2023年3月,宝通集团董事长受邀出席澳大利亚全球矿业巨头力拓集团举办的杰出供应商颁奖典礼(近千家国际供应商参加),并荣获代表最高荣誉的总裁奖,宝通也因此成为现场唯一获此殊荣的中国企业。

图 6　世界首条碳中和输送带产品　　　　图 7　SGS 碳中和核证证书

## 3　管理创新之亮点

如今，公司在此前质量管理模式的基础上，创建并全面推进"极简三维度大质量管理模式"，这是一种对质量管理模式的简化，也成为公司质量文化的一部分。

当然，如果没有之前的质量文化沉淀，各项简化工作是无法达成的。笔者认为质量工作的推进必须一步一个脚印踏踏实实地去落实，并需要不断总结和提炼经验，而遇到困难往往意味着遇到变革和创新的机遇。基于上述情况，笔者总结出三个管理创新亮点。

### 3.1　创新亮点一：不断简化的质量管理模式

经过多次提炼，公司的质量管理模式愈发简单，有利于全体员工了解掌握。由于"简单"，这套管理模式能快速向各大子公司和供应链复制。"简单"也逐渐成为企业文化的重要组成部分。

### 3.2　创新亮点二：持续激励的"宝通大质量基金"

公司直接投入 200 万元启动资金，设立"宝通大质量基金"，并任命公司首席质量官担任基金委员会办公室主任。该基金主要用于奖励在各个层面的质量工作中作出贡献的员工。

值得一提的是，为了确保"宝通大质量基金"的长期运作，《宝通大质量基金管理制度》中规定了集团每年需持续投资启动资金的 25% 作为基金的补充。另外，每个公司级改善课题的首年度经济效益，经财务部核算通过后，直接划拨 5% 奖励员工团队，10% 补充到基金中，这些措施确保质量创新得到强有力的资金保障。

### 3.3　创新亮点三：公司大质量币的定制和推广应用

为了促进宝通质量文化的快速建设，更加快捷地奖励公司在质量方面表现突出的各级员工。宝通大质量基金办公室制定了《宝通大质量考核制度》并设计出宝通大质量币（铜币价值 50 元，银币价值 250 元，金币价值 500 元）。

每一枚质量币的背后,都有一个暖心的质量改善故事,员工舍不得将质量币兑换为现金,而是更加愿意珍藏质量币。宝通大质量基金办公室为此特意定期开展"质量币增值活动",用远超面值的精美礼品回收员工手中的质量币,让员工真实感受到,质量活动就是一项增值的活动!

制度实施第一年,宝通大质量基金办公室就依据《宝通大质量考核制度》发放了约2 789 枚大质量币,公司共 23 个部门 466 人次员工获得了奖励。质量币的发放极大地振奋了基层员工响应质量改进、质量创新的士气,逐步形成了良好的质量文化氛围(见图8)。

| 定制金、银、铜三种质量币 | 总经理颁发首枚质量币 | 董事长奖励优秀团队质量币 |

图 8　质量币的定制和推广应用

目前,宝通极简三维度大质量管理模式正快速向宝通山东、宝通澳洲、宝通泰国等子公司以及各大主要合作供应商全面推广。宝通公司作为行业龙头企业,利用自己的质量管理模式的通用性,有力地促进了产业链的高质量发展。

## 参考文献

［1］马林,何桢. 六西格玛管理[M]. 2 版. 北京:中国人民大学出版社,2011.

［2］中国质量协会,卓越国际质量科学研究院. 卓越绩效评价准则务实[M]. 2 版. 北京:中国标准出版社,2012.

［3］约瑟夫·A. 德费欧. 朱兰质量手册[M]. 中国质量协会,主持翻译. 7 版. 北京:中国人民大学出版社,2021.

［4］菲利普·克劳士比. 质量无泪[M]. 北京克劳士比管理顾问中心,译. 北京:中国财政经济出版社,2002.

# 实施红星传动"1253"质量管理模式

**陈军伟　徐美艳**

南京高速齿轮制造有限公司

**摘　要**：质量管理的发展要与时代的发展相适应，与企业的实际发展需求相匹配，现阶段小质量管理的思维模式已经不能完全契合企业实际发展需求，质量从业者必须具备大质量的理念，质量管理模式也需要更加具有前瞻性、实用性、落地性，与企业本身更加贴合，持续追求卓越质量。南高齿作为全球齿轮行业的领导者之一，历经50多年的发展，于20世纪90年代初开始先后导入ISO9001、零缺陷管理、六西格玛管理、汽车行业五大质量工具、《卓越绩效评价准则实施指南》(GB/Z 19579—2012)等卓越绩效管理标准和方法，由最初符合性质量转变为对卓越质量的追求，企业在此过程中完成体系的高度融合，建立引领齿轮箱传动领域的质量管理模式——红星传动"1253"，以企业使命作为使命力，以企业战略定位作为专注力，把"技术创新、管理提升"作为驱动力，驱动以客户为中心的NGCQS卓越质量管理平台运营，同时按照流程符合性、绩效结果实现度、可持续发展性三个维度去定期评估企业运营管理的成熟度。

**关键词**：红星传动"1253"　NGCQS运营平台　三维度评价　电子化审核平台

## 1　红星传动"1253"的形成背景和意义

南京高速齿轮制造有限公司(以下简称南高齿)以"为人类文明传递进步动力"为己任，致力于为全球用户提供齿轮箱与传动技术解决方案。南高齿始于1969年，从一个小机床维修厂逐步成长为一个国际化的大公司，在内部自我奋进、外部客户双擎驱动下探索出了不少企业发展的管理模式。其中比较有代表性的是红星传动"1253"质量管理模式。该模式是在质量管理发展的必要趋势、国家质量强国、企业多管理体系融合、企业以质取胜的现实背景下产生的。

首先，质量管理发展的必要趋势。1987年，ISO 9000问世，成为众多行业质量管理的基本体系规范。如今，数字化、网络化、智能化、"双碳"绿色等新兴产业需求已经越来越明确，并且伴随着人工智能的出现，对质量发展模式的适应性考量已经迫在眉睫。

其次，国家质量强国的迫切要求。国务院多次强调推进质量强国战略，进一步推进高质量发展、促进我国经济由大向强转变。目前国际环境复杂且严峻，欧美国家对我国的技术封锁是越来越明显，我们更迫切需要奋发图强，建立更加符合国情特色的质量管理要求，促进全面高质量发展。

再次，企业多管理体系融合的需求。近年来，企业为了提升自身竞争力，不断导入新的管理体系，如环境、职业健康安全、测量、ESG等体系，在理论上都能够对企业相关领域的工作质量有着极大的提升，但兼容性不足，导致无法发挥单个管理体系的最大作战能力。因此，体系的兼容性和融合度是发展的必要趋势，能减少它们独立运行所产生的"内耗"，更好地实现企业战略目标。

最后，企业以质取胜的管理生存需求。质量的发展要与企业的实际需求匹配，必须树立大质量的理念，质量管理模式也需要更加具有前瞻性、实用性、落地性。

南高齿在50余年的发展中不断优化自身的管理模式，形成了目前的南高齿"1253"质量管理模式，通过管理模式的有效运行，促进企业管理成熟度的不断提升，提升企业的竞争力，促进企业的全平台高质量发展。

## 2　推行红星传动"1253"质量管理模式的过程

回顾企业的质量发展历程，企业是在自我奋进和客户驱动双重动力中发展的，其间质量管理水平也在不断进步，为企业的发展保驾护航。企业以20世纪90年代推行的ISO 9001为基础，不断导入与时代相适应的先进质量管理体系、方法、技术、工具，如六西格玛管理、零缺陷管理、《卓越绩效评价准则实施指南》（GB/Z 19579—2012）、风险管理（ISO 31000）、汽车行业五大质量工具等，使产品质量从符合性质量逐步走向竞争性质量，形成了南高齿质量发展的峥嵘历程，保障了企业的可持续发展。企业质量管理发展历程（1969—2023年），如图1所示。

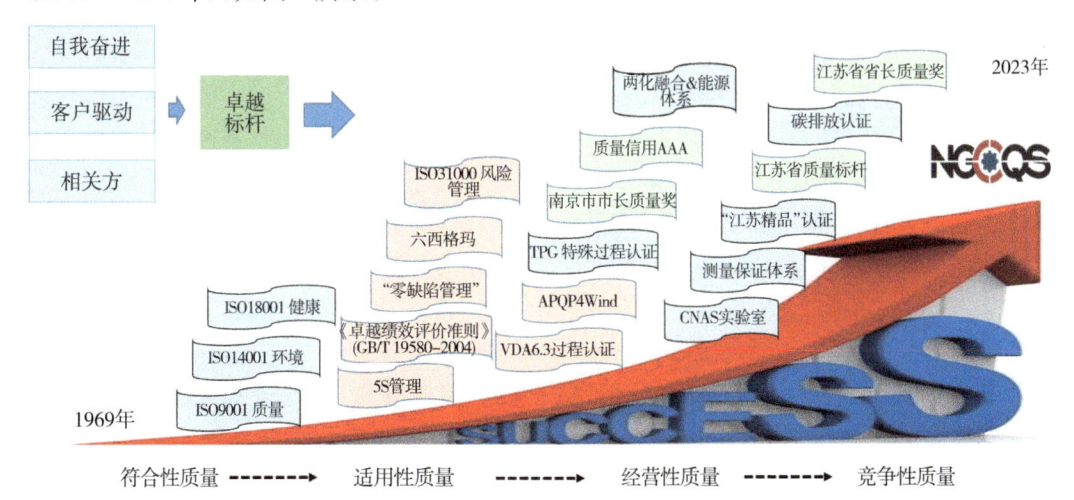

**图1　企业质量管理发展历程（1969—2023年）**

2012年逐步导入卓越绩效管理体系,通过申报政府质量奖等途径不断提升企业卓越绩效管理体系的水平,不断向优秀的企业、优秀的专家、学者请教、交流、学习。企业质量管理水平得到提升,并先后获得相关的荣誉。如南京市市长质量奖、江苏省质量信用AAA认证、江苏省质量标杆、"江苏精品"认证、江苏省省长质量奖、2023年中国质量奖提名奖(组织奖)。

鉴于卓越绩效管理体系的实施是大质量管理思维的贯彻,企业在质量管理发展过程面临的局限性挑战找到了有效突破口。企业通过不断提炼、总结,结合企业齿轮行业的过程、产品特色,提炼出了更加适合企业的质量管理模式,即红星传动"1253"质量管理模式,如图2所示。

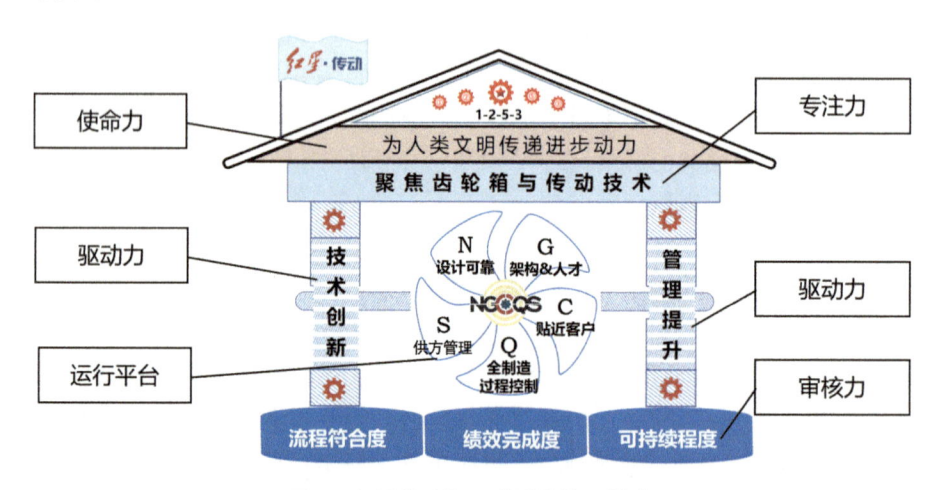

图2 红星传动"1253"质量管理模式

南高齿"1253"质量管理模式,秉承"为人类文明传递进步动力"的企业使命,以聚焦齿轮箱及齿轮传动技术为主线,以技术创新、管理提升为两大驱动力,驱动以客户为中心的NGCQS大质量管理五大方面的有效运行,同时通过流程符合度、绩效完成度、可持续程度三个维度去评估整个管理模式的成熟度。

在专注力方面,坚持"1"主线——聚焦齿轮箱及齿轮传动技术,南高齿在五十多年的发展过程中始终坚持专注齿轮箱的技术研发和生产制造,全力聚力打造国际一流的齿轮箱,这也是企业始终坚持的战略定位。

在驱动力方面,坚持"2"驱动——以"技术创新、管理提升"为双驱动。

在技术创新上,南高齿坚持科学技术是第一生产力,鼓励、提倡全方位的技术创新,通过搭建多个创新平台,如国家认定的企业技术中心,机械工业风电传动系统重点实验室,江苏省高速、重载机械传动系统研究中心,高速重载齿轮创新示范基地,热处理全国创新示范基地等,按照"一个中心,三条主线"的创新思路,围绕着齿轮箱八大核心技术进行创新。

在管理提升上,企业坚持"一切都是管出来的"思维导向。在企业使命、愿景、价值观的驱动下,涌现出很多先进的管理制度,如南高齿"1253"质量管理模式、NGCQS管理体系,"变形、修形、塑形"的人才培养制度、"七道门"产品开发管理制度、六西格玛管理制度、全员CIP持续改进管理制度、"AAA"检验能力认证制度、"六步法"风险管理制度等。

在运营力方面,坚持"5"实施方面——NGCQS大质量管理体系五大方面的有效运行,"N"为新产品可靠性设计,"G"为专注卓越架构与人才建设,"C"为以客户关注为焦点,"Q"为全制造过程质量控制,"S"为供应商质量管理。NGCQS运营体系的含义和标准如图3所示。

在评估力方面,坚持"3"评估维度,从流程符合度、绩效完成度、可持续程度三个维度去评价质量管理模式的成熟度。

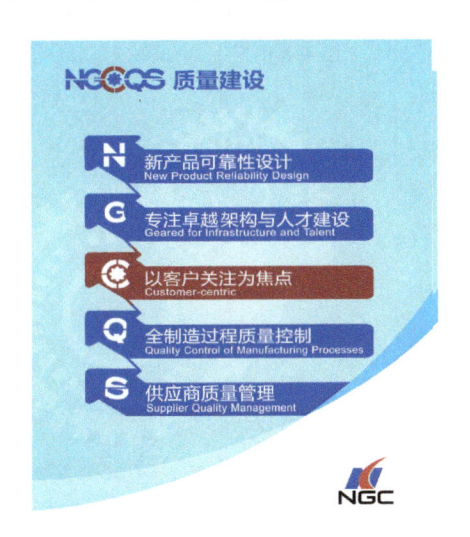

**图3　NGCQS运营体系的含义和标准**

南高齿卓越质量管理体系(NGCQS)的整体结构设计分为两个层面:横向结构和纵向结构。横向结构分为三个维度,即体系流程成熟度标准、绩效管理成熟度标准、可持续发展成熟度标准;纵向结构采用树状结构,分四个层级,具体如图4所示。

一方面是横向结构维度,它打破了单一体系标准符合性评估,增加了过程绩效评估以及可持续发展维度的评估,形成了体系流程成熟度、绩效管理成熟度、可持续发展成熟度三维度评估的标准,有效弥补了目前体系评估的局限性,在体系流程成熟度的基础上也要评估绩效管理的成熟度,同时关注是否具备可持续发展的成熟度。引入定量化的评估结果替代传统定性的评估,有利于持续提升成熟度。NGCQS体系的三维度结构如图5所示,三维度成熟度评估模型按照不同比例开展成熟度评估,成熟度满分为100%,其中体系流程成熟度占比60%,绩效管理成熟度占比30%,可持续发展成熟度占比10%。

另一方面,纵向结构采用树状结构,以NGCQS体系为一级根系,NGCQS体系的五大方面为二级主树干,再分三级枝干、四级树梢。各级模块、条款与相关国家、行业标准的条款建立对应矩阵关系。

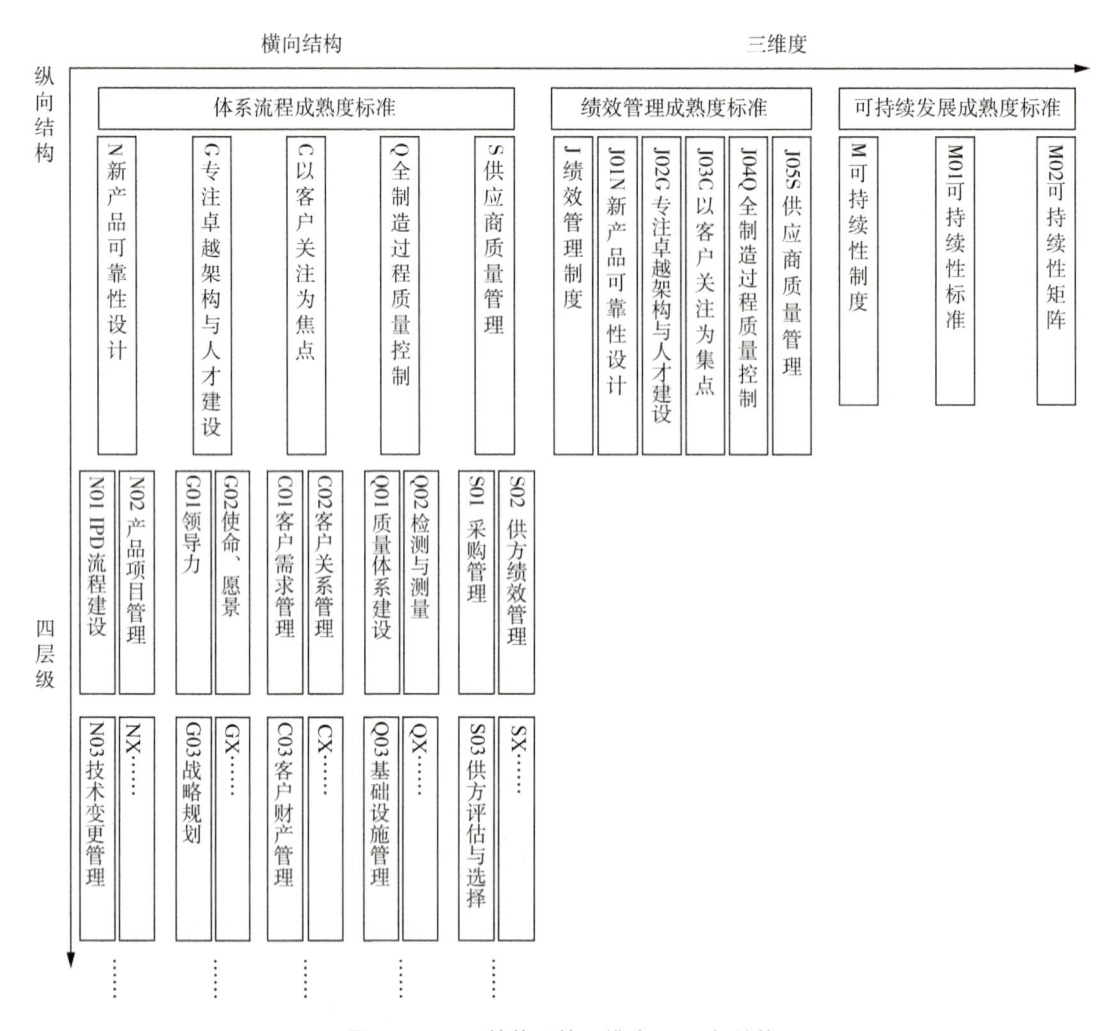

图 4　NGCQS 的体系的三维度、四层级结构

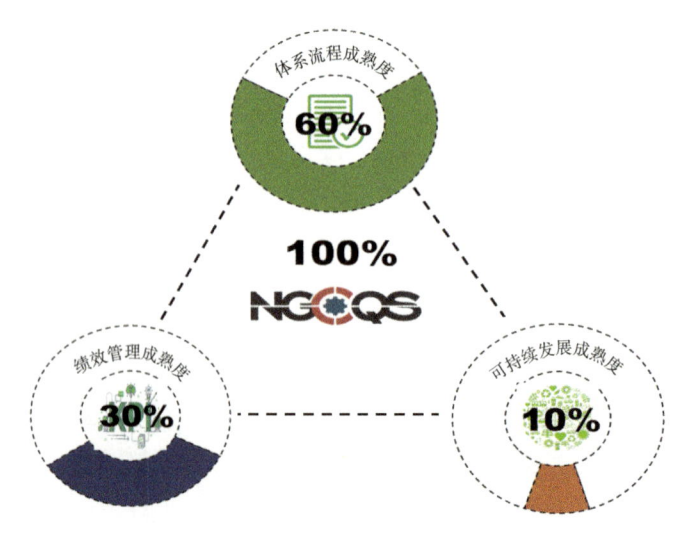

图 5　NGCQS 体系的三维度结构

基于NGCQS体系的三维度结构,同时依据NGCQS评估量化的得分对体系的成熟度进行等级划分,划分为四个等级:卓越级(S)、成熟级(A)、规范级(B)、成长级(C)。

NGCQS体系管理成熟度等级基本标准如表1所示。

表1　NGCQS体系管理成熟度等级基本标准

| 等级代号 | 等级名称 | 等级得分(分) | 等级标准 | 行动策略 |
| --- | --- | --- | --- | --- |
| S | 卓越级 | X≥85 | 全球行业的领导者 | 标杆推广 |
| A | 成熟级 | 70≤X<85 | 体系流程成熟、管理高效、绩效突出、创新驱动绿色 | 创新驱动 |
| B | 规范级 | 60≤X<70 | 体系流程完整、管理有效、绩效达成、持续改进 | 持续改善 |
| C | 成长级 | X<60 | 体系流程初建、管理磨合、绩效波动、目标模糊 | 及时整改 |

体系流程成熟度主要反映管理体系的策划、执行的前瞻性、有效性、适用性,其等级基本标准如表2所示。

表2　体系流程成熟度等级基本标准

| 等级代号 | 等级名称 | 等级得分(分) | 等级标准 | 行动策略 |
| --- | --- | --- | --- | --- |
| S | 卓越级 | X≥85 | 体系流程策划具有前瞻性,体系管理是全球行业的领导者 | 标杆推广 |
| A | 成熟级 | 70≤X<85 | 体系流程策划适用性强、体系运行有效性好、执行力基本到位 | 创新驱动 |
| B | 规范级 | 60≤X<70 | 体系流程策划完整、运行基本有效、大部门流程执行到位 | 持续改善 |
| C | 成长级 | X<60 | 体系流程部分策划、仅部分流程执行、整体适用性不强 | 及时整改 |

绩效管理成熟度主要反映绩效管理制度、绩效项目设置、监控的科学性,重点关注的是绩效的完成情况、绩效的竞争力。绩效管理成熟度等级基本标准如表3所示。

表3　绩效管理成熟度等级基本标准

| 等级代号 | 等级名称 | 等级得分(分) | 等级标准 | 行动策略 |
| --- | --- | --- | --- | --- |
| S | 卓越级 | X≥85 | 绩效科学合理、超出期望、引领行业 | 标杆推广 |
| A | 成熟级 | 70≤X<85 | 绩效科学合理,能够较好地达成目标,具有长期性增长趋势 | 创新驱动 |
| B | 规范级 | 60≤X<70 | 具备绩效策划管理、目标基本达成、绩效有波动性 | 持续改善 |
| C | 成长级 | X<60 | 绩效策划碎片化,整体绩效不明确、有随机性 | 及时整改 |

可持续发展成熟度主要关注的是内部上下游相关方的需求被满足的情况,强调组织的整合能力、协助能力,其等级基本标准如表4所示。

表 4  可持续发展成熟度等级基本标准

| 等级代号 | 等级名称 | 等级得分(分) | 等级标准 | 行动策略 |
|---|---|---|---|---|
| S | 卓越级 | X≥85 | 充分识别上下游相关方的需求,具有前瞻性,能高效地带动相关方共同发展 | 标杆推广 |
| A | 成熟级 | 70≤X<85 | 识别上下游相关需求,积极配合解决相关问题 | 创新驱动 |
| B | 规范级 | 60≤X<70 | 部分识别上下游相关需求,按照流程要求配合推动相关问题的解决 | 持续改善 |
| C | 成长级 | X<60 | 对上下游相关方及需求模糊、被动、推诿式地应对问题 | 及时整改 |

以上是 NGCQS 体系管理成熟度三个维度的基本指导标准,针对每个等级的标准也有明确的定义,专业审核员在审核时,对照标准、结合自身理解进行评估打分(打分范围为 0~10 分),最终通过如图 6 所示的过程计算企业整体运营管理成熟度。

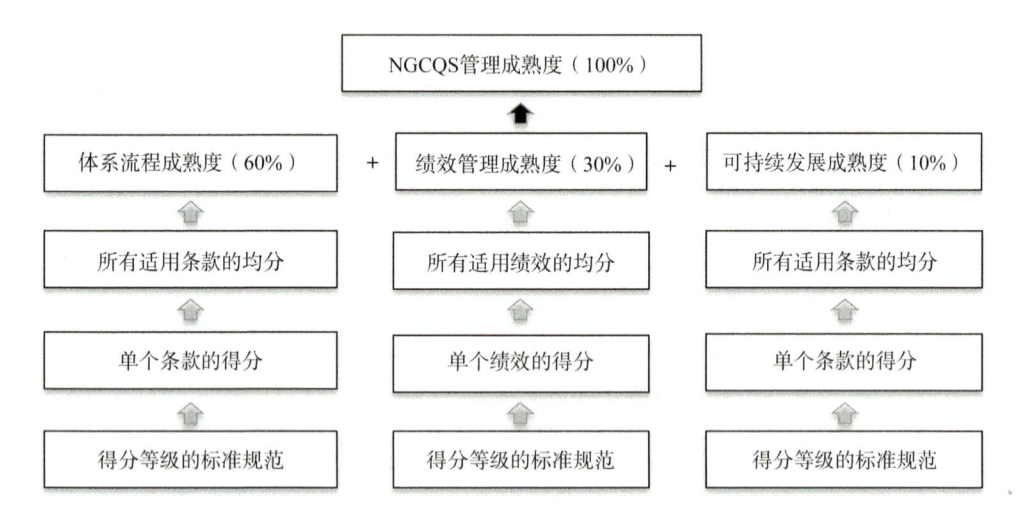

图 6  NGCQS 管理成熟度的得分计算过程

在结合 ISO 9001 质量管理体系、VDA 6.1 质量管理体系、《卓越绩效评价准则实施指南》(GB/Z 19579—2012)、行业体系要求、企业客户体系要求等相关体系的基础上,南高齿编制了 NGCQS 体系的实施、评估标准。同时,为配合 NGCQS 体系更好地推广和实施,南高齿结合质量数据化、智能化的趋势,针对 NGCQS 体系,搭建了 NGCQS 信息化推广和实施平台,如图 7 所示。

NGCQS 标准条款(部分)如图 8 所示。

NGCQS 标准实施审核表由电子化平台、模块化自动生成,可以打分、记录、上传多种形式证据附件,同时实现不符合项的闭环管理。

相关审核评估结果,除了可以评价企业整体运营成熟度和三维度成熟度,也可以评价 NGCQS 五大模块的成熟度水平,如图 9 所示。

质量品牌篇

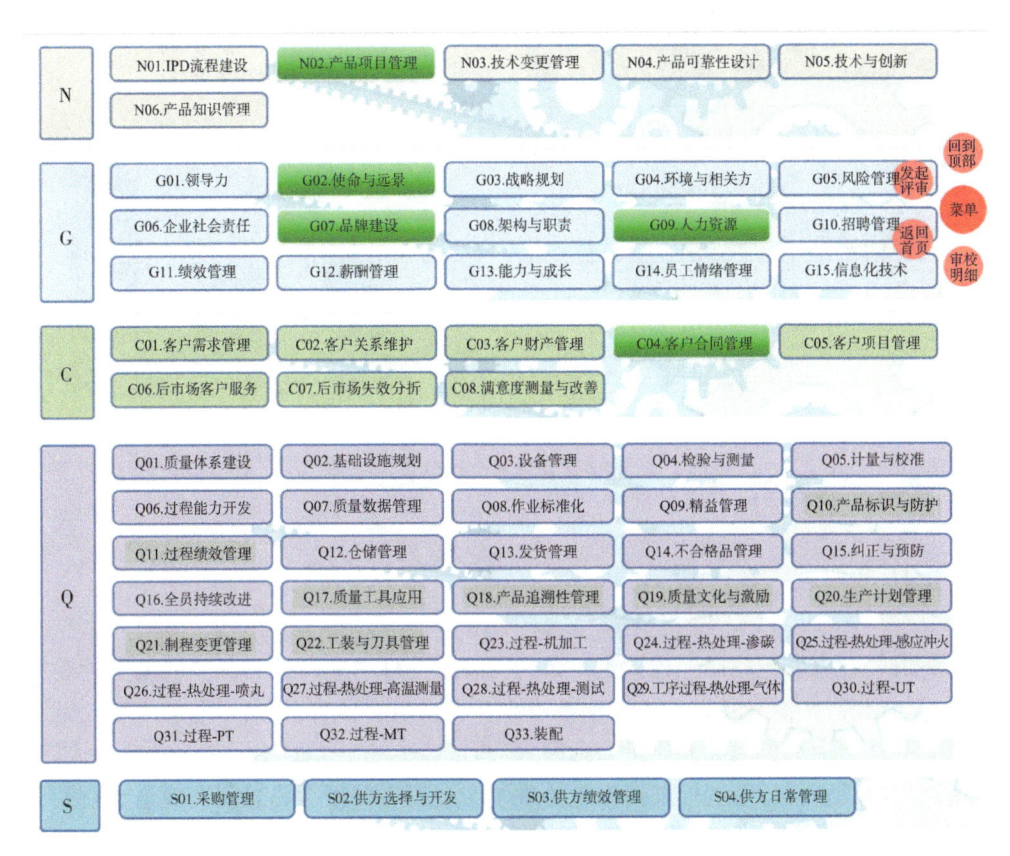

图 7　NGCQS 信息化推广和实施平台标准模块一览（部分）

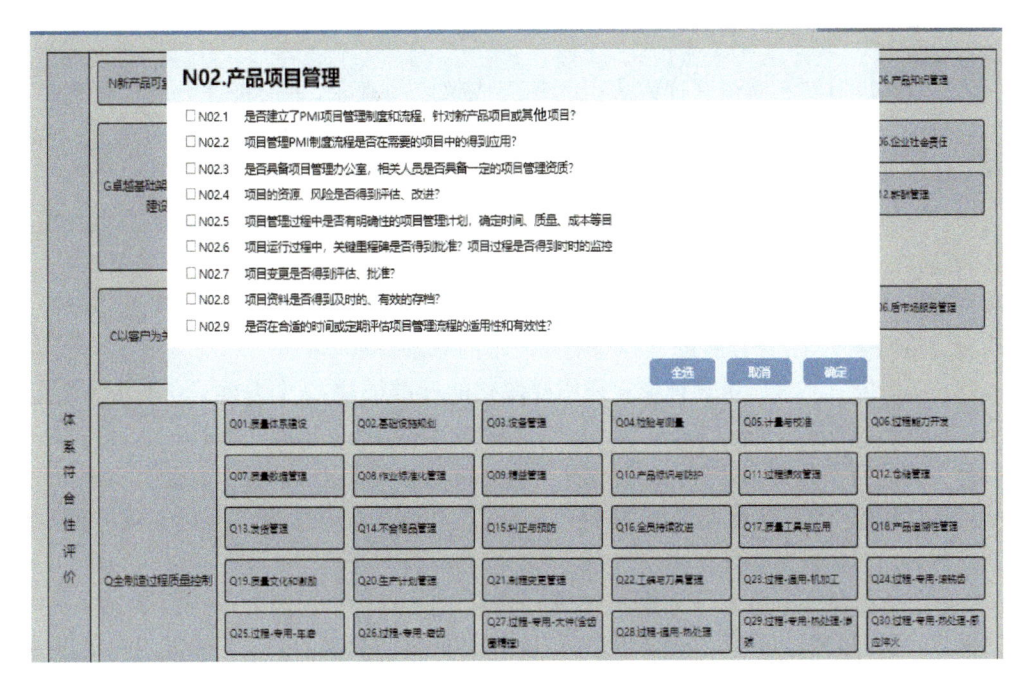

图 8　NGCQS 标准条款（部分）

| NGCQS | 72.9 |
|---|---|
| NGCQS 模块 | 得分 |
| N 新产品可靠性设计 | 75.6 |
| G 专注卓越架构与人才建设 | 75.7 |
| C 以客户关注为焦点 | 71.6 |
| Q 全制造过程质量控制 | 71.9 |
| S 供应商质量管理 | 71.6 |

NGCQS 审核三维度分析

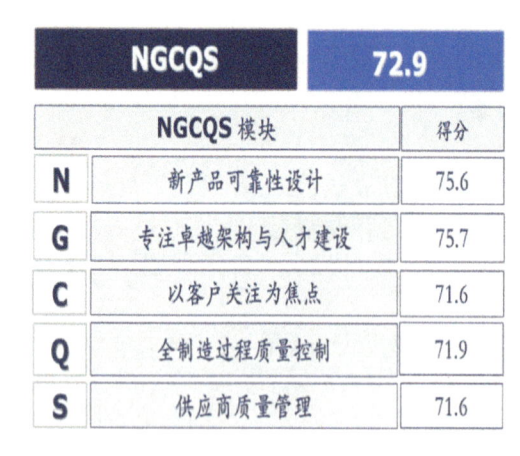

体系流程 71.09　绩效管理 70.52　可持续发展 82.45

图 9　多维度分析结果

## 3　红星传动"1253"模式的先进性

南高齿风电主齿轮箱已经连续十年市场占有率全球第一。作为国家风电主齿轮箱设计标准的制定者,南高齿在风电主齿轮箱行业有着一定的影响力,是风电供应链关键零部件的重要一环。南高齿"1253"质量管理模式,通过以下几个方面体现其先进性和独特性。

南高齿"1253"质量管理模式清晰地体现了企业发展的指导思想和实施途径,在"为人类文明传递进步动力"的企业使命指引下,专注于齿轮箱与传动技术,以"技术创新、管理提升"为驱动力,驱动 NGCQS 大质量管理体系五方面的有效运行,同时从三个维度评价质量管理体系的成熟度,以持续改进。该模式本身就是较大的创新,也是符合质量管理发展的大趋势。

(1) 南高齿"1253"质量管理模式引入管理成熟度的理念,更加符合大质量管理持续改进的思想,建立三维度成熟度评价等级(卓越级、成熟级、规范级、成长级)及量化指标,对每个评价条款都建立了得分标准。

(2) 南高齿"1253"质量管理模式既紧紧跟随大质量管理的发展,又体现出自身的独特性、创新性,在 ISO 9001 质量管理体系、GB/T 19580—2012、VDA6.1、ISO 31000、企业特殊规范要求等传统、先进体系的基础上,创建了《NGCQS 卓越质量管理实施指南》,是传承、是整合、是文化,符合质量发展和企业需求的双重要求。

(3) 南高齿"1253"质量管理模式采用模块化的标准模块,1 个总模式("1253"质量管理模式)、5 个方面模块(NGCQS)、23 个子模块、83 个次子模块、数千条标准。同时,搭建了配套实施的电子化平台,既可快速实现各个模块的随机组合,也可快速建立审核、评估标准,实现在线一键审核检查单、审核报告生成,这在国内质量管理体系电子化方面具有引领的意义。

(4) 南高齿"1253"质量管理模式的核心内容 NGCQS 标准是动态的标准、是与时俱进的标准,可以根据内外部环境的变化、企业的需求适时更新标准,实现定制化的要求。NGCQS 标准将传统体系的标准条款更加细化,既有利于员工快速地理解和吸收,也有利于企业文化的传承。

（5）南高齿"1253"质量管理模式建立评估制度,既可以实现NGCQS五个模块成熟度的评估,也可以实现三个维度的评估。在实际实施过程中其量化的评估条目能够有效促进各个模块、各个业务部门的改进,创建了标杆管理的方式。

## 4 红星传动"1253"实施成效

红星传动"1253"质量管理模式自2017年创立后,已经在集团内多个事业部得到推广和落实,并在发展的过程中不断地优化,帮助各事业部不断提升其管理水平和业务的竞争力,同时也得到了客户、供应商、行业同仁的一致好评。

该模式既考虑了传承,又体现了创新,深刻贯彻了新的发展理念,提出了管理成熟度的指标、建立模式的指导标准,采用模块化组合方式搭建了质量管理电子化的方法,是一套全行业都可以借鉴的管理模式,具有较好的推广价值和长远意义,为大质量发展的探索提供了思路和方法。

在市场占有率方面,截至2023年底,南高齿全球市场占有率35%,国内市场占有率56%,连续十多年市场占有率居全球第一。

在技术方面,南高齿荣获国家科学技术进步奖二等奖等数十项奖项,主持或参与国际、国家标准13项,拥有357项技术专利。

在质量管理方面,南高齿体系管理成熟度从50分逐步提升到75分,每年度开展六西格玛项目、QC小组活动1 700余项,先后获得南京市市长质量奖、江苏省省长质量奖、江苏省质量信用AAA、江苏省"质量标杆"、中国质量奖提名奖(组织奖)。

在其他方面,南高齿同样成果颇丰,它是工信部首批制造业单项冠军示范企业、国家技术创新示范企业、国家企业技术中心、工业品牌培育示范企业等。

## 参考文献

[1] 全国质量管理和质量保证标准化技术委员会.卓越绩效评价准则 GB/T 19580—2012[S].北京:中国标准出版社,2012.

[2] 全国质量管理和质量保证标准化技术委员会.卓越绩效评价准则实施指南 GB/Z 19579—2012[S].北京:中国标准出版社,2012.

[3] 全国质量管理和质量保证标准化技术委员会.质量管理体系 GB/T 19001—2016 应用指南[S].北京:中国标准出版社,2018.

[4] 约瑟夫·M.朱兰,约瑟夫·A.德费欧.朱兰质量手册[M].焦叔斌,等译.6版.北京:中国人民大学出版社,2003.

[5] 雷纳特·桑德霍姆.全面质量管理[M].段一泓,胡欣荣,译.北京:中国经济出版社,2003.

[6] 张根保,何桢,刘英.质量管理与可靠性[M].北京:中国科学技术出版社,2001.

# 做新做强"泰州早茶"品牌　打造城市独特 IP

顾维中

泰州市品牌建设促进会

**摘　要**："泰州早茶"承载着泰州美食的独特味道,既是引流量、促消费、惠民生、稳就业的重要渠道,又是展示城市魅力、吸引外地客商的金字招牌。早茶产业方兴未艾,做新产品矩阵,做优生产方式,做强平台支撑,用"一座城办一件事"精神,齐心协力打造"泰州早茶"城市独特 IP,实现消费由简单的"吃、住、游"向更高水平的"品、享、赏"飞跃。

**关键词**：早茶　城市　品牌

人间烟火气,最抚凡人心。"泰州早茶"的烟火味道和市井气息,既是百姓日用,也是文化表达。解读"泰州早茶"品牌内涵,拓展"泰州早茶"品牌张力,做精"泰州早茶"美食品牌,让"泰州早茶"成为城市独特 IP,发挥传播城市形象、拉动经济社会繁荣发展的重要作用。

## 1　聚焦早茶,做精"泰州早茶"美食品牌

早茶是泰州人民的至爱,反映着泰州人民恬适、安逸的生活哲学。在泰州,无论是在城市集镇还是在大街小巷,早茶店铺都随处可见、宾客盈门。全市早茶餐饮店达 5 300 余家,从业人员达 15 万人,早茶企业收入达 54.74 亿元。会宾楼、古月楼、留芳茶社、望海雅居、一枝春、富春、金月楼等 30 多家骨干企业,蟹黄汤包、松子烧卖、烫干丝、鱼汤面及兴化茶头、黄桥烧饼等特色面点受到食客好评,吸引苏南、上海等地游客慕名前来。

但横向对比分析,省外广东早茶、沙县小吃、淄博烧烤,省内扬州、无锡早茶等品牌各领风骚,相比之下,泰州早茶产业带动力不强,市场竞争力较弱;生产方式粗放分散,精致、精细程度较低,食材质量、制作水平参差不齐,早茶配套服务不系统;消费群体多为中老年群体和外地游客,对年轻人吸引力不足。因此,要致力于将"泰州早茶"打造成城市特色 IP,不断提升泰州早茶产业规模化、标准化、品牌化水平,带动更多人品尝泰州早茶、爱上泰州早茶、推介泰州早茶、生产经营泰州早茶,让"泰州早茶"成为既叫好又叫座的响亮品牌。

## 1.1 做新产品矩阵

积极对接现代健康理念和年轻人眼光,走素食化、轻量化、年轻化路线,探索原料、口味、包装、场景有机组合,逐步建立起"泰州早茶"多元化、多层次产品体系。一是顺应素食化趋势。学习宁波汤圆单品创新方案,创新原料配方,推出秧草包等新产品,开发更多健康养生的素食产品。二是探索轻量化包装。把包子做小一些,面条下少一些,价格降低一些,满足食客们多品尝几道早茶美味的欲望。三是吸引年轻化群体。积极开发年轻人喜爱的早茶品类、外卖型早茶套餐,开辟"泰州晚茶"新模式,适当增加咖啡、奶茶等时尚元素,再配以独特的文创包装,必将赢得年轻人的青睐,打开一片新市场。

## 1.2 做优生产方式

推动集约化、标准化、数字化生产,探索工业生产对早茶品种口感的优化和提升,构建现代化的生产和经营模式。一方面,推进集约化生产。借鉴柳州螺蛳粉全产业链标准化体系建设经验,谋划"中央厨房"标准化生产线,整合全市早茶资源,实现集中采购、标准化生产和检验、统一包装、冷冻储藏、统一配送等功能,进一步扩大早茶产能。另一方面,抢占预制菜风口。学习盱眙龙虾发展经验,按照"种养殖基地+中央厨房+冷链物流配送+餐饮门店"模式,通过物流冷链统一配送,抢占预制菜市场发展先机。鼓励龙头企业在"泰州早茶"精深加工、预制菜等领域精准发力,开发真空包装、自熟自热的早茶产品。

## 1.3 做强平台支撑

"泰州早茶"的可持续发展,需要公共服务平台和人才培养平台两个方面的有力支撑。在公共服务平台方面,参考武汉热干面产业协会的模式,打造早茶产业公共服务平台,推进"泰州早茶"工厂标准化、品牌形象统一化,进军全国市场。学习镇江锅盖面行业协会经验,大力推广制作规程、推进产品研发、打造早茶品牌、开办培训学校,为早茶企业做好全方位服务。与全国性行业协会合作,举办中国名小吃文旅嘉年华活动,加快打造"中国早茶地标美食城市"。在人才培养平台方面,学习螺蛳粉产业学院发展经验,成立泰州早茶产业学院,加快培养泰州早茶技艺大师,持续提升早茶产业从业人员素质,形成源源不断的人才梯队。

# 2 共建共享,打好"泰州早茶"品牌建设组合拳

"泰州早茶"承载着泰州美食的独特味道,是引流量、促消费、惠民生、稳就业的重要渠道,背后连着大民生大市场。同时,它还是展示城市魅力、吸引外地客商的金字招牌。因此,需用"一座城办一件事"精神,众志成城、齐心协力,全力打造"泰州早茶"优势品牌。

## 2.1 加强顶层设计

以塑造"泰州早茶"城市品牌为目标,带动泰州城市形象整体提升,进而促进经济社会全面发展。一是成立"泰州早茶"产业发展专班,坚持高点定位、科学谋划,精准施策、定向

发力，统筹推进全域旅游、文化教育、乡村振兴、对外宣传等领域与早茶产业融合发展。二是制定早茶产业发展规划，从发展思路、推进机制、资金保障、行业管理等各方面明确早茶产业高质量发展的方向、路径，科学合理规划布局区域和业态，加快推进早茶产业园区、主题特色街区建设。三是出台"泰州早茶"全产业链标准体系，系统化编制"泰州早茶"示范店、服务规范等标准，制定早茶制作标准规范体系，实现从生产到烹调、再到埠外推广全流程标准化。

## 2.2 政企通力协作

以"政府搭台，商家唱戏"为策略，创新机制，发展早茶产业，做足早茶文章。一是在政府层面设立"泰州早茶"产业发展基金和融资担保基金，构建长久长效的资金保障机制，助力"泰州早茶"及相关产业协同发展。二是在企业层面加大奖补力度，组织开展全市早茶名企、名店、名点等星级评定，金牌厨师、金牌面点师、金牌店长、金牌服务员等"泰州早茶"优秀人才评选活动，并给予相应奖励。对市场上的特色单品、创新产品进行孵化扶持，加大补贴力度，鼓励创新创优。三是在消费者层面发放消费券，重点面向外地游客和来泰旅游团、研学团发放"泰州早茶"消费券，吸引更多人品尝、宣传"泰州早茶"。

## 2.3 持续宣传造势

打造城市独特IP，必须依靠久久为功的宣传带动流量突破。一是用好媒体手段加强城市推介，邀请网络达人、演艺明星、美食作家等以抖音直播、网红带货等形式，把流量植入"吃住行游娱购"各环节。二是瞄准重要客源加强营销推广。在上海、北京等大中城市及周边重要旅游客源地，建立早茶文化旅游推广中心，打造泰州早茶和城市宣传推广窗口，实现早茶"走出去"、游客"走进来"。三是借助商务场合扩大品牌影响。在政府推介会、洽谈会及招商引资和招才引智活动中，继续打好"泰州早茶"金字招牌，让泰州早茶品鉴成为推荐城市的重要载体，成为一种拉近彼此距离的重要商务交流方式。四是加快升级泰州早茶宣传口号。推出"茶至泰来""茶之泰来""茶品泰来"等宣传语，提高公众对"泰州早茶"文化认同度。

## 2.4 建设温情城市

以政府的用心、商家的良心、市民的热心，共同呵护"泰州早茶"金字招牌，充分展示"温情泰州"城市形象。一是优化政府公共服务，学习淄博柔性治理、许昌城管"胖东来式"服务等理念和举措，推行城市柔性管理，提升治理效能。二是倡导商家诚信经营，建立"泰州早茶"食品安全可追溯机制、"泰州早茶"诚信企业和诚信店面激励机制、失信黄牌警告机制等一系列保障机制，引导商家珍惜呵护"诚信"这块金字招牌。三是引导市民友善待客，热情为外地客人提供力所能及的帮助，以泰州人的热情传递浓浓的人情味，以泰州城的温暖报答那些千里迢迢"来泰赶早"的旅人。

百姓日用即道，民以食为天，餐饮业是"天字号工程"，以泰州早茶为代表的特色美食对城市一二三产业融合发展和城市综合竞争力的提升作用不可估量。做新做强"泰州早茶"品牌，大有文章可做，有大文章可做。早茶产业方兴未艾，进一步做新做强"泰州早茶",积极提振"泰州早茶"消费能级,打造文化产业现象级产品,可以更好满足消费者个性化、多元化消费需求,实现文旅消费由简单的"吃、住、游"向更高水平的"品、享、赏"飞跃,并以此拉动相关产业协同、可持续发展。

## 参考文献

[1] 张国长.吴忠早茶:城市的经济增长极[N].宁夏日报,2022-06-21(8).

# 提升 QC 小组活动自驱力的方法探索与应用

左殿杰

南钢燃料供应厂

**摘 要**:QC 小组是企业质量改进与提升的最直接的、最基层的组织单元,其活动的质量和活力代表着企业质量改进的活力。笔者通过不断思考、探索,结合"自动化 QC 小组"多年的活动实践,提出提升 QC 小组活动自驱力的两个关键点与四个核心环节,即强调"自愿参加,上下结合"与"善于思考,有心而为"两个关键点,关注"信息辨识、分析影响因素、方案制定与实施、效果验证"等四个环节。该方法在诸多 QC 小组活动中推广应用,取得良好效果。

**关键词**:QC 小组 自驱力 改进方法

## 1 前言

QC 小组是企业开展岗位自主创新的最小单元,是开展 QC 小组活动的基本组织单位。QC 小组的工作质量直接影响 QC 小组活动的效果,乃至影响企业生产经营活动的品质。

在实际的 QC 小组活动中,往往存在许多瓶颈,尤其在选题阶段信息的获取存在障碍,在课题实施过程中未能有效获取信息数据,存在逻辑错误,导致大量的质量改进活动缺乏全过程的信息记录,成果不能有效呈现,反映出的现象是:QC 小组活动开展热情不高,成果报告空洞、无有效数据支撑,内容单薄、逻辑错误等,究其原因是 QC 小组活动的自驱力不足。

南钢燃料供应厂(以下简称燃料供应厂)自动化 QC 小组依托左殿杰职工创新工作室开展形式多样的攻关活动,通过近十年的 QC 小组活动的组织开展、信息获取、课题实施的实践,探索总结出"提升 QC 小组活动自驱力的方法"。该方法自 2019 年逐步在南钢公司数个 QC 小组活动中推广应用,成效显著。

## 2 QC 小组活动为什么需要自驱力

质量管理大师朱兰说过:获得质量,最好从建立组织愿景、方针、目标开始,目标向成果的转化是通过管理过程来进行的。QC小组活动作为一种典型的质量改进活动,需要企业与QC小组有机协同、不断优化管理过程,不断提升QC小组活动的自驱力,从而实现组织质量愿景、方针、目标有效扎根基层。

QC小组活动自驱力来源于内在动机与外部的需求与组织激励(见图1)。就是说,自驱力首先是自我满足、自我价值的体现,内在动机决定行为。同时自驱力的形成需要组织的外部激励,需要引导加压力的驱使。需要把外部的压力与激励有机转化为自我成长的源动力。同时,组织应制定配套的引导、发动及评判的管理机制,建立以奖励、帮扶为目的的奖惩机制,从而逐步形成基层自主创新、自觉开展QC活动的氛围。

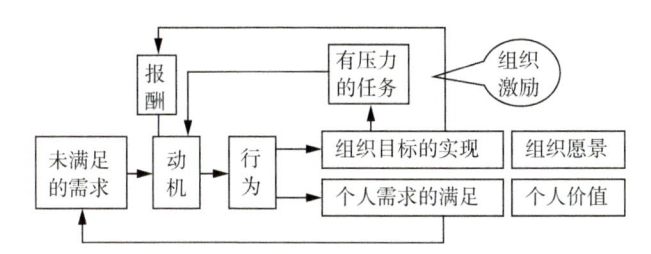

图1 QC小组活动开展自驱力建设的逻辑框图

## 3 提升自驱力的两个关键点

### 3.1 自愿参加,上下结合

首先QC小组活动强调"自愿参加"。小组成员应对QC小组活动宗旨有比较深刻的理解和共识,达成自觉参与质量管理、自愿团结在一起、自主开展活动的诉求。开展活动时能更好地发挥主人翁精神,充分发挥自己的积极性、主动性、创造性,不向企业提特殊要求,而是自己挤时间、创造条件自主开展活动。通过相互启发,共同研究,协力解决共同关心的问题,实现自我控制、自我提高的目标。

当然,强调自愿的同时更需要"上下结合",需要企业与QC小组"同频共振"。个人的自愿和企业的要求在QC活动开展中,是辩证的统一关系,是相互影响、相互支持、相互作用的。在企业生产经营过程中,个人的意愿是建立在企业组织的任务、目标之上的,是融入生产经营活动的行为。所以,需要企业组织从各个细节关注QC小组的活动,解决其遇到的困难,既需要建立可操作的管理标准,也需要关注标准制度的执行过程和结果。

开展定期的检查、活动过程的帮扶是不错的形式。企业通过质量内训师对QC过程记录、数据及成果报告进行不断地指导、探讨,激发小组成员对QC活动过程的关注,使其增强逻辑思维及数据分析的意识,从而不断提升自驱力。

### 3.2 善于思考,有心而为

QC小组活动需要小组成员,尤其是活动的组长去围绕课题需求不断思考,去有心为之。需要围绕问题不断思考,连续问为什么。思考是一种驱动力,QC小组组长勤于思考,是核心力的体现;组员勤于思考,是小组活力的表征。问题的发现需要小组组长带领全体小组成员不断思考，勤于思考，努力感知问题，从而采取措施，解决问题。

在整个思考、探究问题的同时，需要注重数据的搜集、积累与分析。数据可以是文字的描述，也可以是具体特性数字、图片等。要根据工作特点、工作类别、工作要素确定数据记录、积累的形式。表1是电工班《日常交接班记录表》，按工作来源、设备区域、故障信息、处理过程说明、备材消耗、工作时长等要素对日常数据分别进行记录，以便对问题发生的原因进行探究。数据是问题的溯源根据，必须真实、可靠、及时。有了真实、可信的数据，就有了发现问题、分析问题的依据，就可以对症下药，解决问题。

表1　日常交接班记录表（局部）

| 日期 | 工作来源（定修，日修，冒项） | 设备区域 | 故障信息/工作内容 | 故障原因 | 处理过程说明 | 备材消耗（型号） | 负责人 | 需协调事项 | 工作时长/h |
|---|---|---|---|---|---|---|---|---|---|
| 2023年×月×日 | 日修 | 化产 | 1#脱硫塔进出口阀操作柱更换 | 操作柱腐蚀断裂 | 更换操作柱 | 不锈钢操作柱×2 | ×× | 备件不足 | 1 |

## 4　提升自驱力的四个核心环节

自驱力提升概括起来有四个核心环节（见图2）：信息辨识、影响因素分析、方案制定与实施、效果验证。

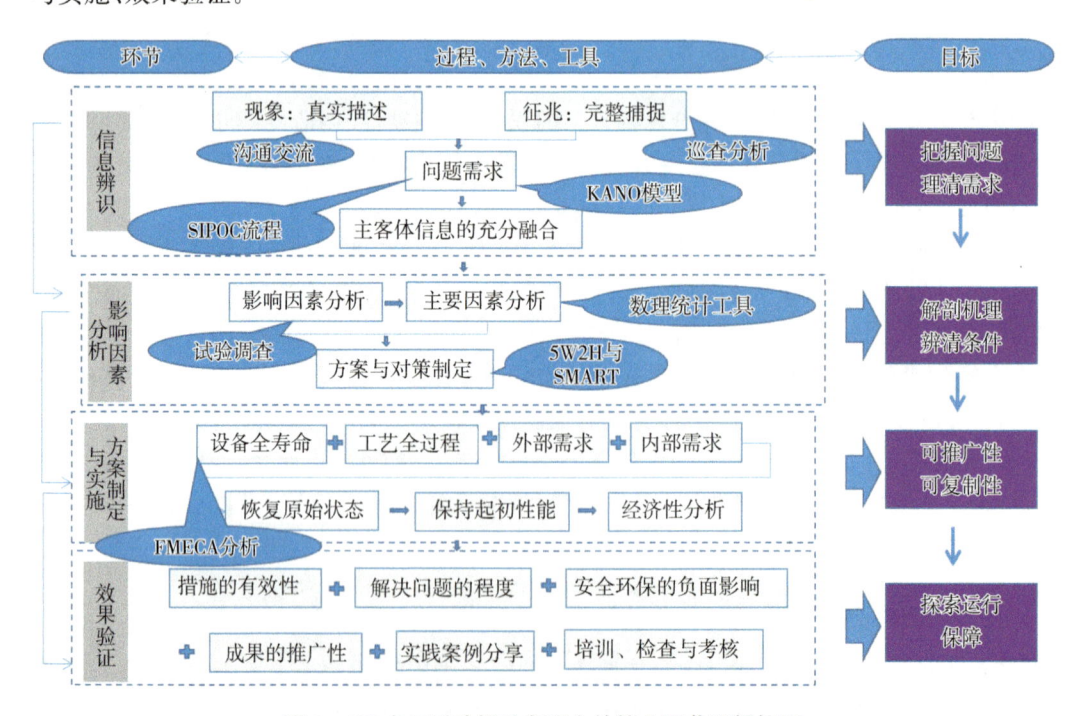

图2　QC小组活动提升自驱力的核心环节逻辑框图

## 4.1 信息辨识环节

通过分析问题现象与征兆,建立问题需求数据信息库矩阵(见图3),能够完成信息辨识。设备装置及工艺产线在运行的全寿命、全过程中会表现出不同的信息,包括物理的、化学的信息和各种内部、外部需求信息。这些信息有正常的和不正常的两种状态,小组成员需要去主动思考,分门别类地去辨识、记录、获取这些数据特征,或者通过广泛借鉴,激发创新灵感。

运用SIPOC流程全方位辨识顾客与相关方需求,运用亲和图、KANO模型、顾客满意度调查表等方法工具,建立信息辨识矩阵、识别关键需求与创新灵感,利用搜集到的数据构建图表,分析不同需求的目标值与接受度,根据分析结果,对需求进行优先级排序,进而为影响因素分析、方案制定与实施提供数据支撑,确保资源分配合理。

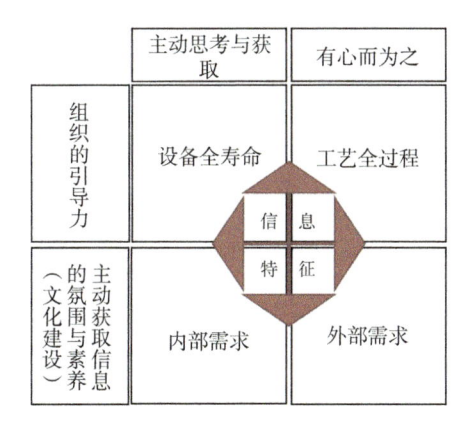

图3 问题需求数据信息库矩阵

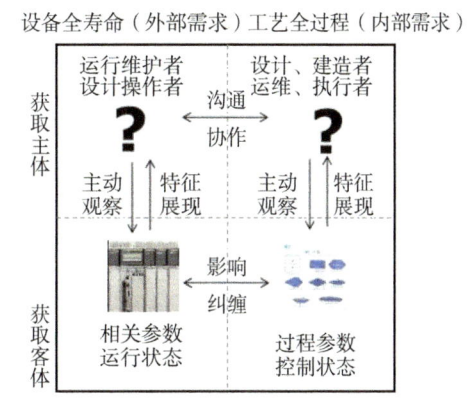

图4 信息获取主体与客体融合通道

## 4.2 影响因素分析环节

在影响因素分析环节上有主体与客体两个环节,需要建立数据信息获取主体与客体融合通道(见图4),通过主客体的融合关系,列出影响因素数据信息表(见表2),通过问题影响因素分析表,画出树图、系统图或关联图,分清主次原因,分清因果关系,找出末端因素。

设备与工艺信息、问题原因展现存在互相影响与纠缠,需要运用数理统计工具,在正确获取辨识信息的基础上分析问题影响因素,运用"5Why"分析工具,逐层分析到根本原因。进而运用5W2H与SMART原则制定方案措施。必要时进行独立方案的论证,以便小组选择经济、可行、难度适中的方案。

表2 问题影响因素数据信息表

| 影响因素信息 | 数据信息内涵与特征 | 数据信息表征形式 |
| --- | --- | --- |
| 设备全寿命 | 设计、制造、运行直至报废全寿命周期特征 | 设计参数表、技术特征、制造过程数据表、设备履历卡、维护记录、改进照片、方案 |

续表

| 影响因素信息 | 数据信息内涵与特征 | 数据信息表征形式 |
| --- | --- | --- |
| 工艺全过程 | 设计、建造、运行全过程的特征 | 工艺流程图、控制参数表、工艺路线、调试过程数据、工艺运行记录、故障信息 |
| 内部需求 | 组织、设备、系统及工艺过程内部新要求 | 需求的诉求、技术参数、功能特性描述、灵感与创意 |
| 外部需求 | 组织外部、客户新要求 | 特征描述、期望值、功能特性描述 |

### 4.3 方案制定与实施环节

针对设备工艺系统的改进，为满足内、外部顾客需求，应从原因分析到方案制定实施环节运用 FMECA 进行系统定量分析与评估设备系统故障模式对系统性能影响的严重程度和发生概率，进而为对策措施制定与实施提供数据依据。

方案实施改进的实质是让设备、系统恢复设计状态。方案中的每条对策实施后需要验证措施实施的效果和经济性。小组成员要打破专业局限制定全面、科学的方案并按方案逐条实施。

### 4.4 效果验证环节

及时跟踪课题实施效果，验证对策的正确性、措施的有效性和可持续性，成果的可复制性与可推广性，既是 QC 小组活动的重要环节，也是保证成果能否完美呈现的至关重要的一环。需要重点关注成果知识产权的保护，关注成果的总结与相关作业标准的变更，重点加强有效措施的固化与可复制性，积极培训并进行效果复盘验证。同时，要从安全、环保、成本等环节验证措施实施的负面影响。

具有很强自驱力的 QC 小组活动会自发改进、自动完善，具有很强的自我发现问题、诊断问题能力，能做到主动获取信息，从而主动进行对策、措施的制定及实施，最终实现目标。自驱力强的小组注重课题实施的有效性，小组活动的真实性，成果的推广、转化及应用的实效性，会把展示企业形象、小组活动全员风采视为自己的担当与使命，会竭尽全力去展示小组成员在课题活动中的付出。

## 5 QC 小组活动自驱力提升方法的推广成效

自 2019 年 QC 小组活动自驱力提升方法逐步在燃料供应厂内部推广以来，燃料供应厂通过 QC 专题讲堂，QC 小组活动经验分享，事业部、公司间工作室的交流等形式进行方法实施推广，取得了良好效果（见图 5）。

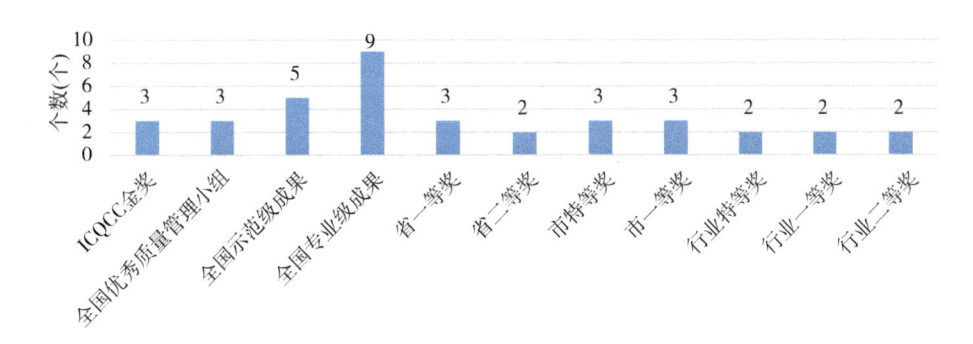

图 5　自驱力提升方法推广成效柱状图(单位:项)

自动化 QC 小组等 3 个 QC 小组参加国际 ICQCC 交流活动获得金奖,3 个小组获得全国优秀质量管理小组称号,3 个小组获得全国示范级成果 5 项、专业级成果 9 项,省市及行业级成果 17 项。

QC 小组成员在推广实施自驱力提升方法过程中,养成了数据思维的习惯,练就积极主动通过解决现场问题实现自我价值的素养,实现了企业愿景、使命与社会价值观的融合,形成了创新、进取、富有活力的企业文化氛围。

## 参考文献

[1] 中国质量协会. 全面质量管理[M]. 4 版. 北京:中国科学技术出版社,2018.
[2] 职晓云. 质量管理小组活动工作实操及案例[M]. 北京:机械工业出版社,2020.
[3] 吴文广. QC 知识解读与实战案例[M]. 天津:天津科学技术出版社,2020.
[4] 张捷. 质量信得过班组建设与实践[M]. 北京:中国电力出版社,2022.
[5] 中国质量协会. 质量管理小组理论与方法[M]. 北京:中国质检出版社,2013.
[6] 铁健司. 质量管理统计方法[M]. 韩福荣,顾力刚,等译. 北京:机械工业出版社,2006.
[7] 中国质量协会. 质量管理小组活动准则 T/CAQ 10201—2020[S]. 北京:中国标准出版社,2020.

# 推动地下管网质量变革 筑牢城市安全"生命线"

### 孔春红

泰州市市场监督管理局

**摘　要**：地下管网作为"隐蔽"的城市生命线,承担着城市物质流、能量流、信息流输送的任务,是城市运行和居民生活的基础保障。推进地下管网质量变革,加快建设系统、高效、新型的地下管网体系,提高地下管网体系的安全保障能力,对于保障城市运行和健康发展,保障居民生命、财产安全,推进经济社会高质量发展有着重要意义。

**关键词**：管网　质量　安全

管网的出现可追溯到 2 000 多年前的秦汉时期,在早期的井盐生产中,出现了以竹制管道输送卤水的技术,这种管道被称为"竹笕"。明代《天工开物》中也记载了用竹管输送天然气的技术。后来,随着时代的发展,城市化程度不断加深,路面硬化、雨水难以下渗的问题相继浮现,雨水管的出现在很大程度上缓解了这些问题,而这也是最早的地下管网之一。现代城市供水、排水、供电、燃气、热力、通信、管沟、工业管线等地下管网规模逐步扩大,几乎覆盖了每个城市。地下管网不仅是城市运行的基本保障,更是城市居民生命财产安全的重要保障。

地下管网作为"隐蔽"的城市生命线,承担着城市物质流、能量流、信息流输送的任务,是城市的重要基础设施。目前的地下管网已不能满足经济社会的发展需求,水污染、燃气泄漏和城市洪水等灾害频发。地下管网隐患因看不见、难以预测预报、应急响应迟滞、"多头管理"让其成为容易推诿扯皮的"堵点",严重危害人民生命财产和城市运行安全。促进地下管线的改造、技术的突破、管理的完善,加强安全监督,不仅能够增强城市的抗风险能力,而且有助于保障城镇的稳定发展,维护公共卫生、确保公共资源的完整,为实现经济社会的可持续发展作出了积极贡献。

## 1　材料革命

地下管网材料的质量安全,是涉及城市安全的重大民生问题。因地下管网产生的事故频繁见诸报端,轻者停水、停气、断电及通讯中断,重者造成危险气体泄漏、燃气爆炸事故。2010年,南京市塑料四厂的丙烯管道遭到施工的破坏,丙烯泄漏后发生爆炸,导致了严重的事故。2013年,青岛经济技术开发区的中石化股份有限公司管道储运分公司发生了一场严重的事故,由于管线损坏,原油泄漏,遇施工火花,引发油气爆炸,这一事故导致62人死亡、136人受伤。

地下管网的安全首要就是管网材料的质量安全。地下管网材料领域的每一次重大突破,都会引起生产技术的革命,极大加速地下管网发展的进程。早在1865年,英国伦敦就修建了全长2 000千米的混凝土下水道工程。在十八世纪,美国人发明了一种叫作铸铁管的东西,并在费城建立了第一个使用这种材料的管道系统。但铸铁管有易生锈老化、易滋生细菌和寄生虫、铁离子超标、使用年限短等缺点,且更换成本较高(1990年我国城市水管网铸铁管占比达88.56%)。十九世纪末,法国人制造了镀锌钢管,这也是我国最早投入使用的管道类型之一。由于其不耐腐蚀,使用寿命只有8~12年,而且在使用中漏水问题频出,2000年建设部等部门已发文禁止在新建城镇住宅中使用冷镀锌钢管用于室内给水管道。

不锈钢被广泛认定为一种绿色建筑材料,它的抗腐蚀性、坚固性和持久性都远超传统的铜和塑料,它不仅在抗压能力和抗拉能力上大大优于其他金属,而且具有良好的清洁性和节能性,尤其是厚壁的不锈钢管,因其质量轻、性能稳定、操作简便、安装方便而备受青睐。现在,许多二次供水系统都使用了高品质的不锈钢材料。

PVC-U管是一种新型的管道,它采用双层塑料和铝带组合而成,具有出色的耐压性能、良好的阻燃性、低廉的价格以及优异的卫生性能,这使它成为最早取代镀锌钢管的管道之一。由于铝塑复合管的耐压性较弱,连接可靠性较低,而且含有氯成分,会对水质和卫生安全产生不利影响,因此,目前铝塑复合管已经逐渐从沿海发达城市的建筑材料市场中消失。

随着时间的不断推移,聚氯乙烯、高密度聚乙烯、双壁波纹管、纤维增强复合管等新型、绿色、节能的管材也逐渐出现。塑料管有着诸多优点:首先,其重量一般只有金属或水泥管道的1/10~1/6;其次,管道的内部表面平整,流动阻力很小,因此可以降低5%的供水需求;再次,其具备良好的节能效果,生产中的能耗可降低75%;最后,其具备良好的耐腐性、抗压和抗拉能力。未来技术进步将促使塑料管得到迅速发展和广泛应用。

## 2　工艺革新

当前,大部分城市地下管道的修复方式是先挖出修复后再埋管。随着城市发展节奏的加快,无须进行任何开挖的修复技术具有不改变交通状况、不损害环境、不扰乱居民的日常生活与工作秩序、施工迅捷、效果显著等诸多优势,日益得到人们的认可。

### 2.1　翻转内衬法

传统给水管管材为球墨铸铁管,接口采用橡胶圈配石棉水泥填充料,管道弯转处主要靠每根管子在接口处借转角度。长期使用后,管道存在接口漏水、管道腐蚀问题。管道腐蚀产生的铁锈和杂质混入自来水中,会导致自来水被二次污染,出现黄水、异味等问题,长期饮用将会导致人体体质不佳，抵抗力降低。给水管道翻转环保内衬后，承压能力好，杜绝了管道内壁结垢、腐蚀导致管道渗漏的现象（见图1、图2）。

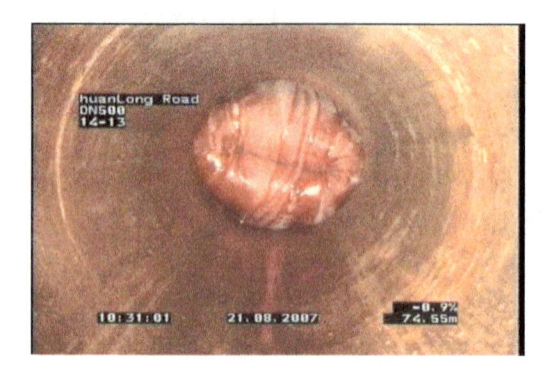

图1 "前进"中的内衬管

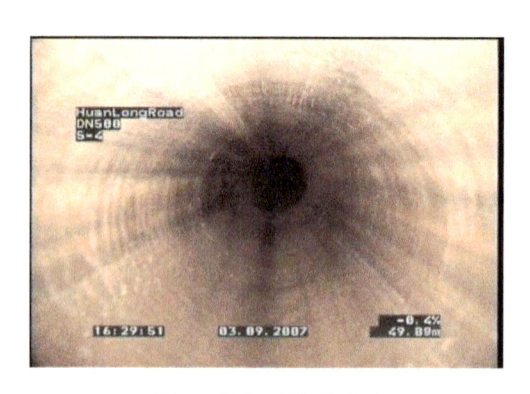

图2 修复后的管道壁

## 2.2 复合软管内衬修复法

较之不锈钢管的翻转内衬，复合软管内衬修复技术具有施工占地面积小、施工快捷高效、一次穿管距离长、单根长度可达 3km 等优势。"管中管"复合管的设计可以将柔性复合管的抗腐蚀性和原管道的力学性能完美地融合，并且可以通过折 U 穿管的方式将复合管胀开，使其紧紧地固定于管道的内部。复合软管设计寿命长达 50 年，修复后的管道运行良好，末端压力有效提升，渗漏问题得到根本解决，旧管道得以复用，重新焕发出生机（见图3、图4）。

图3 管道"复杂"路线图

图4 软管折 U 后进行穿管

## 2.3 螺旋缠绕修复法

针对排水管道腐蚀、破裂、变形问题，以及受地质原因影响，管道多处凹陷、管径变形幅度较大、管网修复难的状况，螺旋缠绕修复法通过钢带加固 UPVC 连锁型材结构，使 UPVC 型材条在缠绕时通过公母锁扣的互锁，形成一条连续无缝的新管，同时在原管与衬管之间的环形空间内填充水泥浆液，得到一条独立承载的全新结构管道。修复后的管道结构强度得到增强，杜绝了管道变形坍塌和污染地下水体的风险。面对复杂的地形地貌和错综复杂的管线状况,螺旋缠绕修复法给城市污水管、雨水管、工业排水等重力管道和山体坡地等排洪管网的改造修复带来了更多选择(见图5、图6)。

图5　管道修复前

图6　管道修复后

## 3　管理创新

城市管网埋于地下,属于隐蔽工程,管网的勘察设计、现场施工和后续维护都面临着很多困难。GIS(Geographic Information System,地理信息系统)技术的出现,实现了从管网数据采集、建立数据库到完成系统功能、辅助地下管网规划管理全过程的操作,有效地解决了这些问题。借助 GIS 技术,我们建立了一个完整的、统一的、具有多种功能的数据平台,这个平台将传输、接收、处置、监督、报告、发布等多个功能完美结合。"端+云+大数据"体系将这些功能整合到整个管线的生命周期中,并且提供了智能的分析与决策支撑,使得我们的地下管线变得更加便捷、安全、有序。地下管网信息纳入城市应急指挥信息化平台,逐步建立系统、分区域、网格化的地下管网信息管理系统,为城市道路地下管网应急处置提供预案。

建设地下城市管道综合走廊,加强智能运维管理,对进一步加强城市风险防控管理产生重大影响。2016 年 2 月,国务院办公厅强调继续做好城市规划建设管理工作,提出要求逐步推开城市地下综合管廊建设,统筹各类管线敷设,综合利用地下空间资源,提高城市综合承载能力。综合管廊有效利用公路下的空隙,节省城市用地,有效解决城市交通拥堵问题,管廊内管线布置紧凑科学合理,尽量减少路边的杆柱及所有管道的检测井、室等,很大地便于供给排水、煤气、用电、数据通信等城市公共基础设施的养护和大修。此外,综合管廊还具备重要的防震减灾功能,会很大地降低震后救灾和重建工作的难度。

## 4　结论

地下管网是城市运行安全的重要"生命线",推动地下管网材料革命、工艺革新、管理创新，让城市有"里"有"面"，提升城市安全保障能力和应对突发事件的处置能力。推广使用新型、绿色、节能管材，施工实施非开挖修复技术，规划建设地下城市管道综合走廊，构筑高度稳定、安全、可持续、环境友好、技术先进的地下管线系统，以此来防范抵御灾害、保障城市安全、维护社会稳定、促进经济社会发展，从而为促进城市的长远繁荣、改善居民的福祉、促进社会公平正义作出贡献。

## 参考文献

[1] 钱建华,牛彻,杜威.管道智能化管理的发展趋势及展望[J].油气储运,2021,40(2):121-130.

[2] 张楠,丁继民,程璐.城市生命线安全工程"合肥模式"[N].中国应急管理报,2021-09-24(1).

[3] 杨坤,张大为.地下综合管廊监控与报警系统设计[J].智能建筑,2017(6):31-33.

# "双碳"背景下企业质量管理创新策略探讨

## 邹海

南京钢铁股份有限公司产业发展研究院

**摘　要:** 在全球化的"双碳"目标背景下,企业质量管理理念亟须创新。本文剖析了质量管理从传统检验至全面质量管理的演进历程,并围绕"双碳"要求,深入探讨其对产品设计、供应链及生产环节的影响。为适应这一转变,本文提出了建立绿色质量管理体系、加强设计创新、优化供应链和持续改进的策略,旨在帮助企业提升市场竞争力,同时推动全球可持续发展。

**关键词:** "双碳"　质量管理　低碳发展　产品设计　供应链管理

## 1　引言

"双碳"发展理念已成为全球的共识,各国纷纷确立"双碳"目标。其中,中国力争2030年前实现碳达峰,2060年前实现碳中和。"双碳"发展无疑将为全球带来全新变革,其影响深远而持久。据《2023全球碳中和年度进展报告》显示,全球已有150多个国家做出了碳中和承诺[1],并采取相应的政策与行动使承诺落地。推动"双碳"发展,对企业质量管理提出了新要求,企业需将环境可持续性融入企业质量管理之中,并创新质量管理策略,在保证产品质量和性能的同时,减少碳排放。

## 2　质量管理理念演变过程

### 2.1　质量管理的演变过程

质量管理的演变经历了多个阶段,每个阶段都体现了相应时期的社会、经济和技术需求,总体来看,质量管理经历了产品质量检验、统计过程控制和全面质量管理三大历史阶段(见表1)[2]。

20世纪初,工业革命推动了机械化和电气化,提高了生产效率,这要求产品质量管理系统化,以确保产品的一致性和可预测性。泰勒提出科学管理方法,质量管理从简单的产品质量检验转变为更系统的管理,重点是在生产后期减少缺陷和返工。

20世纪30年代,生产规模的扩大和市场竞争的加剧促使企业采用科学方法提升产品质量和效率。工业化对产品一致性的需求推动了质量管理从依赖事后检验向过程控制和预防转变。休哈特的统计质量控制(SQC)通过控制图监控生产稳定性,预防废品产生。

20世纪60年代,市场需求多样化和个性化趋势增强,顾客对质量的要求提高,企业面临激烈竞争,需提升质量管理以增强竞争力。科技进步,特别是信息技术的发展,支持了全面质量管理的实施,不再局限于生产领域,而是扩展到了设计、研发、服务等整个企业的各个层面[3],此时管理方法强调顾客满意、全员参与和持续改进,如PDCA循环、六西格玛等方法。

21世纪初,全球经济一体化和市场竞争加剧,企业竞争演变为供应链竞争。供应链管理(SCM)成为企业成功的关键,涉及利用计算机网络技术全面规划供应链中的商流、物流、信息流、资金流等,并进行计划、组织、协调与控制[4],强调对供应链各个环节的质量管理,由单一企业质量管理模式转变为多企业协同的质量管理模式。

表1 质量管理演变过程

| 产品质量检验 | 统计过程控制 | 全面质量管理 |
| --- | --- | --- |
| 主要关注生产后检查<br>——抽样检验为主<br>——发现并纠正缺陷 | 通过统计方法优化过程<br>——控制图<br>——过程能力分析<br>——识别和纠正过程问题 | 全员参与,持续改进<br>——六西格玛<br>——精益生产<br>——供应链管理 |

## 2.2 "双碳"背景下的质量要求变化

随着国际贸易的发展,各国意识到需要一套国际认可的质量管理体系标准,以促进贸易和合作。国际标准化组织(ISO)于1987年发布ISO 9001质量管理体系要求标准,现行版本为2015版。为契合市场动态变化,2024年2月,ISO官网公布了ISO 9001:2015/Amd 1:2024,其并非改版,而是在4.1、4.2条款中新增气候变化相关内容,提出组织应确定气候变化是否为相关问题,利益方可以有与气候变化相关的要求,以考虑气候变化对管理体系预期结果的影响,后续将对标准进一步修订,预计新版将于2025年底发布。《中国企业ESG报告评级标准》强调了绿色低碳发展和质量管理的紧密联系[5],将两者视为企业可持续发展的关键组成部分,鼓励企业将绿色低碳发展的理念融入质量管理中,通过实施环境管理体系(如ISO 14001)和质量管理体系(如ISO 9001)等,来提升企业的绿色治理水平和产品质量。

## 3 绿色低碳发展对企业质量管理的影响

在"双碳"目标驱动下,企业需转型以适应新的质量管理挑战(见图1),在产品设计中考虑环保因素和能效,在供应链管理中增强透明度,实施绿色采购,在生产过程中降低能耗和碳排放,采用低碳环保材料,同时更新质量标准以确保产品性能和安全性不降低,这些措施协同推动企业向绿色低碳发展转型。

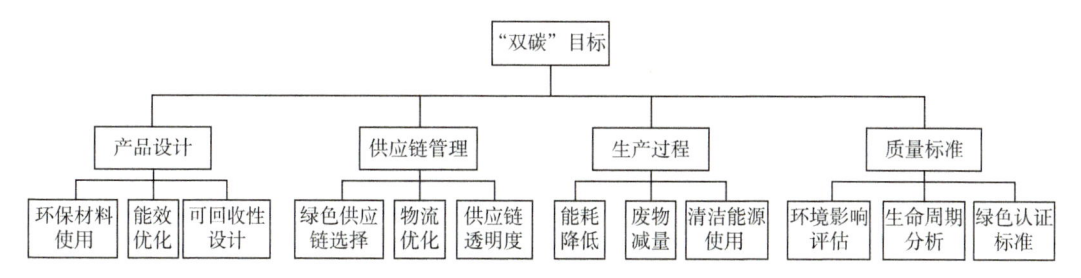

**图 1　"双碳"目标下的质量要求变化**

## 3.1　绿色低碳对产品设计的影响

绿色低碳发展对产品设计带来了显著的影响，不同的产品生产工艺和产品设计方案为企业低碳技术选择提供了可能[6]。在产品设计阶段，设计师需要将环保因素纳入考虑，这不仅涉及材料的选择，还包括产品在使用过程中的能效以及其生命周期结束后的可回收性。

产品设计在材料选择时既要考虑其特性、获取难度、成本和适用性，也要通过全面的生命周期评估，量化材料从开采到废弃过程中的碳排放，以便在设计时做出环保和经济的决策。此外，还需研究不同材料的组合效果，确保在产品中的兼容性，以及在回收阶段的可分离性。

产品设计在考虑能效方面时，应融入智能化节能技术，使产品可以根据环境和用户需求自动调整运行模式，还应考虑能量回收机制，如汽车制动时的动能回收系统。

在产品可回收性设计中，可制定产品拆解指南，告知客户部件的拆解顺序和处理方式，便于提高拆解效率和回收质量，对于部分产品可采用模块化设计。在考虑回收的便利性时，还需了解企业回收网络情况及处理能力，在设计时优化包装和运输方式，以降低回收成本并提高整个回收产业链的运作效率。

## 3.2　绿色低碳对供应链管理的影响

绿色低碳发展促使供应链管理在透明度提升和绿色采购推进方面发生变革。

在供应链透明度方面，企业需对各环节实施严格监管，确保信息精准及时，以强化消费者信任并提升市场竞争力，可借助信息技术手段，如运用区块链技术详实记录从原材料采购至产品销售全流程各环节，涵盖环境状态、碳排放及能源消耗等关键信息。另外，可建立供应链数据共享平台，促进企业间数据流通，以便进行绿色低碳绩效评估和优化决策，还可以聘请第三方审计，确保供应链数据的真实性和合规性。

在绿色采购方面，企业在选择供应商时，不仅要考虑价格和质量，还要考虑供应商在环保和社会责任方面的表现[7]。企业可以构建全面的供应商评估体系，考量环境管理、能源效率、废物处理、全生命周期碳排放、可再生资源利用和应对气候变化的措施等多维度指标，以筛选出符合绿色低碳要求的供应商，并建立长期合作关系，共同投入资源进行绿色技术研发与创新，提升供应链的绿色竞争力。

### 3.3 绿色低碳对生产过程的影响

绿色低碳发展也要求企业在生产过程中减少能耗和碳排放,这对质量管理带来新挑战,特别是在材料选择上,企业需要使用低碳、环保的原材料,这可能会影响原材料的性能,从而影响产品的最终质量[8]。例如,低碳材料可能在强度、耐久性上与传统材料有异,企业应了解低碳材料性能,探索低碳材料与传统材料的优化组合,与供应商合作改良材料性能以适应生产需要。

在生产过程中,为降低能耗和废弃物而进行的工艺优化,可能增加生产复杂性,影响产品一致性和稳定性。企业在生产工艺优化与控制方面,既可以采用数字化技术进行工艺模拟,预测产品成型过程和潜在缺陷,选择最优生产方式,也可以引入智能生产设备和自动化控制系统,提高生产精准度和可控性,减少人为干扰,提升效率和质量稳定性。

### 3.4 绿色低碳对质量标准的影响

在质量标准方面,企业需要依据绿色低碳政策的变化要求及时改进标准,确保产品在满足环境要求的同时,仍然能够达到或超过性能和安全性的预期。

绿色低碳的发展将促使原质量标准体系中要求的性能、安全性指标等与环境指标相融合,推动其向更综合的方向发展。例如,当产品采用低碳材料时,可能会对产品性能造成潜在影响,在设计标准体系时,既要重视传统质量要求对产品性能的规定,又要适应低碳要求带来的性能变化,将两者融合为一体,使标准体系既涵盖传统优势,又体现低碳特色。

绿色低碳的要求将促使质量标准体系全面修订,从产品设计、原材料采购、生产过程、产品使用和回收等全生命周期都要符合低碳理念,也更强调环保认证、能源消耗、废弃物处理、碳足迹等指标。

绿色低碳的要求将推动质量标准体系的动态更新与协同机制的建立,企业之间、企业与行业协会等要快速响应政策法规和技术变化,共同制定绿色低碳质量标准。

## 4 企业绿色低碳发展的质量管理策略

面对绿色低碳发展的要求,企业可实施一系列相关的质量管理策略。如企业供应链平均排放是运营环节排放的 11.4 倍,绿色设计对产品全生命周期的资源消耗和环境影响具有决定性的作用,影响度可达 70%～80%[9],合理地采取这些策略不仅能够降低碳排放,也可以增强企业的可持续发展能力。

### 4.1 建立绿色质量管理体系

将绿色低碳标准深度融入质量管理体系,建立一个涵盖环境保护和质量管理的综合体系,是企业实现"双碳"目标和应对市场竞争压力的关键举措。如图 2 所示,企业需制定明确的绿色方针与目标,将环保要求与质量标准统一到企业的战略目标中,设定具体的低碳排放目标和质量提升目标,在公司政策中予以明确,并对现有质量管理体系进行整合和优化,将绿色低碳标准融入每个管理环节中。

图 2　绿色质量管理体系示意图

## 4.2　加强产品设计和创新

在产品设计过程中融入环保理念,考虑产品全生命周期对环境的影响,不仅有助于减少产品在生产和使用过程中对环境的负面影响,还能提高资源的利用效率,促进可持续发展。例如,使用可回收材料可有效减轻环境负担。

技术创新是推动绿色低碳发展的关键,它促进了环保材料和工艺的应用,减少了能源消耗和污染。企业通过采用先进技术,快速响应市场对绿色产品的需求,增强了市场竞争力。同时,技术创新也推动了企业持续改进产品和服务,优化质量管理,实现环境效益和效率的双重提升,为行业的可持续发展树立了新标准。

## 4.3　优化供应链管理

供应商筛选与评估是建立绿色质量管理体系的关键步骤,企业需要对供应商进行绿色评估分析,如图 3 所示,评估分析从原材料获取、生产、运输到产品最终处置的全生命周期中的温室气体排放数据[10],借助碳足迹管理手段,企业可以精准识别供应链中的高碳排放环节,并采取措施减少碳排放。企业可以建立绿色采购政策,要求供应商提供使用环保材料和符合低碳要求的产品,从而确保整个供应链的绿色化。通过利用人工智能、大数据和区块链等技术,企业可以更有效地监控和管理供应链中的环境影响,提高供应链的透明度和可信度。

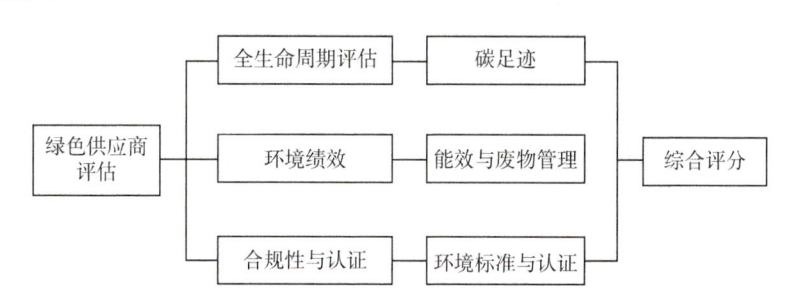

图 3　绿色供应商评估分析

## 4.4　动态调整和持续改进

企业可以借助先进的人工智能、数据孪生等前沿分析工具,对生产过程中的质量与环保指标进行实时监测，及时察觉问题并果断采取纠正举措。建立持续改进机制，定期评估质量管理体系的有效性，及时调整和优化管理策略，以适应绿色低碳发展带来的新要求。企业还需强化内部协同、全员参与，积极引入外部资源合作，实现可持续发展。

## 5　结论

在"双碳"目标指引下，企业应紧跟绿色低碳发展趋势，持续优化自身质量管理策略，通过构建绿色管理体系、推动设计创新、优化供应链以及持续改进质量管理，积极应对低碳发展挑战，达成环境保护与质量管理的双重目标，进而增强企业市场竞争力，有力支撑全球可持续发展。

## 参考文献

［1］清华大学碳中和研究院. 2023 全球碳中和年度进展报告［R/OL］.（2023-10-03）［2024-11-30］. http://www.cenews.com.cn/news.html？aid＝1087149.

［2］马义中，汪建均. 质量管理学［M］. 2 版. 北京：机械工业出版社，2019.

［3］武雪，汤旭. 浅谈全面质量管理在中小型企业中的应用［J］. 中小企业管理与科技（上旬刊），2020(10)：1-2.

［4］全国物流标准化技术委员会. 物流术语：GB/T 18354—2021［S］. 北京：中国标准出版社，2021.

［5］中国企业社会责任报告评级专家委员会. 中国企业 ESG 报告评级标准（2023）［S/OL］.（2023-04-26）［2024-11-30］. http://www.digitalelite.cn/h-nd-6335.html.

［6］刘名武，万谧宇，付红. 碳交易和低碳偏好下供应链低碳技术选择研究［J］. 中国管理科学，2018(1)：152-162.

［7］谢东明，王平. 生态经济发展模式下我国企业环境成本的战略控制研究［J］. 会计研究，2013(3)：88-94.

［8］曹华军，李洪丞，杜彦斌，等. 低碳制造研究现状、发展趋势及挑战［J］. 航空制造技术，2012(9)：26-31.

［9］曹华军，李洪丞，曾丹，等. 绿色制造研究现状及未来发展策略［J］. 中国机械工程，2020，31(2)：135-144.

［10］陈红敏. 国际碳核算体系发展及其评价［J］. 中国人口·资源与环境，2011，21(9)：111-116.

# 多品种原粮检测中智能检测系统的研究与应用

宋志敏　陈文　朱娟娟　陈菲

江苏洋河酒厂股份有限公司

**摘　要**：粮食作为酿造白酒的主要原料，其品质对于白酒品质的决定性影响是不言而喻的。自国家"十四五"规划实施以来，白酒行业飞速发展，原粮扦检由传统模式向智能化、自动化的转型迫在眉睫。洋河股份作为绵柔型白酒引领者，创新原粮扦检新模式，建立行业首家"多品种原粮智能检测系统"，引领原粮扦检数字化、智能化发展。

**关键词**：原粮质量　智能扦样　智慧检测系统

## 1　引言

作为重要的战略储备物资，粮食安全是国家安全与民生的重要基础[1]。中国作为"大国粮仓"，在国家粮食增储计划深化实施的背景下，粮食的扦样和质量指标的验收对于保证粮食质量安全的重要性日益凸显。然而，目前大部分涉粮企业的粮食入库前的扦样与检验的自动化水平低，对传统的人工扦样与验收模式依赖程度高[2]。

在传统原粮验收过程中，第一步需要对原粮完成扦样工作[3]，这也是后续质量指标检验开展的重要基础，但扦样工作一直以来都存在多方面的局限性：一方面，手工扦样工作强度高、效率低，且存在安全隐患；另一方面，扦取的原粮样本代表性不足，手工扦样器难以取到车辆底层粮食样本，存在供货商弄虚作假的隐患。针对粮食扦样现行的国家标准《粮食、油料检验扦样、分样法》(GB/T 5491—1985)的适用性比较广[4]，但对于货运车载原粮的扦样点分布、个数都没有明确规定，这也是实际扦样工作中的一大难点。

同时，原粮质量指标的检验对于人工以及主观感官的依赖性高，质量指标的检验[5-8]、记录、计算以及数据录入等烦琐的环节不仅增加了检验人员的工作强度，同时也增加了检验出现失误的可能性[9]。此外，涉及不同种类的原粮有不同质量指标，且品类多、批次多，个别指标的检验工作耗时长，大大降低了检验效率。因此，在以上种种背景下，经过一年多时间，团队研发出适用于公司多品种原粮的智慧检测系统。

## 2 多品种原粮智能检测系统

针对传统原粮验收过程中样本的扦取、检验环节耗时长、效率低,并且原粮扦检过程往往趋向于全人为化模式的痛点,团队骨干积极推动原粮验收过程中的扦检环节由传统的人工主导型模式转变为使用自动化、信息化、智能化的多品种原粮智能检测系统,该系统为行业首创,包含创新研发的"桁架智能扦样机器人"智能扦样技术、"粮食自动在线检验系统"技术、原粮部分指标快检技术。

### 2.1 "桁架智能扦样机器人"智能扦样技术原理

物联网指的是通过红外传感器等其他信息传感设备,按照预先约定好的协议,实现研究对象与互联网的连接,完成信息的沟通与交换,从而达成对研究对象智能化识别、跟踪、监测和管理目的的一种网络[10]。

"桁架智能扦样机器人"智能扦样技术(见图1)应用工业物联网理念与技术,将以往分散的扦样、检验业务过程,相互独立的操作人员、司机、货物,变成数据生成器,以自动化机械与多维度控制系统,代替人的基础劳动与判断,按国家执行标准形成数字化作业流程,实现柔性控制与业务联动,减少以往因两套系统互不兼容、人为漏洞多,造成的业务和管理瓶颈。整个过程完全智能化运行,在大幅减少人力的情况下,提高作业准确度与效率,系统多维度联合,彻底解决了行业顽疾;同时升级信息化初级管理方式,应用物联网技术,确保全程车辆、司机、粮食、样品数据精准绑定,建立严格的电子化监管流程。

**图1 "桁架智能扦样机器人"智能扦样技术**

"桁架智能扦样机器人"是围绕"信息电子化、过程自动化、监管智能化"系统建立了原粮检验变革的数字化顶层设计规划方案,可以自动随机取样,实现与"粮食自动在线检验系统"无缝衔接,依据无人化在线检验需求定制研发的一套多谷物智能化采样系统。该系统有效克服了传统检验中遇到的堵粮、扦样死角、人为漏洞、车型受限、粮种单一等问题。

## 2.2 "粮食自动在线检验系统"技术原理

"粮食自动在线检验系统"运用自动化机械设备、物联网技术、应用软件等，以国标为基准，将实际业务操作中的合理性作为技术设计基础，与扦样机器人无缝衔接，以自动化控制代替人工接样、混样，实现自动制样以及对扦取样品杂质、容重、水分、多营养成分、出米率、千粒重、不完善粒等指标的自动在线检验，检验结果自动上传（见图2）并电子关联对应车辆信息，实现责任溯源，整个检验过程余粮自动归集。

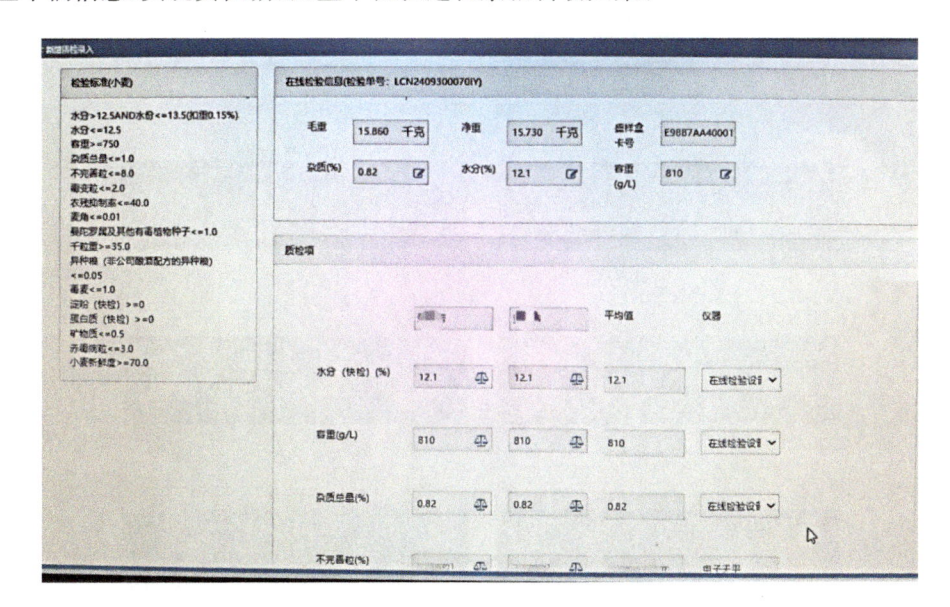

图 2 "粮食自动在线检验系统"结果上传界面

## 2.3 原粮部分指标快检技术原理及方法

原粮质量相关的快速检测一般指的是借助相关的快检设备，按照相关国家行业标准所规定的方法，对作为检验对象的原粮完成特定指标检验测定的一种行为[11-12]。与传统的人工主导的原粮检验相比，原粮质量指标的快速检测缩短了质检环节所需的时间、提高了工作的效率、降低了冗余的人力成本[13]。如今针对入库前原粮质量的测控，发达国家将自动化、网格化、标准化作为未来的发展方向，而国内相对落后的关键技术与日益增加的原粮高效入库需求之间的矛盾日益显著[14-15]，在这一背景下，团队开发的以原粮部分指标快检技术为核心技术之一的多品种原粮智慧检测系统应运而生。

该技术针对原粮不完善粒指标检验方法原始、劳动强度大、主观意识强、检验结果不一致等历史性难点问题，通过集成多视角成像技术、颗粒自动传送技术和基于深度学习的智能分析技术，成功开发不完善粒AI智能快检新方法，单项指标检验效率提升90%，并成功应用（见图3、图4）。

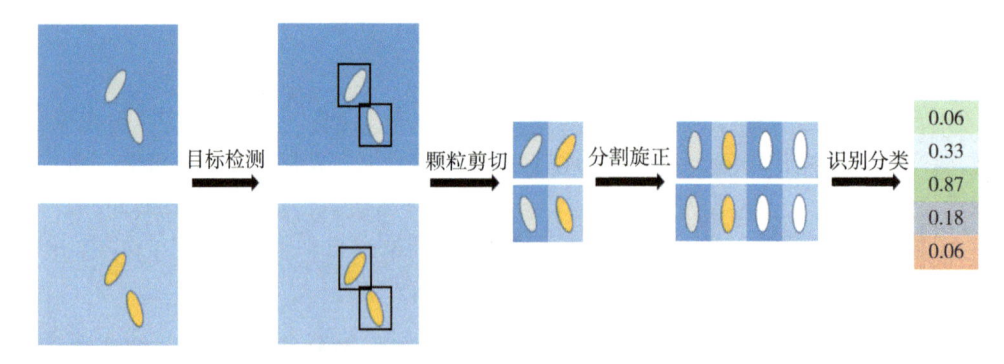

图 3　图像识别检测流程

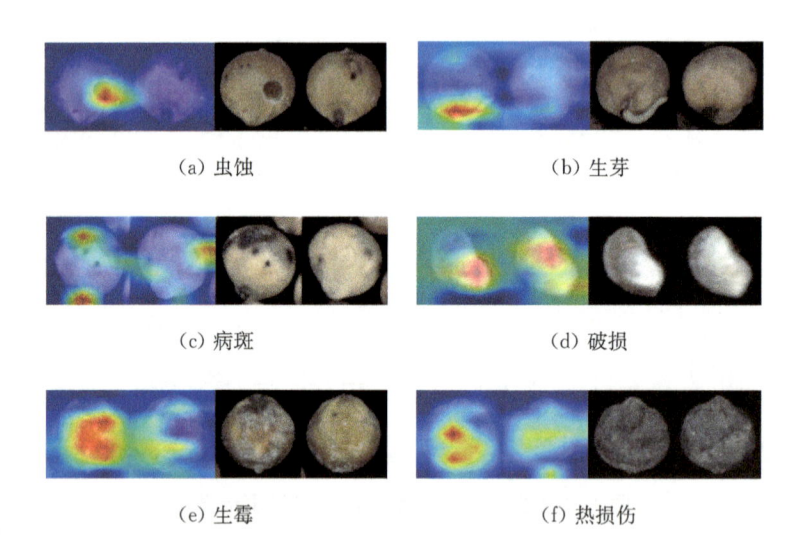

(a) 虫蚀

(b) 生芽

(c) 病斑

(d) 破损

(e) 生霉

(f) 热损伤

图 4　图像识别特征

为了更好地服务酿酒生产,研究团队从原粮营养成分分析入手,通过大量手工数据积累,并利用近红外光谱仪成功建立高粱、小麦等的水分、淀粉、蛋白质等成分指标的快检模型(见图 5、图 6),检验效率提升 95%,成功应用于日常原粮成分批次监控。

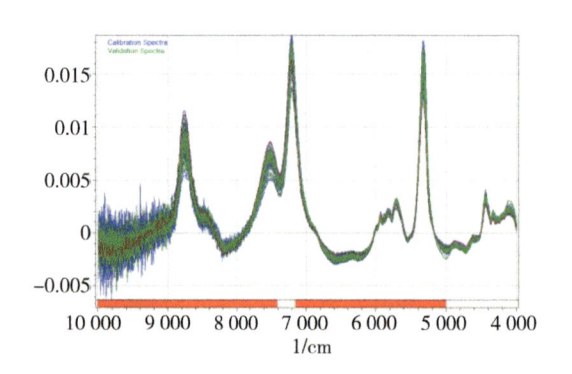

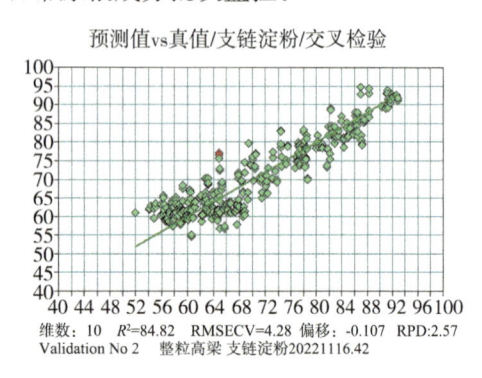

图 5　近红外光谱示意图和模型示意图

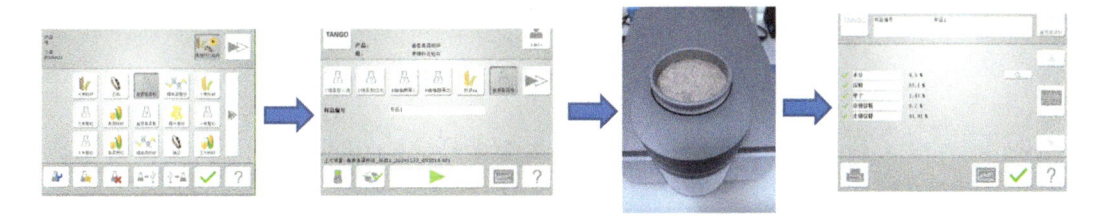

**图 6　原粮成分快检流程**

## 3　多品种原粮智能检测系统应用效果

行业首创的"原粮智能检测系统",成功实现酿酒多品种原粮(高粱、小麦、大麦、大米、糯米、玉米、豌豆)的 100% 自动扦样、自动混(分)样、自动留样、自动检验、数据在线管理、全流程可追溯"去人为化"的质量管理新模式,有力保障了原粮检验及时性、稳定性和公正性。

### 3.1　去人为风险

该质量检验模式实现传统粮食行业业务流程自动化、信息电子化、检测智能化、数据及时化、过程可视化,结果准确、全程可追溯,100% 去人为化,系统降低过程风险。截至 2024 年底,已成功开发 13 项快检方法,在检验批次量逐年增加的趋势下,实现增量不增人,有力保障了原粮检验的及时性、稳定性和公正性。

### 3.2　降本提效

智能检测模式实现仪器代人,效率提升,成果应用后人员岗位减编 45%,检测业务耗时由平均 100 min/批缩短至 20 min/批,综合提效 80%,年降本 60 万元以上。

### 3.3　实现内外部客户满意度双提升

去人为风险,确保业务过程透明公正,营商环境良性循环;检测效率提升,首批卸货时间提前 40 min 以上,司机等待时间降低,外部满意度高;员工劳动强度降低,安全系数增高,内部满意度持续提升。

## 4　总结与展望

"多品种原粮在线智能检测"质量检验模式是行业迈向数智化的第一步,公司原粮的主要品种、国标范围内的主要质量指标均可检测。该系统可应用于所有白酒企业、粮食企业,可助力企业在原粮检测中实现标准统一、风险可控、降本增效,在引领中国白酒行业科技进步、产品品质不断提升方面都具有非常重要的推动作用,未来相当长时间内将具有很高的示范应用价值。

## 参考文献

［1］李月,马浩然,李艺博,等.粮食收购智能扦检系统的研究进展[J].粮食储藏,2024,53(2):1-7.

［2］邢勇.国内粮食扦样装备现状及研发方向探讨[J].粮食储藏,2011(3):53-56.

［3］马浩然,荣云,董德良,等.粮食收购智能扦样系统设计与研究[J].粮食储藏,2024,53(2):13-17.

［4］中华人民共和国商业部.粮食、油料检验扦样、分样法:GB/T 5491—1985[S].北京:中国标准出版社,1985.

［5］国家粮食局.稻谷:GB 1350—2009[S].北京:中国标准出版社,2009.

［6］国家粮食局.小麦:GB 1351—2023[S].北京:中国标准出版社,2008.

［7］国家粮食和物资储备局.大豆:GB 1352—2023[S].北京:中国标准出版社,2023.

［8］国家粮食和物资储备局.玉米:GB 1353—2018[S].北京:中国标准出版社,2018.

［9］付玲.小麦质量快速测定与评价技术的研究[D].郑州:河南工业大学,2013.

［10］杨军,刘向昭,李昕阳,等.基于物联网的"数字化"溯源监测系统在粮食质量安全监测中的应用[J].粮油仓储科技通讯,2022,38(1):4-8.

［11］张幸龙.食品快速检测技术在餐饮服务食品安全保障中的应用与意义[J].农业工程,2022,12(10):67-71.

［12］李涛,林芳,王一欣,等.食品安全快速检测技术存在问题分析及解决措施[J].食品安全质量检测学报,2017,8(8):3259-3262.

［13］王超群.智能扦样和检验系统在智慧粮库建设中的应用[J].粮油食品科技,2023,31(1):196-202.

［14］许玉红,张飞豪,高彬彬,等.粮食入库快速质检系统应用试验[J].粮食储藏,2024,53(2):34-38.

［15］牛桂芬,牛梦宇.国内粮食市场快检仪器的使用现状及前景应用[J].粮食与食品工业,2023,30(5):59-61.

# 品质创新，品牌非遗，云锦艺术，传承文明
## ——论人类非遗之云锦织造技艺争创国际品牌的路径

### 李晓伟
#### 南京云锦研究所有限公司

**摘　要**：本文围绕人类非物质文化遗产代表作——南京云锦织造技艺的国际化品牌发展，从品牌生命力要素，品牌竞争力要素，知识产权与数字化建设，队伍建设等方面进行论证。阐明创新是企业发展的动力源泉：内容，技艺，理念的创新是关键要素。提出云锦作品的设计策略和方法，是支撑品牌竞争力的关键；论述企业搭建知识产权管理体系，构建数字化、可视化模块的必要性；并表达传承队伍与人才培养是重中之重。

**关键词**：非遗　南京云锦　品牌竞争力　数字化

南京云锦，集历代织锦工艺之大成，元、明、清三朝均为皇家御用，因其丰富的文化和内涵，被公认为"东方瑰宝""中华一绝"，也是中华民族和全世界珍贵的历史文化遗产。南京云锦织造技艺，是中国优秀传统技艺，于2009年被联合国教科文组织正式列入《人类非物质文化遗产代表作名录》。截至2024年底，中国共有44个项目入选该名录，南京云锦织造技艺便是其中之一。此次申报的成功，历经八年，为云锦技艺拓展了更广阔的发展空间，更有力有效地促进了非遗技艺的保护和传承。南京云锦研究所作为独立申报和传承保护单位，也紧紧抓住这个机会，积极打造非遗品牌。人类非遗项目的品牌化，是技艺传承和永续发展的必然，品牌是企业高质量发展的重要符号，而新质生产力是推动文化产业进步的源动力。

在非遗文化产业中不断融入新质生产力，可以提升非遗文化要素的表达，巩固非遗的文化产业链条，优化文化新时代的行业布局，从而使之具备更广泛、更持久的生命力。

现阶段经济高质量发展，人民对高品质生活的需求，对品牌建设提出了新的要求。创新引领、质量为先、环境营造、品牌消费等观念，扩展了传统手工技艺可持续发展的空间。而对于南京云锦织造技艺这项人类非遗项目而言，品牌作品结构、层次分明，内容优势与技艺互补，科学管理理念、品牌认知的建立，品牌满意度的提升，是"元先"云锦这一品牌融入现代生活的有力支撑，也符合创立国际品牌的宗旨，符合交流互鉴、薪火相继的文化强国战略。

# 1 创新是企业发展的动力源泉,是文化品牌生命持久的核心要素

## 1.1 丰富绚丽的中国云锦史,智慧工匠的内容创新路

"日夜纺织,织成锦缎,装饰天宫,朝为锦云,暮为绮霞,朝朝暮暮,不得停歇",相传这是天帝对织女的命令。"终岁勤劳匹练成,千丝一剪截纵横。此观不为云章巧,欲俭骄奢赌未萌",这是康熙皇帝《织造处阅机房》的诗句。织云铺霞的神奇技艺,天孙机杼,巧传人间,是中国历史的文化瑰宝,具有世界非物质文化遗产的独特魅力。

古老的丝织技艺,是"手经指挂"完成"经织之功",类似于黎族、苗族自治州的原始"踞织机",人们席地而坐,数经织花,工具简单,却可编织出华美动人的彩锦。经过科学研究和分析,人们在出土的丝绸残片上发现了提花的织物纹理,推导出提花丝织物距今有3 000多年的历史。

南京云锦,是中国古代丝织技艺最高水平的代表,这与御用贡物的特殊要求、官局织造的优越性质、手艺精湛的织工技术、织锦成品材料的考究、不惜工本的设计和制作投入是分不开的。历经元、明、清三代皇室专供的实践,长期处于高端个性定制的供需模式,也促使云锦织造技艺的研究和改变必须始终坚持对极致美感的追求,并持久创新。

## 1.2 当代云锦丝织品的技艺创新

现在的南京云锦研究所,是新中国成立初期在周恩来总理的关怀下成立的,历经近70年的磨砺,在元、明、清三代皇家专供的基础上,从题材、设计、品种、工艺、原料、织机等方面不断提升,在每一道工序上都充分体现了创新运用。

现代云锦技艺的应用,除了利用传统大花楼木织机,继承"跑马看妆花"的整体观感效果,还顺应日新月异的科技方式,不断研究云锦相关的专利技术,在效率提升、简化操作、聚焦优势等方面积累了16项专利技术。

在题材方面,南京云锦研究所与近十位国家一级画家合作,结合云锦大花楼木织机的工艺特点,从花鸟、山水、人物等题材类型中筛选作品。公司以考核当年开发新品投入产出比的方式对标作品选择的优劣,产品开发部须关注预测销量,预估销售多少件能持平版权成本、原材料成本、设计打样及推广营销等所有投入,计算每件入选作品的当年市场转化能力。经过深思熟虑后,再由云锦研究所专业的设计团队对作品进行全面分析,对作品线条与色彩进行提炼,对图案元素的细节反复斟酌,在准确表达创作意图的前提下,将作品内容配置于云锦工艺表达逻辑之中。

在挑花结本方面,研发电子挑花技术,大大缩短了花本制作周期,利用科技方法降低了挑花工序工时消耗,同时确保准确率,以满足新品开发的节奏和效率。

在原料准备方面,提前归纳常用色系清单,前置清单原料常态备货,对特殊品种和复定制项目采用专项备货。同时培训员工专业技能,自行消化上机前备料工作,做好项目织造第一责任人。

在染织物方面,重点攻克文物复仿制项目的特殊染色要求,以不同植物对应不同色

彩,逐色定染;按项目需求总量,一次性配置到位,有效控制成本。

在织造方面,研发了拽花电机自动抛梭织造方式,对常规品种的批量生产提供技术支持。而对于艺术品系列的高难度产品织造,提升织造师干预织造的精准度,靶向确保逐花异色的手工挖花盘织,聚焦优势差异的定向、高效,运用更有效的科技手法精减不必要的人力和工时消耗。

以上是不同维度的工艺探索,并经实践获得了不同程度的成功经验,符合市场化运营的实际需求。

### 1.3 品牌目标实现的理念创新

目标明确,跳出专业深井,实现理念创新。

在品质方面,织成品后期制作、整理、配套、装裱的创新,不但解决了云锦成品在材质、结构等方面的特殊要求,更在手感、视觉上满足高质量发展的必要条件,使其成品以最优质的状态迎接客户的检验。

在品牌方面,中国传统企业的品牌意识薄弱,绝大多数非遗项目的关注重点都在技艺研究和作品研发层面,而品牌是商业概念,是客户忠诚度的体现,是文化传承的依托。科学维护非遗项目,需要品牌理念。

中国品牌应当学习国际著名品牌的整体运营思路,需完整规划品牌及相应系列产品,根据具体调研、研发、上市、推广、销售等不同阶段的情况及市场反馈结果制定具体应对策略,这样才能更高效地配置、调整人员、技术、时间周期、资金等各类资源,有计划地实施调研、实践、分析、决策、测试,在过程中有力地管控成本支出,最终达到预期收益、品牌开发和运营目标。

## 2 完善云锦作品的设计策略和方法,构建品牌竞争力的核心要素

非遗传承和文化传播的核心,在于品牌的主题化、产品设计的市场化、用户的关注度和客群的年轻化。未来是科技融合的时代,是思想创造的时代,是体验和互动的时代,是自我宣发的时代。

### 2.1 内容逻辑,符号导视

凝练吉语文字、吉祥图案、吉庆寓意、千祥云集的主题性标识。云锦图案取材广泛,纹样内容丰富,花卉、果实、山水、飞鸟、走兽、游鳞、昆虫以及仙道宝物等吉祥纹样取材于自然与生活,同时富有浪漫主义的想象(天鹿、鸾鸟、龙凤等),但从当代市场对非遗的需求来看,要依赖于创新思维,破除沉闷,聚焦创意。

视觉感动,是当代年轻人首要关注的要素,漫反射的立体感、层次感、油画效果等,是近些年来云锦产品的一大亮点:国画山水的云雾缭绕、工笔大师的灵动花鸟都运用了云锦技艺中的组织密度和色彩配比,诠释生灵动态,栩栩如生,令人目不暇接。云锦工艺特殊的材料语言,以其特有的色彩表现手法,能在撞色审美的偏爱里触动每一位观众。这种触动也包括大花楼木织机织造时每一次提花、开口、投梭、引纬、织金、盘织、踏脚竹、复位等

操作及其声音带给观众的心灵震撼。

在工具符号方面，非遗技艺依附于特定的生产工具，可以将其工艺原理、名称、由来与主题寓意融合在一起，来表达龙凤呈祥、吉祥如意、福寿双全等寓意，如云锦挑花堂标识，就是应用挑花勾细节元素设计的。

在材料符号方面，孔雀羽、真金线、鸵鸟毛等是云锦品牌珍贵的特有标签，被创新运用到当代作品中。此外，防火、防潮、耐腐蚀、固色等工艺也在不断研发完善。

在文字符号方面，非遗文化传承千年的积淀，无论是织机的名称、工艺流程的名称、文物的命名等都有其深意，传递这些文化内涵和由来，有助于人们更深层次地解读元先云锦的品牌故事。

在图案符号方面，云锦图案最为直观地呈现经典非遗项目所要表达的内容。云锦以其特有的风格展现皇家风范；刺绣以细腻的针脚和线条，释放人间温情。不同技艺传递着不一样的韵味，其背后的深意也都源于工艺本身的特性。

### 2.2 产品形态，融入生活

元先云锦以产品为载体，以产品形态的变化发展推动非遗与现代生活的融合，通过创意、创新实际场景的应用，让消费者获得满足感，实现文化情感的传递与共情。

近几年来，云锦非遗技艺结合各种生活场景，开发了不同形式的产品，公交卡、锡制茶叶罐、冰箱贴、汉服及周边配套产品、嫁衣及婚嫁周边配套产品等，在解决客户需求的同时，传递着非遗品牌的审美和态度。

### 2.3 融入历史，溯源场景

公司结合企业优势，讲述品牌故事，扩展品牌效应。在年轻人群体中，订婚、结婚是一个家庭的重要里程碑，使用云锦制成的婚书、印章、请柬、胸花等，有着厚重的仪式感、体验感，既能定格时光，又有深刻的文化内涵。结合操作体验、盛装出行、网红打卡地等，参与感十足。让人们在不知不觉中真实地感受文化带来的滋养，提升文化自信。

## 3 实现数字化转型，传承非遗文明

### 3.1 搭建知识产权管理体系

经过云锦研究所近几年的不懈努力，云锦非遗项目已经基本构建知识产权体系框架和管理模式，目前拥有近200件商标、近200项著作权、10多项专利等知识产权资产。在锦泓集团的上市公司管理体系下，公司正在OA系统里构建知识产权模块，届时将由系统确定的操作流程，引导知识产权管理更加规范，形成完整的申请、审核、决策、执行、记录台账等过程和结果文件，更及时地提醒知识产权各类具体业务的反馈时点、节点状态等，更有效地杜绝人为疏漏造成的管理失误，助力知识产权的战略决策。

完整的知识产权管理体系更有利于档案资料的调取、外发、选用等方面的规范和应用，为企业和品牌积累更丰富的有形资产和无形资产，知识产权战略将为品牌注入创新动力，支撑可持续发展。

## 3.2 构建数字化、可视化模块

在构建数字化方面,云锦研究所利用云锦新建博物馆的项目,贴近文化发展的趋势和市场关注热点,已和专业公司确定了开发数字档案相关的基础文件开发与制作的项目。数字化的第一步,是构建藏品数字库,可以更完整、全面地记录传统非遗的工艺方法、制作过程和成果物;通过数字化体系与平台的建立,可以实现第二步——数字化空间与环境的构筑;第三步便是在全新的数字化环境中创造良好的运营环境,让数字化分析捕捉市场需求,使数字化创意、数字化产品和数字化的文化传播及功能实现更加无阻地得到应用。这是数字化转型的必经之路。

参观传统的博物馆时,往往只有在听取专业人士的详细讲解后,人们才能体会到展陈用意,吸收到更丰富、更有深度的专业知识。而现代化的博物馆能在总结、提炼、归类、重塑博物馆专业内容,重新进行图视的设计、策划、表达后,让参观者一目了然,获得多维的感观体验、互动,从而穿透复杂的非遗专业知识,更直接地加深对藏品的理解。待云锦博物馆新馆落成之际,它将以全新的展示与观者交流互动。品牌应在此基础上,搭建数字王国,为拓展更多新形式的消费场景搭建平台,满足观众的新需求,让参与者在不知不觉的体验模式下感知、认知非遗文化。

## 3.3 传承队伍的搭建与人才培养

薪火相继,代代相传。守住匠心、传承技艺、培养新时代工匠是传承的主题。

文化传承的主体是人,任何一项非遗技艺的传承都需要依靠有担当的文化人,靠有绝技的守艺人,靠有情怀的推动者,靠有匠心的执行人去实现。新时代传承人的心智和技艺培养同样重要,二者缺一不可。以更有趣的语言解读传统技艺,用更有新意的授教方式吸引年轻学员、感触心灵,能够让年轻学员通过持续学习新科技的知识,不断激发探索动能。南京云锦研究所一直在为培养传承人投入各类资源,通过研究当下市场环境和人才需要,反推传承人培养的方法。目前,南京云锦研究所已有纺织专业相关研究生5人,为织造技艺的传续和新技术、新产品的研发输送了专业的继任者。

专业对口是每个岗位对人才的要求和期望。织造技艺传承人、设计意匠传承人和所有非遗项目的核心岗位,都需要坚持、精心、细致、钻研、不忘初心。利用数字科技力量提升行业竞争力,使从事传统技艺的年轻传承人队伍始终与时俱进,对待学术进步如饥似渴;创造更优质的学习环境、竞争机制,营造创新氛围,激励有思想、有毅力、勇担当、出成果的创造者。

在培养传承队伍方面,非遗项目必须持续投入,坚持以客户需求为中心、以价值创造者为本的理念,实事求是,启发年轻的继任者和项目传承人完成产品创造,实现价值转化,强化品牌意识,优化品牌质量,提升品牌价值,成为企业和品牌续航的无穷动力。

没有中华文化的繁荣兴盛,就没有南京云锦织造技艺这项人类非遗项目的创新发展。南京云锦织造技艺作为世界"绝艺",需要传承、创新、激发活力;作为城市名片和历史悠久的文化品牌,虽然已经有了时间的凝结,拥有口碑的积淀,但要获得持续的创新与发展,更需要企业坚持卓越,久久为功的创业精神。自信自强,聚焦市场,创新驱动,高质量发展,是南京云锦争创国际品牌的唯一路径。

## 参考文献

［1］金文.南京云锦[M].南京:江苏人民出版社,2009.
［2］赵刚,张技术,徐思民.中国服装史[M].北京:清华大学出版社,2013.
［3］冯晓青.企业知识产权管理基础[M].北京:中国政法大学出版社,2012.
［4］康至军.HR转型突破[M].北京:机械工业出版社,2013.

# 综合智慧服务创新型企业质量文化建设路径研究
## ——基于基层质量管理者的独特视角

**管再浩**

中通服咨询设计研究院有限公司

**摘 要:** 在综合智慧服务创新型企业的快速发展中,作为质量管理的核心推动者,基层质量管理者对于企业质量文化的构建与提升至关重要。本文从基层质量管理者的独特视角出发,根据智慧服务创新型企业质量文化建设的特点,结合企业实际,提出质量文化建设的定位及目标,深入探讨实现质量文化建设目标的技术路径,促进企业质量文化的全面升级,进而推动企业的可持续发展。

**关键词:** 综合智慧服务创新型企业　质量文化建设技术路径　基层质量管理者

## 1 引言

在知识经济时代,质量已成为企业生存与发展的生命线。综合智慧服务创新型企业(以下简称"智慧服务企业")作为新兴产业的代表,其产品和服务的质量直接关系到企业的市场声誉和竞争力。基层质量管理者(以下简称"质量管理者")作为质量管理的专业执行者,不仅负责具体的质量管理工作,还承担着引导、推动和塑造企业质量文化的重任。据此,以质量管理者的独特视角深入探索质量文化的建设路径,对于智慧服务企业高质量发展具有不可估量的价值。

## 2 综合智慧服务创新型企业的特征概述

综合智慧服务创新型企业是指那些能够综合运用现代信息技术、人工智能、大数据、云计算等前沿科技手段,为客户提供全方位、智能化、高效能服务的企业。这些企业不仅在技术和服务模式上具有创新性,还在推动行业转型升级、提升社会整体运行效率方面发挥着重要作用。国内比较著名的有腾讯、阿里巴巴、小米、华为等大型企业,国外有亚马逊、微软、谷歌、IBM、SAP(思爱普)等。

## 3 综合智慧服务创新型企业质量文化发展特点

智慧服务企业质量文化发展的特点主要体现在以下几个方面(见表1)。

表1 智慧服务企业质量文化发展特点及其具体含义

| 特点 | 具体含义 |
| --- | --- |
| 创新驱动 | 智慧服务企业注重技术创新和模式创新,质量文化的发展也必然伴随着对新技术、新理念的积极吸收和应用,不断推动服务质量的提升 |
| 数据驱动 | 在大数据时代,智慧服务企业通过数据分析和挖掘,精准把握客户需求和服务质量的关键点,从而不断优化服务流程,提升服务质量 |
| 以人为本 | 智慧服务企业强调以客户为中心,注重提升员工的职业素养和服务意识,通过构建积极向上的质量文化氛围,激发员工的积极性和创造力,为客户提供更加优质的服务 |
| 持续革新 | 智慧服务企业具有强烈的质量意识和持续改进的精神,通过建立完善的质量管理体系和反馈机制,不断发现问题、解决问题,推动服务质量的持续提升 |
| 全面融合 | 智慧服务企业的质量文化发展不仅仅局限于企业内部,还注重与行业内外相关方的合作与交流,共同推动行业服务质量的提升和标准化建设 |

## 4 综合智慧服务创新型企业质量文化建设的定位及目标

一是结合企业个性化特点,并且结合质量文化的基本原理、建设理念和发展路径。智慧服务企业在定位质量文化时,应结合企业自身特点和行业共性,明确质量文化发展方向和期望目标。二是提升质量竞争力,智慧服务企业应以提升质量竞争力为目标,塑造和提升具有自身特色的质量文化。

例如,智慧服务企业Z公司一直以来不断推进"打造新一代综合智慧服务质量品牌"的质量战略,施行"科学规划、精心设计、求实创新、持续改进"的质量方针,全力助推企业高质量发展。Z公司在公司领导的带领和全体员工的不懈努力下,获得了多项省、市、区级的质量奖项。在行业竞争日益激烈的背景下,Z公司不断提升质量管理水平,连续多年荣获多项国内外大奖、科技进步奖。

## 5 基层质量管理者在智慧服务企业质量文化中的角色定位

一是质量文化的创新驱动者。质量管理者也是质量创新的推动者。他们关注市场动态和客户需求的变化,积极引入新的质量管理理念、方法和工具,推动企业在质量管理方面的创新和发展。

二是质量管理的高效执行者。质量管理者是质量管理的直接执行者。他们负责制定和执行质量管理制度、流程和标准,确保产品和服务的质量符合企业的要求和客户的期望。同时,他们还要不间断追踪质量问题,让质量管理更加科学和高效。

三是质量创新的持续改进者。质量管理者,作为质量创新的持续改进者,他们不断寻求新的质量管理方法和工具,以推动产品和服务的持续优化。他们通过数据分析、顾客反馈和市场趋势研究,识别质量改进的机会,并设计实施有效的改进措施。这种持续改进的精神,不仅提升了企业的竞争力,也为企业带来了长期的成功和可持续发展。

## 6 综合智慧服务创新型企业质量管理中面临的挑战

提升智慧服务企业质量文化时,常面临多重挑战:一是知识更新速度过快。技术快速迭代要求不断学习新知识,掌握新技术在质量管理中的应用,这给基层质量管理者带来了不小的学习压力;二是员工质量意识不足,提升全员质量意识并转化为实际行动是一项艰巨的任务。培训虽能助力,但效果评估与持续跟进难度大。三是质量管理体系复杂增加执行难度。智慧服务企业烦琐的流程、跨部门协作的复杂性,以及在实际操作中可能遇到的灵活调整需求,都增加了执行的难度。四是供应链风险增加质量控制难度。全球化供应链中的供应商质量参差不齐,法规和标准的变化也需及时应对,这对质量管理者提出了更高要求。五是跨部门协作中存在沟通障碍。部门间的推诿扯皮和沟通不畅会影响质量问题的及时解决。

为应对这些困难,基层质量管理者需要不断学习,优化培训体系,精简质量管理架构,强化供应链协同与跨部门协作机制,确保企业质量管理实现动态优化。

## 7 基层质量管理者在质量文化建设中的优势

基层质量管理者在推动智慧服务企业质量文化建设中的角色优势,主要体现在以下几个方面。

### 7.1 专业引领

基层质量管理者具备深厚的专业知识与丰富的实践经验,能够精准把握质量管理的核心要素,为企业制定科学合理的质量标准和流程。他们不仅是质量管理的专家,更是质量文化的引领者,通过专业指导,确保企业质量管理的方向正确、方法有效。

### 7.2 洞察敏锐

面对复杂多变的市场环境和客户需求,基层质量管理者展现出敏锐的洞察力。他们能够及时发现潜在的质量问题,预测质量风险,并提前采取措施加以防范。这种前瞻性的思维方式,有助于企业保持竞争优势,避免质量"危机"。

### 7.3 沟通桥梁

在跨部门协作中,基层质量管理者发挥着重要的桥梁作用。他们通过有效的沟通和协调,促进各部门之间的信息共享和资源整合,打破部门壁垒,形成质量管理的合力。这种协作精神,有助于提升企业的整体运营效率,推动质量文化的深入发展。

## 7.4 文化追求

基层质量管理者不仅是企业质量管理的实施者,更是企业质量文化的构筑者。他们凭借对质量文化的追求,通过持续的质量培训和教育活动,将质量理念深植于员工心中,激发员工对高质量的追求和热爱。

## 8 基层质量管理者视角下智慧服务企业实现质量文化建设目标的技术路径

通过对智慧服务企业质量管理中面临的问题进行深入的分析,结合基层质量管理者在质量文化建设中具有的优势,笔者以 Z 公司为例,总结了五个技术路径,用来实现智慧服务企业质量文化建设目标,如图 1 所示。

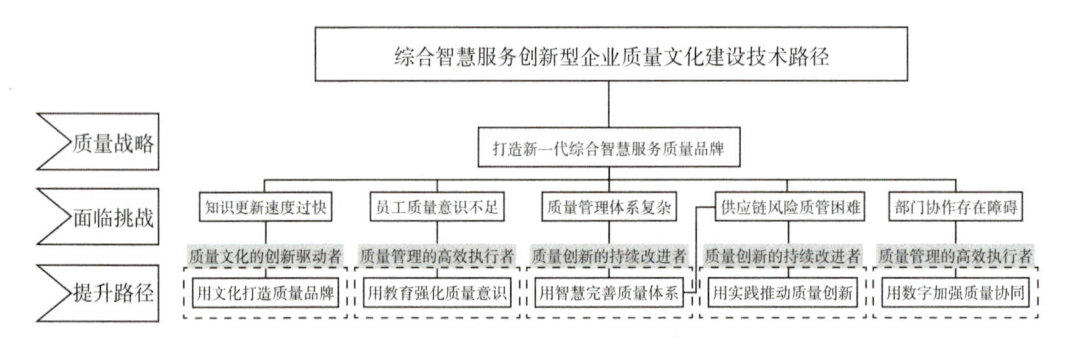

**图 1 综合智慧服务创新型企业质量文化建设技术路径**

### 8.1 用文化打造质量品牌

质量管理者应努力营造积极向上的质量文化氛围,打造质量品牌。他们可以通过组织开展质量月、质量周等活动,增强员工对质量文化的认同感和归属感。同时,他们还可以利用企业内部媒体、宣传栏等渠道宣传质量文化成果和优秀案例,激发员工的积极性和创造力。在基层质量管理者的引领下,企业可以形成具有自身特色的质量文化体系并推动其不断发展和完善,让企业的名字成为质量第一的代名词,让质量第一的文化深深扎根在每个员工的心中。

### 8.2 用教育强化质量意识

质量管理者应关注员工的质量意识教育。通过组织培训、讲座、研讨会等形式,向员工普及质量知识、传递质量理念、强调质量的重要性。同时,他们还可以利用案例分析、现场演示等方式,让员工深刻认识到质量问题对企业和个人的影响,从而增强员工的质量意识和责任感。

### 8.3 用智慧完善质量体系

质量管理体系是质量文化的重要载体。质量管理者应积极参与质量管理体系的建设和完善工作。他们应根据企业的实际情况和市场需求,制定科学、合理的质量管理制度、流程和标准,并确保其得到有效执行。同时,他们还要加强对质量管理体系的监督和评估工作,及时发现和纠正存在的问题和不足,推动质量管理体系的持续改进和优化。

### 8.4 用实践推动质量创新

质量管理者应积极推动质量创新实践,关注行业动态和技术发展趋势,积极引入新的质量管理理念、方法和工具。此外,企业应积极倡导员工投身于质量创新的浪潮中,鼓励他们贡献出宝贵的改进构想与建议。通过打造质量创新实践平台,企业能够持续改进产品和服务,精准对接客户的多元化需求。

### 8.5 用数字加强质量协同

智慧服务企业应通过数字化手段加强质量文化建设,关键在于加强质量协同和数据驱动。企业应利用5G、大数据、云计算等技术集成应用,构建数字化应用场景,同时推动技术创新和跨行业合作。通过数据采集和分析,形成数据链,提升数据流通共享水平,促进供需调配和精准对接。

## 9 结论与展望

### 9.1 结论

本文从基层质量管理者的独特视角出发,深入探讨了综合智慧服务创新型企业质量文化建设的技术路径。企业结合基层质量管理员的角色优势,通过"用文化打造质量品牌、用教育强化质量意识、用智慧完善质量体系、用实践推动质量创新和用数字加强质量协同"等措施,可以构建具有自身特色的质量文化体系并推动其不断发展和完善。通过以上技术路径,智慧服务企业不仅可以提升服务质量和打造产品品牌,实现质量文化建设目标,更为实现长远发展奠定坚实基础。

### 9.2 展望

展望未来,随着科技发展的日新月异与市场竞争的白热化,那些集智慧服务与创新于一体的企业将置身于一个充满无限可能的新时代。它们必须敏锐捕捉科技浪潮带来的崭新机遇,以坚韧不拔的姿态,积极应对市场竞争所带来的严峻挑战。智慧服务企业需要不断加强基层质量管理者队伍的建设,并提升其专业素养和能力水平,以更好地发挥其在综合智慧服务创新型企业质量文化建设中的重要作用。

## 参考文献

[1] 综合智慧服务 共生创造未来——新一代综合智慧服务商中通服咨询设计研究院[J]. 中国工程咨询,2021(1):113.

# 低碳视角下废弃电子烟的处置现状与思考

杨鑫[1] 蒋鹏坤[1,2] 汪祺[1] 朱忠[1] 徐存华[1]

1. 江苏省烟草质量监督检测站；2. 江苏省烟草公司南京市公司

**摘 要**：随着电子烟的广泛流行，其废弃物的合理处置成为亟待解决的问题。本文旨在分析电子烟废弃物可能带来的环境和安全风险，通过对政策法规的梳理和处置案例的分析，探讨当前的处置方法所面临的问题和挑战，并基于无害化、绿色、环保的原则，提出了优化处置方式、划片集中处理、定期评估效果等建议。本研究结果为电子烟废弃物的规范化管理以及公共政策的制定提供了科学依据和实务指导。

**关键词**：电子烟废弃物 处置方法 低碳 环保

## 1 引言

作为一种新型烟草制品，电子烟近年来在全球范围内迅速流行[1]。根据相关研究统计，2022年全球雾化电子烟市场规模约189亿美元。随着非国标电子烟管控力度的不断加大，涉案电子烟数量也节节攀升，探讨电子烟废弃物的合理处置流程和方法显得尤为重要。电子烟烟具中含有锂电池，如果处理不当，有爆炸和污染环境的风险[2]；电子烟烟液中的尼古丁和其他化学物质也可能对环境和人体健康构成威胁[3]。

目前，国家烟草专卖局虽然下发了《国家烟草专卖局关于加强残次和废弃烟草专卖品管理的通知》，但是相关通知更偏向于宏观指导，难以被直接执行。各地烟草专卖局和工业公司虽然陆续制定了废弃烟草专卖品处置监督工作的相关标准，但是缺乏统一性，对于电子烟等新型烟草制品的废弃物管理也具有一定的滞后性[4]。

本文聚焦电子烟废弃物可能带来的环境和安全风险，从低碳视角出发，考察了目前废弃电子烟的处置现状和方法，通过对现有文献的回顾、相关政策的分析以及具体案例的研究，旨在提供一个全面的框架，为电子烟废弃物的无害化处置以及公共政策的制定提供科学依据和实务指导。

## 2 电子烟废弃物属性

目前市面上的电子烟一般采用三段式结构,包括盛放烟液的烟弹(储油装置)、雾化器(雾化装置)以及烟具(供电及控制装置)[5],如图1所示。换弹式电子烟的雾化器一般集成在烟弹中,而一次性电子烟的烟弹、雾化器和烟具一般集成为一体。使用者抽吸电子烟时,触发气动感应开关,电池供电驱动雾化器,将烟弹中的烟液加热,雾化为蒸汽供人抽吸。

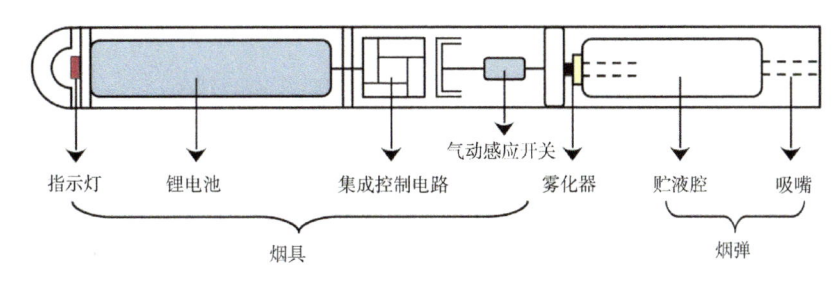

**图1 电子烟三段式结构示意图**

电子烟产品主要可以分为一次性电子烟、烟具、烟弹和烟液。由于废弃物属性不同,这四者应分类研究,如表1所示。

**表1 电子烟产品的废弃物属性**

| 电子烟产品 | 废弃物属性 |
| --- | --- |
| 烟液 | 有机废液 |
| 烟弹 | 烟液为有机废液,外壳为一般固体废弃物 |
| 烟具 | 外壳为一般固体废弃物,内含锂电池 |
| 一次性电子烟 | 烟液为有机废液,外壳为一般固体废弃物,内含锂电池 |

其中,废弃的电子烟烟液、烟弹可直接由具备有机废液和一般固体废弃物处置资质的机构进行焚烧或者填埋处理[6-10]。但是,对于含锂电池的废弃电子烟烟具及一次性电子烟,如何进行合理处置仍然是一个亟待解决的问题。

锂电池主要由四个部件组成:正极、负极、隔膜和电解液[11],如图2所示。正极一般由涂有金属氧化物层的铝箔组成,负极则主要由石墨、黏合剂和涂在铜箔上的添加剂组成[12-13]。处置电子烟烟具及一次性电子烟的风险主要来源于内部的锂电池[14-15],包括以下几类风险。

(1) 锂电池自燃:在拆解电子烟时,由于人为操作不当、锂电池质量问题、设计缺陷等原因导致内部短路,产生电火花和高温,从而引起锂电池自燃的风险。

(2) 锂电池爆炸:在直接碾碎或焚烧含锂电池的电子烟时,由于电池内部的化学反应,锂电池受热后快速膨胀,当内部压力增大到一定程度时便可能会引发爆炸。

(3) 电解液泄漏:由于挤压或内部膨胀,锂电池中的有机电解液和重金属如果未经适当处理而直接暴露在环境中,可能会对土壤和水源造成严重、长期的污染。

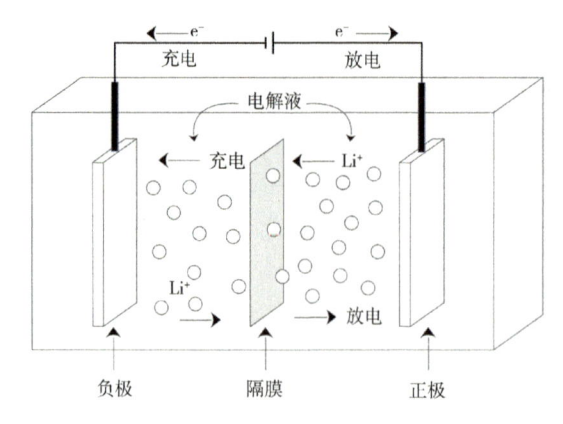

图 2 锂电池主要结构示意图

## 3 废弃锂电池的处置方法和现有政策

目前主流的废弃锂电池处置方法主要为三种:回收、焚烧和填埋[16]。综合考虑环境影响、经济效益、技术要求和社会接受度等因素,对于废弃锂电池不同处置方法的对比分析如表 2 所示[17-18]。可以看出,废弃锂电池不同的处置方法会带来不同的环境和经济影响,在技术层面的要求和社会的普遍接受度也均不相同。

表 2 废弃锂电池不同处置方法的对比分析

| 处置方法 | 环境影响 | 经济效益 | 技术要求 | 社会接受度 |
| --- | --- | --- | --- | --- |
| 回收 | 资源循环,对环境友好,减少污染 | 初始投资大,运营成本高 | 需要专业设备和技术 | 高,公众支持资源循环 |
| 焚烧 | 快速减少体积,减少占用空间 | 运营成本适中 | 需要高温焚烧和废气处理设备 | 中等,对废气处理有顾虑 |
| 填埋 | 操作简单,成本较低 | 长期成本低,但存在污染风险 | 技术要求低 | 低,存在环境污染担忧 |

为了对锂电池的生产、使用、处置等环节进行管控,全球各国都出台了相关法律法规,欧盟、日本、韩国等国家和地区先试先行,制定了一系列锂电池的监管政策和安全标准。例如,欧盟颁布的《关于电池和废旧电池的法规》(EU 2023/1542)便对废弃电池的回收水平提出了要求,包括 2030 年前欧盟的锂电池回收目标为回收其平均重量的 70%,2031 年前电池中锂元素的回收率不低于 80% 等[19]。在美国和印度等国家,虽然在锂电池监管方面的发展相对缓慢,但是废弃锂电池的处置也正受到越来越多的关注[20]。

在国内,对于废弃锂电池管理的政策法规从 1995 年便开始布局,并随着时代的发展不断迭代和完善。《中华人民共和国固体废物污染环境防治法》于 1995 年正式发布,并于 2020 年进行修订,主张建立产生、收集、贮存、运输、利用、处置固体废物的单位和其他生产经营者信用记录制度。《废电池污染防治技术政策》于 2003 年正式发布,主张电池制造商和委托其他制造商应当承担在其生产的电池上按照国家标准标注标识和回收废充电电池的责任，并于2016年进行修订，对废弃锂电池的收集、运输、贮存、利用、处置环节进行了相关的规定，包括：废锂离子电池运输前应采取预放电、独立包装等措施；贮存前应进行安全性检测并避光贮存；禁止人工、露天拆解和破碎废电池；应避免废电池进入生活垃圾焚烧装置或堆肥发酵装置等。

但是，依据目前的法律法规和相关标准，锂电池仍未被列为危险废物，其回收利用和处置流程也缺乏相应的行业标准。因此，对于含有锂电池的废弃电子烟也同样存在如何处置的难题。

## 4 废弃电子烟处置现状和思考——以江苏省为例

目前，江苏省各地市通常采用少量多次焚烧处理的方式，经由中标的环保公司或者垃圾处理厂，对废弃电子烟进行统一销毁处置。正式处置的一般流程为：到厂、称重、卸入指定区域、投入焚烧炉、完成销毁。针对废弃电子烟的销毁处置，不同地区的收费标准也不同，一般为400～4 600元/吨不等。

以南京市为例，废弃电子烟的处理目前交由垃圾焚烧发电厂处理。如图3所示，垃圾焚烧发电厂通过焚烧垃圾产生的余热加热锅炉，驱动汽轮发电机发电，从而实现垃圾的废物利用。对于焚烧产生的烟气，通过"SNCR+半干法+干法+活性炭喷射+布袋除尘+SCR"工艺，使废气全面满足《生活垃圾焚烧污染控制标准》(GB 18485—2014)与欧盟EU 2000/76/EC标准。对于焚烧产生的炉渣和飞灰，通过重金属分选等无害化、资源化处理，可以作为环保建材进一步发挥作用，实现绿色、循环经济。值得注意的是，垃圾焚烧发电厂通过将废弃电子烟与其他垃圾以一定比例掺烧，最大程度降低了集中焚烧废弃电子烟的风险和烟气处理的难度。

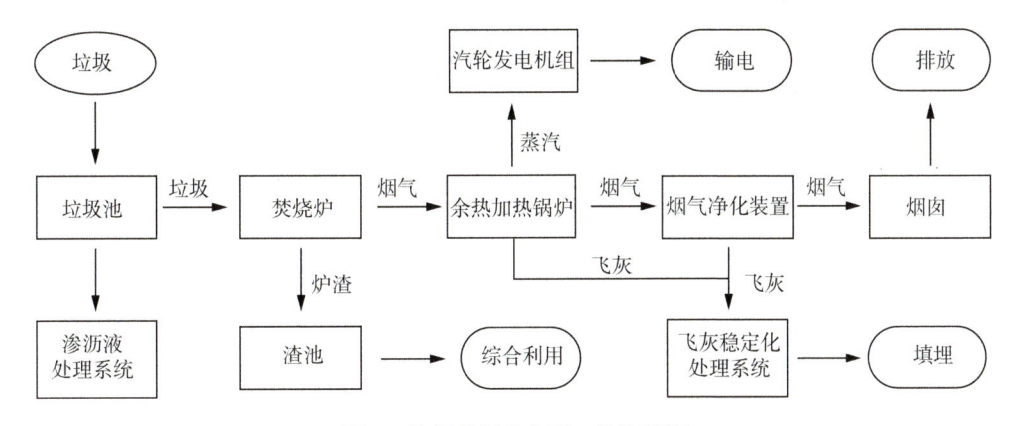

图3 垃圾焚烧发电厂工艺流程图

然而，在当前这种模式下，存在两大问题：一是普通的环保公司或垃圾处理厂一般没有直接处置锂电池的资质，集中处置废弃电子烟的能力有待考量；二是部分地市存在无法招标到处置委托单位的情况，废弃电子烟只能储存在专用的电子烟仓库中待销毁。

从各地市烟草监管部门及环保处置单位的实际情况出发,目前废弃电子烟处置的主要问题和挑战集中于五个方面,即固废分类、拆解处置、成本优化、专卖监管和跨区域协同,如表3所示。

表3  目前废弃电子烟处置的主要问题和挑战

| 问题和挑战 | 详细描述 |
| --- | --- |
| 固废分类 | 虽然生活中产生的废弃锂电池被归类为"生活垃圾",但是废弃电子烟中的锂电池量远超一般生活垃圾 |
| 拆解处置 | 废弃电子烟的拆解繁琐、工作量大,非专业处置人员往往不具备相关专业知识 |
| 成本优化 | 废弃电子烟的处置收费一般以吨计费,零星处理成本不是最优 |
| 专卖监管 | 废弃烟草专卖品的销毁存在监管要求,直接交由第三方处置,存在涉案物品流出风险 |
| 跨区协同 | 各地环保部门态度不一,各地操作不能统一 |

## 5  废弃电子烟处置建议

江苏省烟草质量监督检测站曾与国家电池产品质量检验检测中心专家交流废弃电子烟的处置方法,专家给予的分类处理意见为:由专业人员将废弃电子烟拆解后,电子烟烟液作为有机废液可以统一进行焚烧处理;雾化仓和外壳部分可以作为一般固体废弃物进行多渠道回收或集中填埋处理;锂电池经过10%盐水充分放电后可以进一步回收利用,如图4所示。

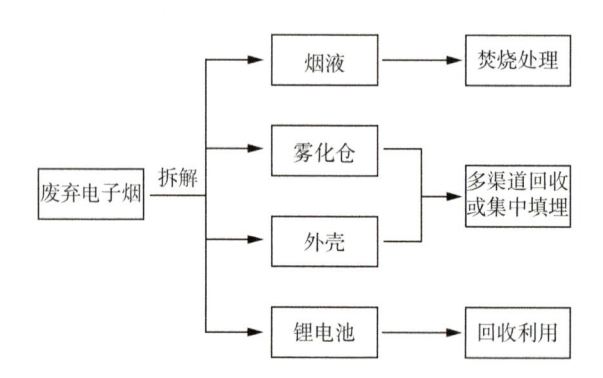

图4  废弃电子烟分类处置示意图

从无害化、绿色、环保的角度出发,本文针对废弃电子烟的处置提出三点建议。

(1)完善政策对接,优化处置方式。与负责固废处置的环保部门对接,进一步明确政策要求,推动完善废弃锂电池的分类、回收、处置相关的行业标准。联合电池处理和环保等领域的专家,共同商榷在环境风险可接受的情况下,效益效果最优的处置方式。

(2)促进区域协同,划片集中处置。在锂电池生产供应链较为完整、人力资源成本较低的地区,设立专用场地集中存放废弃电子烟。统一招标电池回收利用供应商,积存到一定量进行周期性处置,处置内容涵盖一次性电子烟和烟具的拆解、一般固废回收、废弃锂电池的放电和回收利用等。

（3）建立长效机制，定期评估效果。构建电子烟废弃物处置的长期监测体系，定期评估处置效果，确保处置策略的持续性和有效性。

本文提出的三点建议的优点在于：一是通过完善废弃锂电池回收的相关政策和标准，可以在最大程度上确保废弃电子烟处置过程的专业性与安全性；二是实施分区集中处置策略，不仅可以通过规模效应降低单位处理成本，同时还可以通过集中管理有效降低环境风险。

当然，也需要考虑一些潜在的风险：一是废弃电子烟的整体运输、贮存和处置成本相较于直接焚烧和填埋等方式有所提高；二是由于废弃电子烟分区集中储存，所以在消防安全、环境保护等方面提出了更高的要求；三是场地的选择还必须符合当地政府和有关部门的审批规定和安全标准等。

## 6 总结

在低碳发展的大环境下，电子烟废弃物的正确处置具有重要的社会意义，它不仅关系到环境保护和资源循环利用，同时也是响应全球可持续发展目标的实际行动。本文通过识别电子烟废弃物可能带来的环境和安全风险，分析国内外关于废弃锂电池的政策法规，探讨当前的处置方法所面临的问题和挑战，基于无害化、绿色、环保的原则，提出了优化处置方式、划片集中处理、定期评估效果等建议。

本文为废弃电子烟的合理处置提供了科学依据和实务指导，对于推动电子烟废弃物的规范化管理和促进环境可持续发展具有重要意义。笔者呼吁相关监管部门、企业和公众共同努力，实现电子烟废弃物的安全、环保处置。

## 参考文献

[1] 李保江. 全球电子烟市场发展、主要争议及政府管制[J]. 中国烟草学报，2014，20(4)：101-107.

[2] Saxena S, Kong L, Pecht M G. Exploding e-cigarettes：a battery safety issue[J]. IEEE Access，2018(6)：21442-21466.

[3] 王明霞，张书铭，窦玉青，等. 电子烟安全性研究进展[J]. 中国烟草科学，2020，41(3)：88-92.

[4] 陈垒，王平. 卷烟制造企业废弃烟草专卖品处置监管措施研究[J]. 科技创新与生产力，2023，44(6)：7-9+15.

[5] Marques P, Piqueras L, Sanz M J. An updated overview of e-cigarette impact on human health [J]. Respiratory Research，2021(22)：151.

[6] Zhang R X, Wang Q B. Application and research of high salt organic liquid wastes incineration equipment and technology [J]. IOP Conference Series：Earth and Environmental Science，2020，446(2)：032068.

[7] 丁康君. 含盐有机废液焚烧处理技术概述[J]. 湖北理工学院学报, 2024, 40(3): 23-27.

[8] 刘雪洁, 胡玖坤, 任仁, 等. 有机废弃物的综合处理及资源回收系统研究[J]. 节能与环保, 2019(11): 92-93.

[9] 孙万里. 一般工业固体废弃物资源化综合处置利用技术的研究[J]. 中国石油和化工标准与质量, 2024, 44(3): 178-180.

[10] Guo W, Xi B D, Huang C H, et al. Solid waste management in China: Policy and driving factors in 2004-2019 [J]. Resources, Consevation and Recycling, 2021(173): 105727.

[11] Kader Z A, Marshall A, Kennedy J. A review on sustainable recycling technologies for lithium-ion batteries [J]. Emergent Materials, 2021, 4(3): 725-735.

[12] Goodenough J B, Kim Y. Challenges for rechargeable batteries [J]. Journal of Power Sources, 2011, 196(16): 6688-6694.

[13] 黄彦瑜. 锂电池发展简史[J]. 物理, 2007, 36(8): 643-651.

[14] 于昌波. 基于公共安全视角下的锂电池安全管理[D]. 北京: 北京化工大学, 2020.

[15] 程东浩, 李琰, 龚韬. 锂电池运输分类体系重新构建可行性探讨[J]. 电源技术, 2019, 43(4): 573-576.

[16] Mrozik W, Rajaeifar, M A, Heidrich O, et al. Environmental impacts, pollution sources and pathways of spent lithium-ion batteries[J]. Energy and Environmental Science, 2021, 14(12): 6099-6121.

[17] 李飞. 废锂电池资源化技术及污染控制研究[D]. 成都: 西南交通大学, 2017.

[18] 原志科. 危险废物焚烧处置烟气污染控制技术应用研究[J]. 山西化工, 2023, 43(4): 247-249.

[19] Johnson C A, Khosravani J. Greening the global battery chain? Critical reflections on the EU's 2023 battery regulations[J]. The Extractive Industries and Society, 2024(18): 101467.

[20] Bird R, Baum Z J, Yu X, et al. The regulatory environment for lithium-ion battery recycling[J]. Acs Energy Letters, 2022, 7(2): 736-740.

# 白酒酿造质量信息追溯平台的构建与应用

宋志敏　陈桂芳　戴诗皎　时慧　刘阿敏　张笑

江苏洋河酒厂股份有限公司

**摘　要**：本文旨在探讨酿造过程中的质量信息追溯系统的建立与应用。白酒酿造质量信息追溯平台是一个整合了从原料投入至原酒产出整个流程数据的管理平台，实现了生产数据的收集、共享、追溯、智能分析及可视化呈现，有助于总结生产过程中的规律并进行异常情况分析，从而更好地服务于酿酒生产，助力酿造出高品质的白酒。

**关键词**：白酒酿造　追溯平台　质量数据管理

## 1　引言

　　白酒作为我国特有的蒸馏酒，经过几千年的发展，拥有深厚的历史文化底蕴，深受民众的青睐[1]。"从一粒粮到一滴酒的酿造过程"是一门复杂而精细的工艺，涉及多个生产环节、多条操作工序和多种关键指标分析过程[2]。整个过程中产生了大量的数据，如原辅料的质量、生产过程的监控指标、原酒产质量等方面的数据[3]。传统的质量数据管理模式存在酿造各环节、各阶段质量检测数据未能与生产工艺中关键参数进行关联追溯的弊端[4]。目前对生产过程中的数据追溯系统的报道多集中在民用飞机、医药、消毒供应中心和汽车轮胎生产等高精尖行业[5-8]，传统制造业的数据追溯系统主要侧重于食品安全方面[9-10]，而在产品质量和生产过程管控方面的应用鲜有报道。本文构建的白酒酿造过程质量信息追溯平台是利用数字化手段将复杂酿造过程中的各关键环节数据进行收集并按照一定的规则进行关联，通过数据间的相关性分析及时发现生产中的问题并加以改进，实现酿造过程质量的闭环管理，有效填补了数字化白酒酿造生产质量管理方面的空白，是推动白酒产业质量变革、效率变革、动力变革，实现白酒酿造高质量发展的现实选择。

## 2　构建需求和目标

　　梳理酿酒上下道关键环节业务数据，以批次、日期等作为追溯关键信息完善系统功能,将线下业务与系统数据流进行逻辑关联,使制曲环节、酿酒原料(大曲、粉碎五粮、稻壳)预处理、发酵过程(出、入池酒醅发酵监测)及原酒产质量等酿造过程监测数据形成追溯链(见图1)。

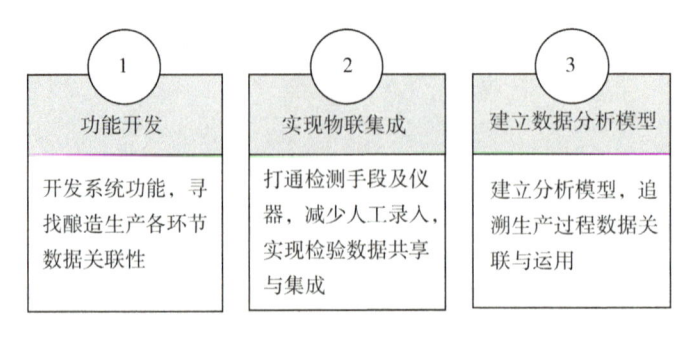

图 1　数据平台的构建过程

## 3　总体架构设计

根据白酒酿造过程追溯需求,以生产流程为主线,分 5 个层级进行总体架构设计(见图2),包括生产质量数据的采集、追溯关联和分析等[11]。

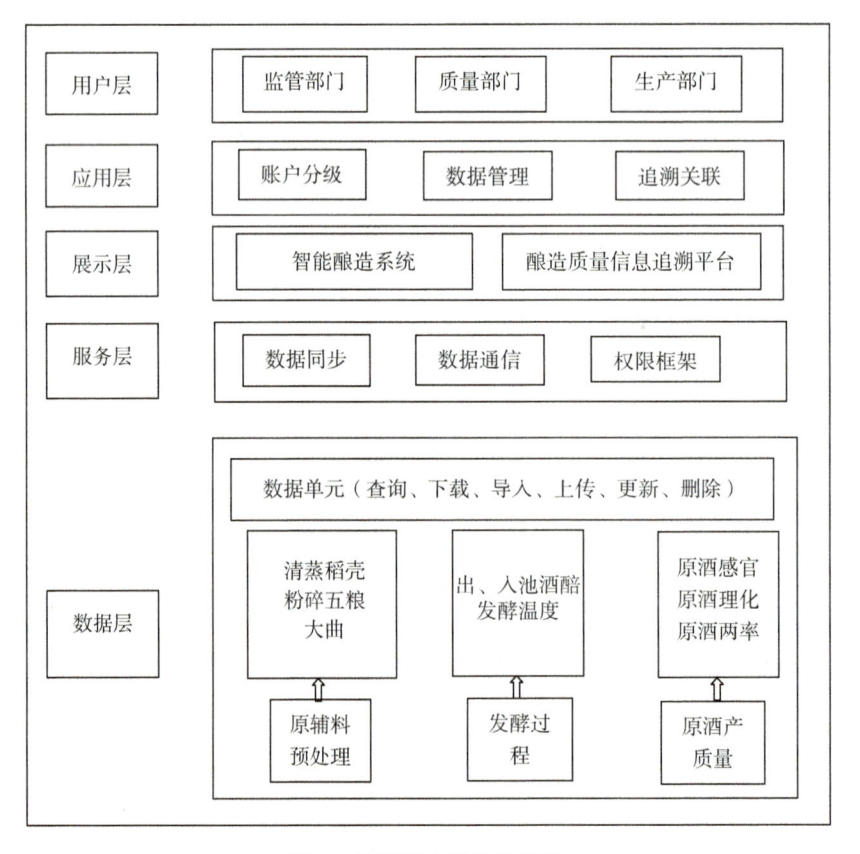

图 2　追溯平台的总体架构

## 3.1 数据层

集成白酒酿造过程的全部生产检验数据,通过数据访问技术与数据库交互,完成对数据的增删改查,实现对系统数据的存储、分析和管理。

## 3.2 服务层

连接数据层和展示层,整合系统业务和信息处理服务,为系统的业务开展和信息处理提供技术服务支持。

## 3.3 展示层

智能酿造系统实现对酿造过程数据的采集和存储,酿造质量信息追溯平台实现对酿造过程数据追溯、分析、处理结果的可视化展示。

## 3.4 应用层

系统监督部门可以审核用户信息,分配业务操作权限,审核数据信息。系统使用部门的账号和密码需实现分级管理,使不同等级职务人员查看不同功能模块内容。在酿造过程中,以小组为单元,形成从原辅料质量到原酒产出的一条完整追溯链。

## 3.5 用户层

用户包括酿酒生产监管部门、酿造过程质量检验部门和酿酒生产部门。

## 4 系统功能设计

为方便企业使用,酿造质量信息追溯系统采用移动端和桌面端交互设计方式,除了具有数据收集、存储、异常预警和管理等基本功能,还具备数据链的追溯和生产数据自动分析、展示等核心功能。

## 4.1 数据收集

通过自动获取和人工批量导入实现数据采集。对于酒醅、原料预处理、清蒸稻壳等样品数据,利用功能软件自动对接实验室检测设备,实时自动获取样品数据,确保数据的准确性。通过人工录入或批量导入方式将大曲、发酵温度和原酒产质量数据导入系统,同时配备查询、增删、审核等功能辅助数据管理。

## 4.2 追溯实现

白酒酿造过程复杂多样,尤其入池酒醅需要在窖池中发酵2个月左右才能出窖蒸馏,入池数据和出池数据的关联存在困难。为解决这一难题,系统为每口窖池的各环节数据赋予专属的批次号,设计关联规则,实现出入池过程的关联追溯具有深刻的意义。

各模块间通过批次号中的关键信息(车间班组)和日期进行关联(见表1)。在整条追溯链中,酒醅数据是关键纽带,入池酒醅向上根据日期可追溯原辅料等投料信息及发酵温度数据,出池酒醅向下根据车间班组、排次和生产日期可追溯原酒产质量数据,而出入池酒醅数据则以窖池号为核心,以排次和最近日期为辅助进行关联,从而形成一条完整的酿造过程参数追溯链。

表 1    各模块编码规则

| 序号 | 模块 | 组成 | 位数 | 示例 |
| --- | --- | --- | --- | --- |
| 1 | 粉碎五粮 | YL＋粮食类型＋生产日期 | 12 | YL0120240101 |
| 2 | 原料预处理 | YT＋车间班组＋生产日期 | 12 | YT1120240101 |
| 3 | 清蒸稻壳 | YD＋生产厂区＋生产日期 | 12 | YD0120240101 |
| 4 | 大曲 | Y＋曲类型＋车间班组＋生产日期 | 12 | YG1120240101 |
| 5 | 酒醅 | YP＋排次＋车间班组＋窖池号＋生产日期 | 17 | YP110101012040101 |
| 6 | 原酒 | YJ＋排次＋车间班组＋坛号＋生产日期 | 17 | YJ110101012040101 |

### 4.3  分级管理

为确保数据的安全性和机密性,根据不同模块的功能与访问需求,实行了多层次、多角色的权限管理体系。该体系的用户需要有统一的身份验证机制,并通过设定不同的权限、操作模块及操作类型来界定各角色的访问范围以及用户可以查询的数据范围,当然,一个用户可以拥有一个或多个角色。此外,系统会记录所有关键操作,包括但不限于用户的登录信息、系统维护日志(如记录创建、修改或删除的操作)及系统更新详情,从而支持依据操作者、时间等多种参数进行系统日志检索[12]。

### 4.4  可视化报表分析

数据是基础,而分析才是核心,通过数据分析洞悉数据背后的逻辑、规律、趋势,提取出有价值的信息,并利用数据可视化技术,将分析结果以直观、易懂的方式呈现给管理者和操作人员,帮助他们快速掌握生产状况,以数据资源建设为依托,支撑量化管理与决策,这是追溯平台的最终定位。追溯平台中数据可视化分析主要分为单模块数据分析和关联模块数据分析,图标形式包括趋势图、柱状图、饼图和箱线图等。

单模块报表分析:从车间、香型、排次和周期等维度不定期分析展示单模块各指标的均值数据,同比、环比、升降比例等变化情况,以及重点指标工艺符合率(见图3)、全指标变化趋势(例如图4所示的同类型车间入池水分趋势图)等内容。

关联模块报表分析:以车间为分析单元,一键展示固定时段从原粮检验到原酒全生产过程中各环节指标变化趋势及原酒产质量情况(见图5),充分了解整个生产情况,便于寻找规律和异常点,总结经验应用于生产中。

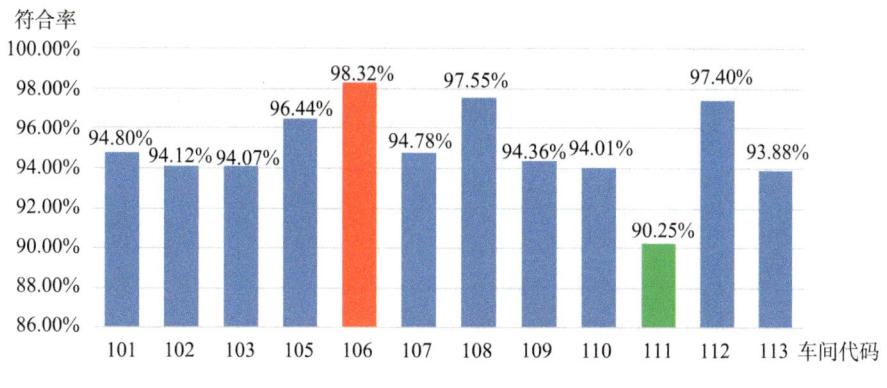

图 3　同类型车间工艺符合率对比图

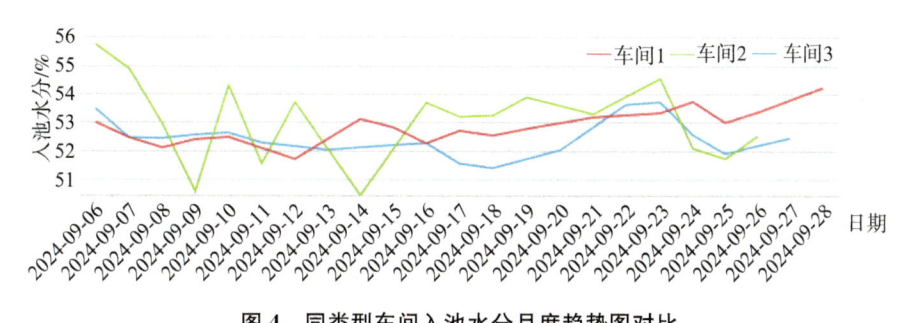

图 4　同类型车间入池水分月度趋势图对比

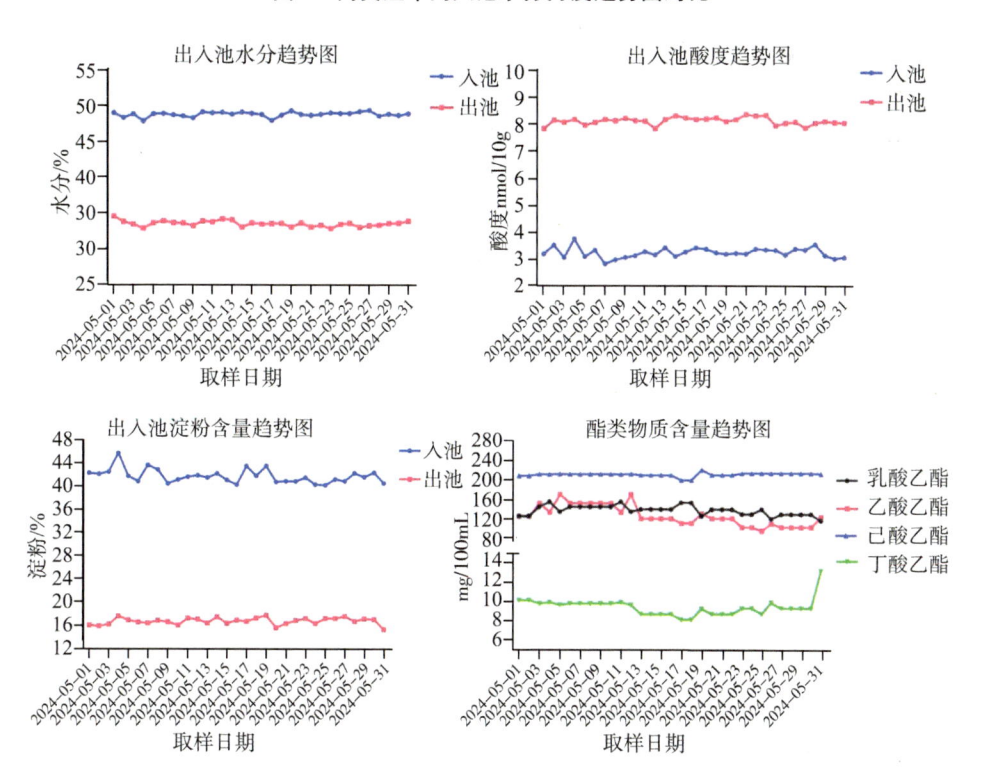

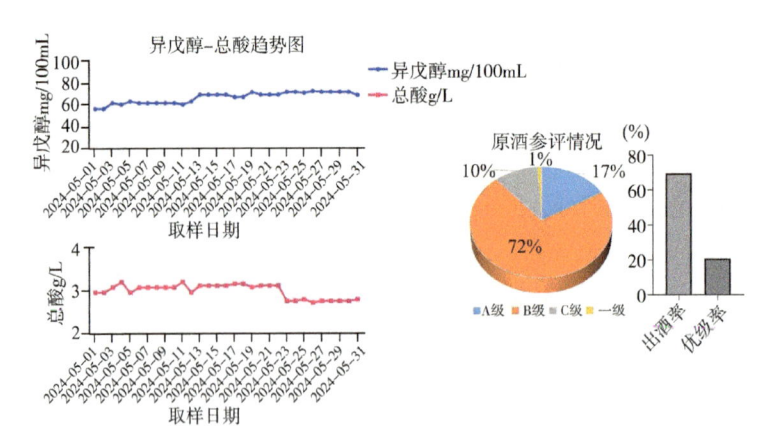

图 5　车间全流程追溯图

### 4.5　异常预警

生产过程的数据管理除了数据分析发现规律还要识别异常。异常预警的功能也是数据平台的重要功能,分为功能异常预警和数据异常预警。

功能异常预警:在数据收集阶段,出现漏建工单、数据上传延时、数据缺失、关联异常等情况,按照既定程序触发异常报警功能,直接将异常情况推送消息至相关责任人处理,有效规避数据平台因功能异常而影响使用效果。

数据异常预警:根据酿酒生产工艺要求,梳理各环节指标范围和限值。在数据分析任务中,定义触发异常数据的条件,可以是预设的阈值、规则或其他指标,当数据满足异常条件时,即可触发异常数据的处理。如发现异常数据,则通过标红、突出显示、在趋势图中定义上下限值等方式进行警示,方便车间及时进行异常分析和措施应对。

## 5　平台应用效果

### 5.1　提质增效

平台得到应用后,实时自动上传质量检测数据,数据反馈效率提升93.33%;综合各酿酒关联部门数据分析内容,设计报表格式,形成固定分析模板,减少重复工作、线下人工统计和匹配等时间,提高数据分析效率。

### 5.2　质量管理模式转型

白酒酿造过程一键追溯功能的实现有利于生产质量问题的查找及闭环管理,将质量检验向质量管理转变,系统化提升公司质量管理能力。

### 5.3　原酒产质量双提升

自平台上线以来,相关人员能借助平台及时发现生产异常,帮助车间精准调整酿酒工艺,促使原酒产质量明显提升。

## 6  结语

在酿酒行业,实现以质量为中心的流程重构与管理方式变革,建立基于大数据和人工智能的质量信息追溯平台,是提升产品品质、增强市场竞争力的重要途径。对收集到的生产数据进行深度挖掘和分析,识别潜在的质量问题、生产瓶颈及改进机会,利用数据驱动持续改进和优化生产流程,实现由质量检验向质量管理转变,系统化提升质量管理能力。同时,通过构建酿造过程全流程的数据采集、存储、分析、开放的全周期管理数据共享中心,打破部门间信息壁垒,促进跨部门协作与信息共享,实现生产数据质量的闭环管理。在质量信息追溯平台的基础上,企业可以构建高效、智能的质量管理体系,确保产品质量的稳定性和一致性,从而赢得市场和消费者的信赖。

## 参考文献

[1] 阚玲,高立娟,高秀敏. 白酒生产企业化验室中理化检验质量的管理[J]. 酿酒科技,2013(10):107-108.

[2] 陈妍,胡慧,汪凤祖. 近红外光谱法快速分析白酒中的关键指标[J]. 酿酒科技,2010(11):90-92.

[3] 赵小中,平本强,苏振,等. 基于多终端数据交互技术的"三品一标"企业农产品质量安全追溯管理系统设计与应用[J]. 农业工程,2020,10(5):34-41.

[4] 付苓,伍雯雯,陈友军,等. 中小微白酒企业质量管理现状研究[J]. 中国酿造,2023,42(10):263-267.

[5] 马赞,阎芳,赵长啸,等. 民用飞机适航安全性数据追溯性分析与建模[J]. 电讯技术,2017,57(9):1064-1070.

[6] 王秀杰. 基于RFID的医药追溯与生产管理系统的研究[D]. 镇江:江苏大学,2013.

[7] 杨小梅,许小红,刘钕镝,等. 系统数据追溯分析在消毒供应中心质量管理中应用价值[J]. 医学理论与实践,2023,36(3):538-540.

[8] 高彦臣,杨殿才,焦清国,等. 轮胎全生命数据追溯的企业信息化管理[J]. 轮胎工业,2009,29(4):244-247.

[9] 张健,刘丽欣,张小栓,等. 肉类食品安全追溯系统中的流程优化建模[J]. 食品科学,2008,29(2):451-455.

[10] 霍飞帆,林秋兰,朱熠轩,等. 食品供应链管理与食品追溯体系建设研究[J]. 现代食品,2024,30(2):157-160.

[11] 郭立家,汤有宏,高家坤. 白酒智能酿造生产管理系统构建的探讨[J]. 酿酒,2022,49(2):33-37.

[12] 张秋丽. 计量检测数据管理与质量追溯系统的构建[J]. 中国质量监管,2024(4):106-107.

# 卓越绩效管理模式下的高效能质量管理探索

**张萍　张骏　孙健**

中通服咨询设计研究院有限公司

**摘　要**：随着市场竞争的日益激烈，项目质量管理已成为企业提升竞争力的关键因素。本文以中通服咨询设计研究院有限公司（下文简称中通服设计院）质量管理的实践经验为例，探讨如何通过卓越的绩效管理和最佳实践，构建一个高效能的项目质量管理体系。

**关键词**：卓越绩效　高效能　质量管理

## 1 卓越绩效管理体系的构建与深度应用

在日益激烈的市场竞争环境中，项目质量管理已成为企业提升核心竞争力、实现可持续发展的重要手段。中通服设计院作为行业内的佼佼者，深知卓越绩效管理体系对于提升项目质量管理水平的重要性。因此，中通服设计院积极探索将卓越绩效管理的理念与方法融入项目质量管理，旨在通过科学、系统的管理手段，实现项目质量的全面提升与绩效管理的持续优化。

### 1.1 与项目质量管理的深度融合：构建卓越绩效基石

中通服设计院在追求卓越绩效的过程中，将卓越绩效管理的理念深植于项目质量管理的每一个环节，形成了一套独具特色的融合体系。这一体系不仅强化了项目质量管理的系统性，还提升了绩效管理的针对性与实效性。

#### 1.1.1 目标设定与计划制订的协同

在项目启动之初，中通服设计院便依据卓越绩效管理的原则，设定清晰、可量化的质量目标与绩效指标。这些目标不仅与项目整体质量要求紧密相关，还充分考虑了客户的期望与市场的变化。在此基础上，设计院制订详细的项目质量计划，明确各阶段的质量管控要点与绩效监测方法，确保项目从一开始就沿着高质量的方向推进。

#### 1.1.2 执行监控与持续改进的闭环

在项目实施过程中,中通服设计院运用PDCA(计划—执行—检查—行动)循环机制,对项目质量进行持续监控与评估。通过定期的质量检查、绩效评审与数据分析,及时发现并解决质量问题,同时根据评估结果调整绩效指标与质量策略,形成持续改进的闭环。这一过程不仅提升了项目质量管理的效率与效果,还为卓越绩效的持续优化提供了坚实的基础。

### 1.2 绩效指标与质量标准的协同设定:量化管理的智慧

中通服设计院在构建卓越绩效管理体系时,特别注重绩效指标与质量标准的协同设定,旨在通过量化管理提升项目质量管理的精准度与可控性。

#### 1.2.1 科学构建绩效考核体系

中通服设计院依据项目质量管理的关键要素,如设计质量、施工质量、客户满意度等,设计了一套科学合理的绩效考核体系。这些指标不仅涵盖了项目质量的各个方面,还通过量化分析,使团队成员能够清晰地了解自己在项目中的贡献与不足。

#### 1.2.2 质量标准的量化转化

在设定绩效指标时,中通服设计院充分考虑了项目质量标准的要求,将质量标准转化为可衡量的绩效指标。这一做法不仅使绩效管理与质量管理在目标上保持一致,还通过绩效激励,促使团队成员在追求绩效的同时,不断提升项目质量。

### 1.3 绩效激励与质量文化的塑造:激发潜能的引擎

中通服设计院深知,卓越绩效的实现离不开团队成员的积极参与与持续努力。因此,在构建卓越绩效管理体系时,中通服设计院特别注重绩效激励与质量文化的塑造,旨在通过正向激励与文化引领,激发团队成员的潜能与创造力。

#### 1.3.1 质量奖励机制的建立

中通服设计院设立了质量奖励机制,对在项目质量管理中表现突出的团队与个人进行表彰与奖励。这一做法不仅增强了团队成员的质量意识与责任心,还激发了他们追求卓越质量的内在动力。

#### 1.3.2 质量文化的培育与传播

中通服设计院通过强化质量培训与交流活动,营造浓厚的质量文化氛围。通过分享优秀质量案例、交流质量管理经验等方式,不断提升团队成员的质量素养与专业技能。同时,设计院还注重将质量文化融入企业核心价值观,使之成为引领企业发展的精神力量。

## 2 卓越绩效管理与最佳实践

### 2.1 质量管理体系的构建

中通服设计院依据卓越绩效管理的理念,参照客户多样化的考核规则,结合相关质量管理办法与自身人员素质,制定了一套完整的质量管理体系。该体系强调全员参与,并使用PDCA管理方法不断进行完善这一体系。

## 2.2 PDCA 管理方法的应用

### 2.2.1 计划(Plan)

在启动一个名为"智慧机房管理平台"的大型软件项目时,中通服设计院项目组首先明确了项目的核心质量目标:确保系统稳定性达到 99.99%,用户数据安全无虞,且用户体验满意度超过 95%。为了实现这些目标,项目组制订了详细的质量管理计划,包括各个阶段的质量检查点、责任分配以及风险评估与应对策略。此外,为了应对运营商相关行业法规的快速变化,计划中特别加入了灵活性条款,确保项目能够适应外部环境的变化。

在制订测试计划时,项目组不仅考虑了常规的功能测试、性能测试,还根据运营商客户的特点,特别加入了隐私保护测试和合规性测试。这一计划的详细性和前瞻性,为后续执行阶段的高质量输出奠定了坚实基础。

### 2.2.2 执行(Do)

在执行阶段,中通服设计院严格按照《员工量化管理办法》进行任务分配与进度监控,同时依据《质量管理实施细则》实施质量控制活动。针对"智慧机房管理平台"中的敏感数据处理模块,项目组特别成立了数据保护小组,负责确保所有数据传输与存储过程都符合数据保护标准。

在开发过程中,团队发现某个 API 接口在处理大量并发请求时存在性能瓶颈。为了迅速解决这一问题,中通服设计院立即启动了应急响应机制,召集了包括开发、测试、运维在内的跨职能团队进行联合攻关。通过代码优化、引入缓存机制及负载均衡策略,成功提升了接口性能,确保了系统的稳定运行。

### 2.2.3 检查(Check)

中通服设计院项目组建立了定期的质量检查与评估机制,包括每周的质量例会、每月的进度与质量评审会议以及不定期的抽查与审计。在一次月度评审中,通过用户反馈数据分析发现,虽然系统整体稳定性较高,但部分用户在首次使用时的注册流程体验不佳。

针对注册流程体验问题,中通服设计院立即组织了用户调研与可用性测试。通过模拟真实用户场景,收集了大量一手数据。基于这些数据,对注册流程进行了优化设计,简化了操作步骤,增加了友好的引导提示,显著提升了用户体验。

### 2.2.4 行动(Act)

基于检查阶段发现的问题与总结的经验教训,中通服设计院采取了多项改进措施。首先,对《员工量化管理办法》与《质量管理实施细则》进行了修订,增加了关于用户体验优化与应急响应流程的内容。其次,建立了更为完善的用户反馈机制与问题追踪系统,确保用户意见能够及时传达并得到处理。最后,中通服设计院还组织了一系列内部培训与交流活动,分享成功案例与失败教训,提升团队整体的质量管理意识与能力。

在优化用户体验的同时,中通服设计院还意识到跨部门协作的重要性。因此,他们推出了"跨部门协作沟通日"活动,定期邀请不同部门的成员共同参与项目讨论与问题解决。这一举措不仅促进了信息的流通与共享,还增强了团队之间的信任与合作精神,为项目的持续成功提供了有力保障。

## 3 专题知识库与在线工具的创新应用

### 3.1 专家库与客户画像的精准构建

在项目初期,项目组深刻认识到精准把握客户需求与高效利用专家资源对于项目成功的重要性。因此,项目团队着手建立了一个全面的专家库和客户画像系统。专家库不仅包含了行业内顶尖专家的基本信息、专业特长及过往成功案例,还通过定期的交流与评估机制,不断更新专家的最新动态与研究成果。同时,中通服设计院利用大数据分析与人工智能技术,对客户进行深度挖掘,构建出多维度的客户画像,包括其业务需求、偏好、历史合作记录等。这种精准构建的方式,使得中通服设计院能够迅速匹配最适合的专家资源以满足客户需求,从而在项目质量管理中实现了高效决策与精准服务。

在运营商 IDC 设备监控平台的研发中,中通服设计院通过客户画像系统发现,客户对设备的稳定性、兼容性及后期维护服务有着极高的要求。基于这一观察,中通服设计院迅速从专家库中筛选出在 IDC 设备稳定性设计、多系统集成以及售后服务方面具有丰富经验的专家团队。在专家的指导下,项目团队不仅优化了设备的设计方案,还提前制订了详尽的售后服务计划,最终赢得了客户的高度认可与信赖。

### 3.2 专题知识库的全面建设

为了提升中通服设计院人员的专业素养与工作效率,中通服设计院致力于构建一个全面而系统的专题知识库。该知识库涵盖了工程项目管理的所有关键环节,包括项目规划、设计管理、采购管理、施工管理、质量控制、风险管理等,每个环节都配备了详尽的理论知识、实践案例、标准规范及行业最佳实践。此外,知识库还支持智能搜索与推荐功能,能够根据用户的查询需求与行为习惯,提供个性化的知识推送服务。

在某大型通信基础设施建设项目中,中通服设计院人员在施工阶段遇到了复杂的地下管线迁移难题。面对这一挑战,中通服设计院迅速通过专题知识库搜索到了相关的理论知识、国内外成功案例及专家建议。通过对比分析,项目团队不仅找到了最优的迁移方案,还从知识库中获取了详细的施工指导与风险应对措施,确保了项目的顺利进行。

### 3.3 在线工具与快速响应机制的深度融合

为了进一步提升项目质量管理的效率与效果,中通服设计院将卓越绩效管理的理念融入在线工具的开发与应用中。项目团队开发了一套智能化的质量监控与分析系统,该系统能够实时收集项目质量数据,运用算法对数据进行处理与分析,及时发现潜在的质量问题并生成预警报告。同时,中通服设计院还建立了快速响应机制,确保在收到预警报告后能够迅速组织相关人员进行问题排查与处理。

在某次软件开发过程中,质量监控与分析系统发现某个模块的代码缺陷率突然上升。系统立即生成了预警报告,并自动推送给项目负责人与相关技术团队。收到报告后,项目团队迅速启动了快速响应机制,组织开发人员对问题模块进行了深入排查。通过代码审查、单元测试与性能优化等一系列措施,团队成功降低了代码缺陷率,确保了软件的质量与稳定性。这一成功案例不仅展示了在线工具与快速响应机制的高效性,也进一步验证了中通服设计院在质量管理方面的创新与实力。

## 4 结语

本文通过对中通服设计院案例的深入剖析与总结,展示了卓越绩效管理与项目质量管理深度融合的成功案例与丰硕成果。该案例在PDCA管理方法的应用、专题知识库建设、在线工具运用以及精细化专项排障指南等方面所取得的显著成效为业界提供了宝贵的参考与借鉴。未来,随着新技术与管理方法的不断创新与融合,卓越绩效管理与项目质量管理将迎来更加广阔的发展空间。我们有理由相信,在卓越绩效管理的引领下,中通服设计院能够打造出高效能的项目质量管理体系并在市场竞争中脱颖而出。

## 参考文献

[1] 林艳.基于卓越绩效模式的企业持续改进路径探讨[J].商业时代,2009(31):50-52.

[2] 陶敏.卓越绩效模式在科研机构中的应用实践[J].华东科技,2022(10):58-62.

[3] 张敏,邹盛,宗炫君.基于卓越绩效导向的企业业务改进及管理创新策略研究——以电网企业为例[J].企业改革与管理,2024(1):15-17.

[4] 徐清全,蔡春元,王晴,等.基于卓越绩效模式的供电企业全面质量管理实践研究[J].经营与管理,2024(1):115-121.

# 应用六西格玛方法提升海上风电集成电缆导体控制精度

**顾坤林**

远东海缆有限公司

**摘　要**：通过 MES 智能制造系统，自动收集产品生产全过程各项产品质量特性值，形成大数据库，通过对过程稳定性 SPC 和过程能力指数 Cpk 分析，应用六西格玛方法提升海上风电集成电缆导体控制精度，降低过程波动，提高产品质量，提升客户满意度，增加公司经济效益。

**关键词**：六西格玛方法　集成电缆导体

## 1　质量提升项目实施过程

### 1.1　质量提升项目定义阶段

#### 1.1.1　组建项目团队

六西格玛团队组织模式一般由领导层、指导层、操作层组成，公司从实际出发，培养中国质量协会注册六西格玛黑带，从整体的、宏观的、人力资源和技术角度出发，构建六西格玛质量提升项目团队（见图1）。

#### 1.1.2　现状调查

项目团队通过 MES 智能制造系统，收集产品生产全过程各项产品质量特性值，形成大数据库，对过程稳定性 SPC 和过程能力指数进行 Cpk 分析。2023 年 1 月至 2023 年 3 月，收集海上风电集电线路海底电缆 185 mm² 导体电阻数据为 0.100～0.102 Ω/km，标准要求不大于 0.106 Ω/km，由于导体电阻不稳定，增加导体用铜不合适，会造成成本增加，客户要求降低海上风电集电线路海底电缆的采购价格，这是客户心声（Voice of Customer，VOC）。

铜杆原材料电阻率要求稳定，铜导体直径要求波动小，铜丝管式退火工艺参数要求改进。达到铜杆原材料要求性能稳定、拉丝直径要求精确、退火工序参数要求稳定可靠，降低成本，增加效益，是公司心声（Voice of Bussiness，VOB）。

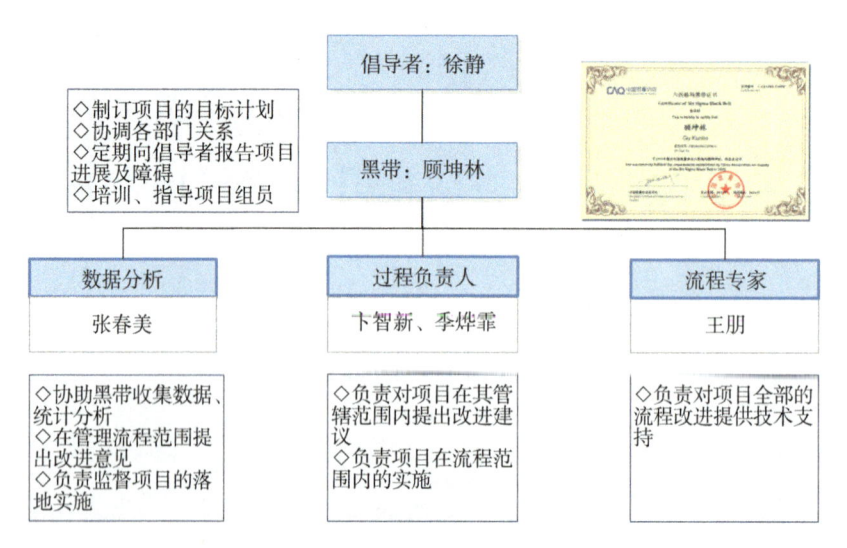

图 1　六西格玛质量提升项目团队图

### 1.1.3　改进项目目标指标设计

通过 MES 智能制造系统,选取海上风电集电线路海底电缆 185 mm$^2$ 导体近 6 个月的数据,导体电阻时间序列图如图 2 所示。

海上风电集电线路海底电缆 185 mm$^2$ 导体近 6 个月的数据图形汇总如图 3 所示。

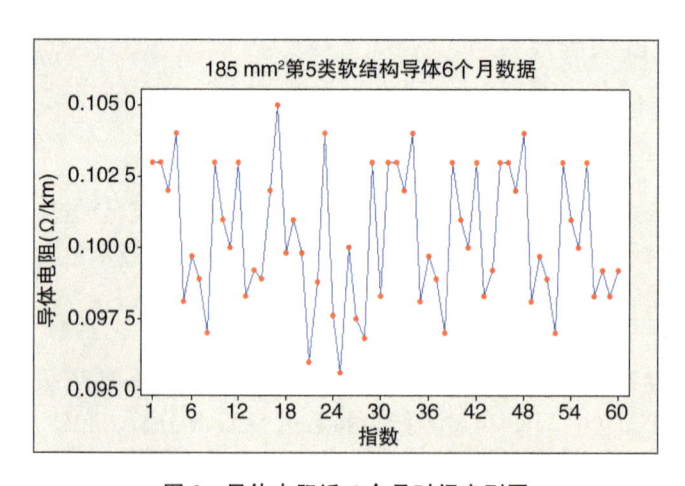

图 2　导体电阻近 6 个月时间序列图

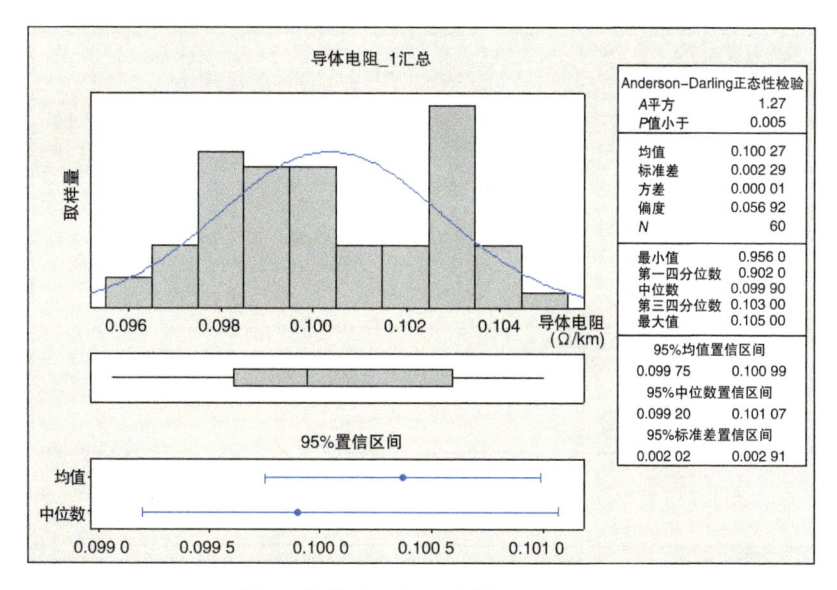

图 3  导体近 6 个月的数据图形汇总

### 1.1.4  质量提升项目立项目标

经过分析，海上风电集电线路海底电缆 185 mm² 导体确定基线值为 0.100 Ω/km，历史标杆值为 0.105 Ω/km，设立项目目标值为 0.103 Ω/km，这也是质量关键点（CTQ），如图 4 所示。

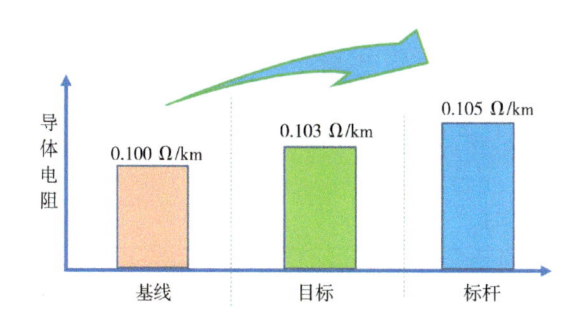

图 4  提高 185 mm² 海上风电集电线路海底电缆导体电阻稳定性项目指标

### 1.1.5  项目授权书

为了更好地掌握六西格玛质量提升项目整体情况，采用项目授权书形式，让六西格玛全体成员具有仪式感和责任感。六西格玛质量提升项目授权书内容包括：问题及改进机会描述、项目流程/范围、客户关键要求、项目目标及相关指标、项目成效、项目规划和日程安排、资源需求等。六西格玛质量提升项目授权书如图 5 所示。

(a)

(b)

图 5　项目授权书

## 1.2　质量提升项目数据可靠性测量阶段

### 1.2.1　关键质量特性值测量系统分析

研究课题要求 185 mm² 导体电阻稳定,对测量导体电阻的检验员、导体电阻仪、检测样品制备、检测方法、检测环境进行确认。确认方法:取 10 个样品,由 3 位检验员重复测量样品 3 次,测得结果,用 Minitab 软件对检测数据进行测量系统分析 MSA(交叉),R&R<30%,可区分的类别数>5,测量系统可靠。

### 1.2.2　导体生产过程稳定性分析

通过 MES 智能制造系统,按时间序列,选取 30 组 185 mm² 导体数据,用 Minitab 软件做 SPC 生产过程稳定性分析,使用 8 种异常情况判定标准,得出 185 mm² 第 5 类软结构导体生产过程基本稳定,无异常点。

### 1.2.3 导体生产过程能力分析

通过 MES 智能制造系统,选取 30 组 185 mm² 导体数据,用 Minitab 软件做过程能力分析,得出过程能力 Cpk=0.75,Ppk=0.76,判定过程能力不足,有改进提高的空间(见图 6)。

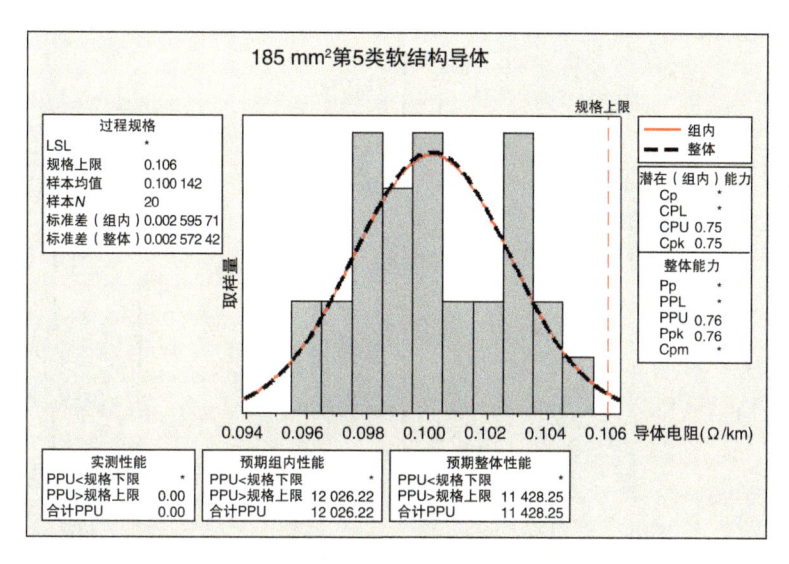

图 6 导体生产过程能力分析

## 1.3 质量提升项目重要影响因素分析阶段

### 1.3.1 宏观流程图分析(SIPOC)

采购直径 8.0 mm 铜杆原材料,经过拉丝(大拉、中拉和小拉),连续退火,束丝,绞线等流程,如图 7 所示。

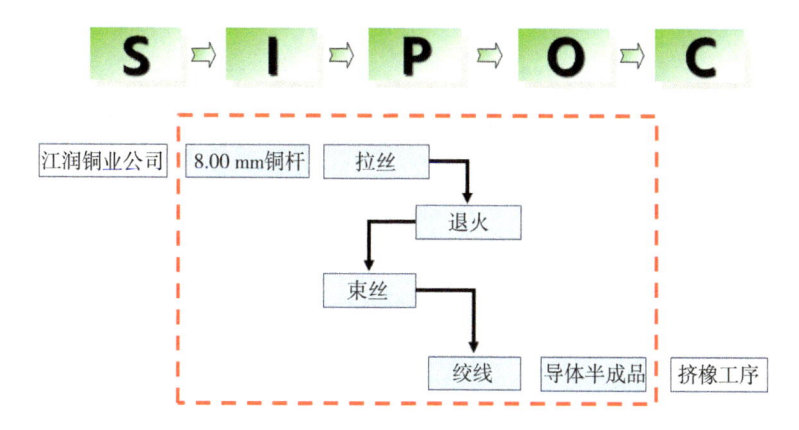

图 7 宏观流程图(SIPOC)

### 1.3.2 变量流程图分析

由宏观流程图分析(SIPOC),对各工序技术参数细化,分析可控因子、变化因子和不可控因子,如图8所示。

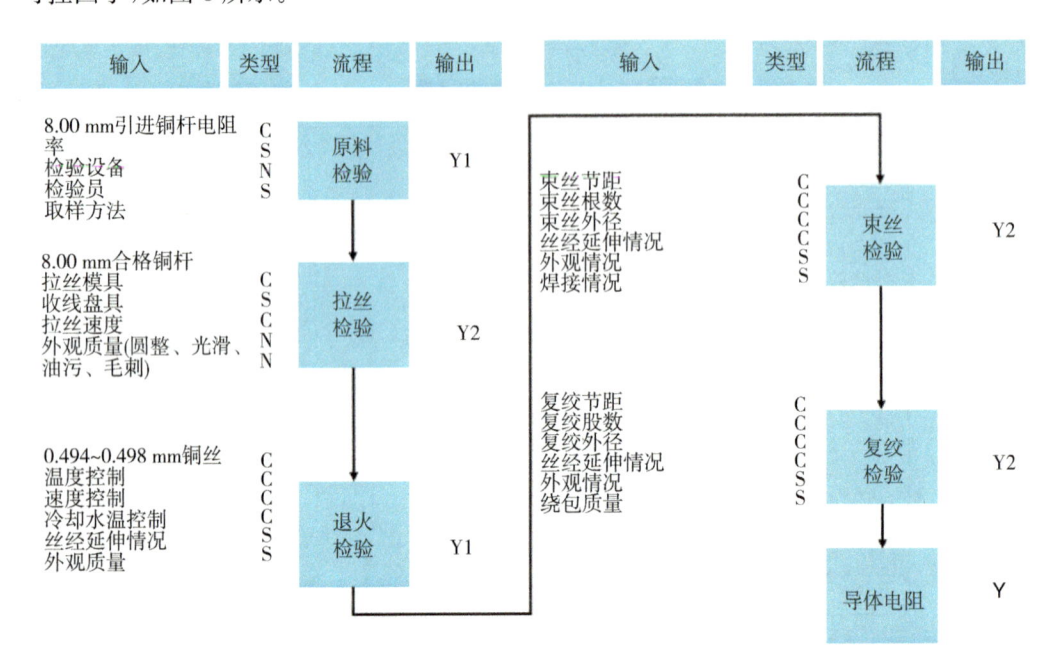

图 8 变量流程图

### 1.3.3 因果矩阵分析

根据变量流程图,做出因果矩阵分析表,给出各因子权重分数,筛选出重要影响因子,如表1所示。

表 1 因果矩阵分析表

| CTQ | 绝缘偏心度 | 实际控制指标 | | | | | | | | 累计 |
|---|---|---|---|---|---|---|---|---|---|---|
| | 输入 | 输出 | | | | | | | | |
| | | Y1 | | Y2 | | Y2 | | Y | | |
| 流程 | 影响因素 | 电阻率 | 合计 | 铜丝直径 | 合计 | 铜丝根数 | 合计 | 导体电阻 | 合计 | |
| | | 权重 10 分 | | 权重 10 分 | | 权重 10 分 | | 权重 10 分 | | |
| 原料检验 | 8.00 mm 引进铜杆电阻率 | 5 | 50 | | | | | | | 50 |
| | 检验设备 | 1 | 10 | | | | | | | 10 |
| | 检验员 | 1 | 10 | | | | | | | 10 |
| | 取样方法 | 1 | 10 | | | | | | | 10 |

续表

| CTQ | 绝缘偏心度 | 实际控制指标 ||||||||| 累计 |
|---|---|---|---|---|---|---|---|---|---|---|---|
| | 输入 | 输出 ||||||||| |
| | | Y1 || Y2 || Y2 || Y ||| |
| 流程 | 影响因素 | 电阻率 | 合计 | 铜丝直径 | 合计 | 铜丝根数 | 合计 | 导体电阻 | 合计 | | |
| | | 权重10分 | | 权重10分 | | 权重10分 | | 权重10分 | | | |
| 拉丝检验 | 8.00 mm 合格铜杆 | | | 1 | 10 | | | | | | 10 |
| | 拉丝模具 | | | 5 | 50 | | | | | | 50 |
| | 收线盘具 | | | 1 | 10 | | | | | | 10 |
| | 拉丝速度 | | | 1 | 10 | | | | | | 10 |
| | 外观质量（圆整、光滑、油污、毛刺） | | | 1 | 10 | | | | | | 10 |
| 退火检验 | 0.494～0.498 mm 铜丝 | 1 | 10 | | | | | | | | 10 |
| | 退火温度 | 9 | 90 | | | | | | | | 90 |
| | 退火速度 | 9 | 90 | | | | | | | | 90 |
| | 铜丝直径 | | | 5 | 50 | | | | | | 50 |
| | 铜丝伸长率 | 5 | 50 | | | | | | | | 50 |
| | 外观质量 | 1 | 10 | | | | | | | | 10 |
| 束丝检验 | 束丝节距 | | | | | | | 5 | 50 | | 50 |
| | 束丝根数 | | | | | 9 | 90 | | | | 50 |
| | 束丝外径 | | | | | | | 1 | 10 | | 10 |
| | 丝经延伸情况 | | | | | | | 1 | 10 | | 10 |
| | 外观情况 | | | | | | | 1 | 10 | | 10 |
| | 焊接情况 | | | | | | | 1 | 10 | | 10 |
| 复绞检验 | 复绞节距 | | | | | | | 5 | 50 | | 50 |
| | 复绞股数 | | | | | 9 | 60 | | | | 90 |
| | 复绞外径 | | | | | | | 1 | 10 | | 10 |
| | 丝经延伸情况 | | | | | | | 1 | 10 | | 10 |
| | 外观情况 | | | | | | | 1 | 10 | | 10 |
| | 绕包质量 | | | | | | | 1 | 10 | | 10 |

#### 1.3.4 失效模式和效果分析（FMEA）

针对筛选出的影响因子，根据严重度、频度和探测度进行 RPN 打分，确定重要影响因子，如表 2 所示。

#### 1.3.5 退火温度对铜丝电阻率影响分析

用单因子方差法进行以退火温度对铜丝电阻率影响为例的分析。

表 2　失效模式和效果分析表（FMEA）

| 工序 | 影响因素 | 潜在失效模式 | 潜在失效后果 | 严重度(S) | 级别 | 潜在失效起因/机理 | 频度(O) | 现行控制 预防 | 现行控制 探测 | 探测度(D) | RPN | 建议措施 | 责任及目标完成日期 | 采取的措施 | 措施结果 S | 措施结果 O | 措施结果 D | RPN |
|---|---|---|---|---|---|---|---|---|---|---|---|---|---|---|---|---|---|---|
| 进货 | 8.00 mm 引进铜杆电阻波动 | 等级混淆电性能不稳定 | 铜杆电阻率不符 | 6 | 中等影响 | 铜杆材质引起 | 9 | 铜杆分级采购/分级检验/分级投产 | 抽样检查 | 4 | 216 | | | | | | | |
| 拉丝 | 拉丝模具磨损 | 铜丝直径不符 | 铜丝直径不符 | 5 | 中等影响 | 模具磨损引起 | 9 | 加强开机前的检查 | 量具抽样检查 | 4 | 180 | | | | | | | |
| 退火 | 铜丝伸长率 | 铜丝伸长率 | 电阻率不符 | 6 | 中等影响 | 设备检测仪器失控 | 3 | 加强开机前的检查 | 有规程检测 | 3 | 45 | | | | | | | |
| 退火 | 退火温度波动 | 退火温度过高或过低 | 铜丝易断/铜丝太硬电阻率不符 | 8 | 较大影响 | 工艺参数控制问题 | 6 | 加强开机前的检查 | 量具抽样检查 | 4 | 192 | | | | | | | |
| 退火 | 退火速度波动 | 退火速度过高或过低 | 导体电阻太大/太小 | 8 | 较大影响 | 工艺参数控制问题 | 6 | 加强开机前的检查 | 量具抽样检查 | 4 | 192 | | | | | | | |
| 束丝 | 束丝节距 | 节距不符 | 导体截面不符 | 5 | 中等影响 | 操作工未按工艺操作 | 3 | 加强操作工质量意识 | 直接检测控制 | 4 | 60 | | | | | | | |
| 束丝 | 束丝根数 | 根数不符 | 导体截面不符 | 5 | 中等影响 | 合理选择根数操作 | 9 | 加强操作工质量意识 | 目测规程控制 | 6 | 270 | | | | | | | |
| 复绞 | 复绞节距 | 复绞节距不符 | 导体截面不符 | 5 | 中等影响 | 未按工艺操作 | 3 | 加强过程检测 | 直接检测控制 | 4 | 60 | | | | | | | |
| 复绞 | 复绞股数 | 股数不符 | 导体截面不符 | 8 | 较大影响 | 合理选择股数 | 9 | 加强过程检测 | 人工测量点数 | 6 | 432 | | | | | | | |

(1) 假设检验确定

选取 1 号连续管式退火机,设置三档不相同的退火温度:550℃、600℃和650℃,分析生产的铜丝电阻率是否有差异。

显著水平:$\alpha = 0.05$ 时;原假设:温度不显著;备责假设:有显著影响;即 $H0: \mu1 = \mu2 = \mu3, H1: \mu1、\mu2、\mu3$ 温度显著。

(2) 绘制箱线图

退火温度对铜丝电阻率影响箱线图,没有数据坏点,如图 9 所示。

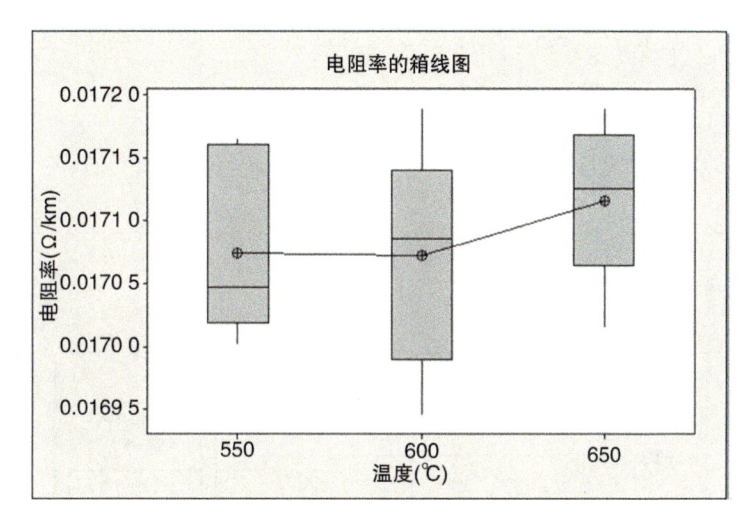

**图 9　退火温度对铜丝电阻率影响箱线图**

(3) 数据正态性检验

使用正态性检验的三种理论对数据正态性检验,$P > 0.05$,数据全部正态,检验结果如图 10 所示。

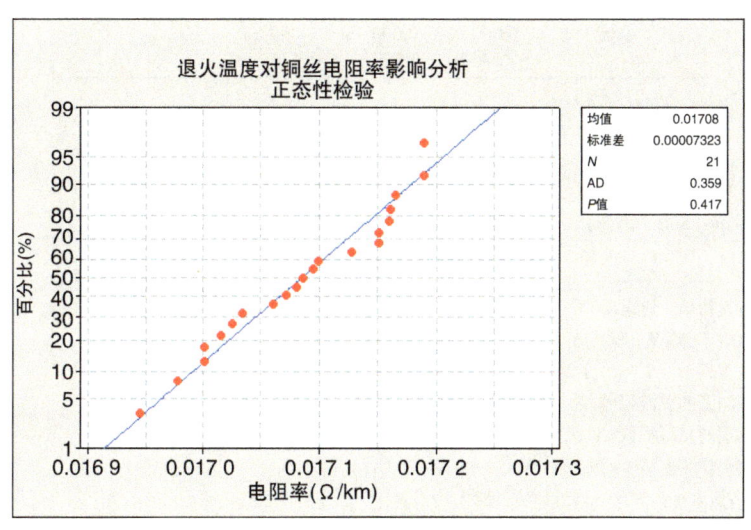

**图 10　数据正态性检验图**

### (4) 方差齐性检验

等方差检验和方差齐性检验，$P>0.05$，等方差，检验结果如图11、图12所示。

```
等方差检验：电阻率与温度
95% 标准差 Bonferroni 置信区间
温度     N     下限           标准差         上限
550     6     0.0000402     0.0000708     0.0002211
600     9     0.0000511     0.0000820     0.0001857
650     6     0.0000362     0.0000638     0.0001994
Bartlett 检验（正态分布）
检验统计量 = 0.37, p 值 = 0.831
Levene 检验（任何连续分布）
检验统计量 = 0.14, p 值 = 0.866
```

图11　等方差检验

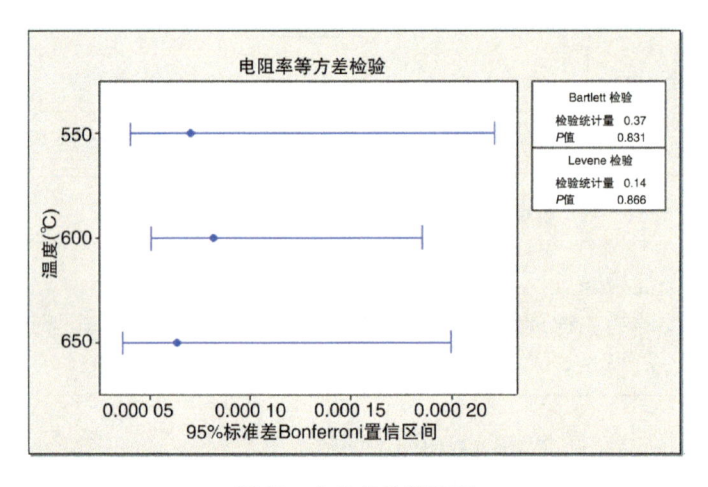

图12　方差齐性检验图

### (5) 方差随机性检验

方差随机性检验，$P>0.05$，方差随机，检验结果如图13所示。

```
游程检验：电阻率
电阻率 游程检验
游程高于及低于的分界值 K = 0.017086
观测到的总游程数 = 8
期望的总游程数 = 11.4762
10个观测值高于K, 11个低于K
* N值太小，因此下列近似值可能无效。
P值 = 0.119
```

图13　方差随机性检验图

(6) 样本量检验

功效和取样样本量检查和曲线图,样品 21 个,满足要求,检验结果如图 14、图 15 所示。

```
功效和样本数量
单因子方差分析
Alpha = 0.05    假定标准差= 0.0000742
因子:1    水平数:3
样本    目标
最大差值    数量    功效    实际功效
0.00005     21     0.9    0.910212
```

**图 14　功效和取样样本量检查图**

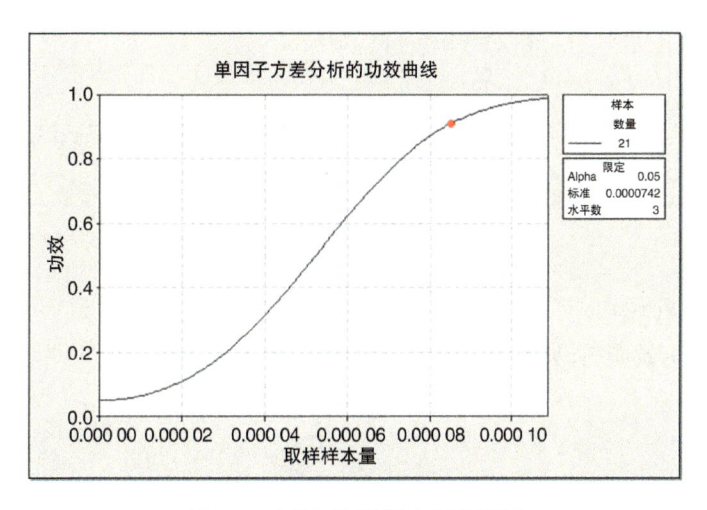

**图 15　功效和取样样本量曲线图**

(7) 方差分析

单因子方差分析,$P=0.495>0.05$,温度是影响电阻率的主要因素,分析结果如图 16 所示。

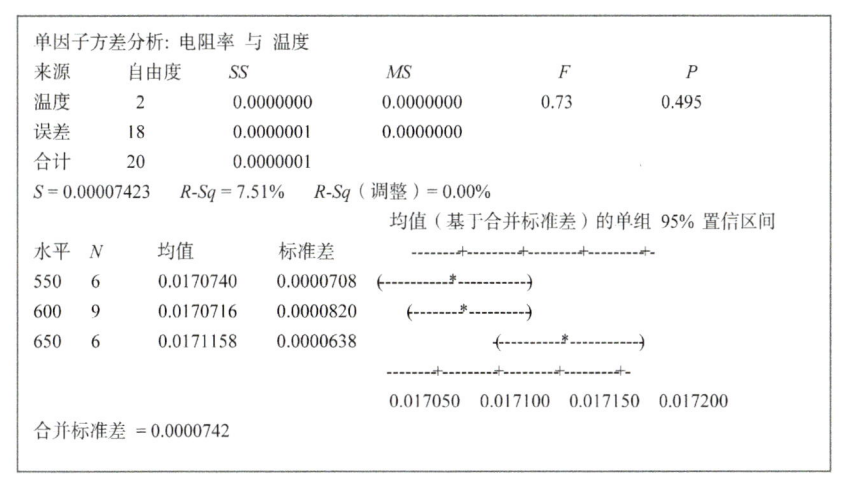

```
单因子方差分析:电阻率 与 温度
来源      自由度    SS            MS            F        P
温度       2        0.0000000    0.0000000    0.73    0.495
误差      18        0.0000001    0.0000000
合计      20        0.0000001
S = 0.00007423    R-Sq = 7.51%    R-Sq(调整) = 0.00%
                                均值(基于合并标准差)的单组 95% 置信区间
水平    N    均值        标准差     ------+---------+---------+---------+---
550     6    0.0170740   0.0000708  (----------*----------)
600     9    0.0170716   0.0000820     (--------*--------)
650     6    0.0171158   0.0000638              (----------*----------)
                                   ------+---------+---------+---------+---
                                   0.017050  0.017100  0.017150  0.017200

合并标准差 = 0.0000742
```

**图 16　单因子方差分析图**

（8）方差残差分析

四合一方差残差图，正态、随机、无喇叭口，方差分析成立，如图 17 所示。

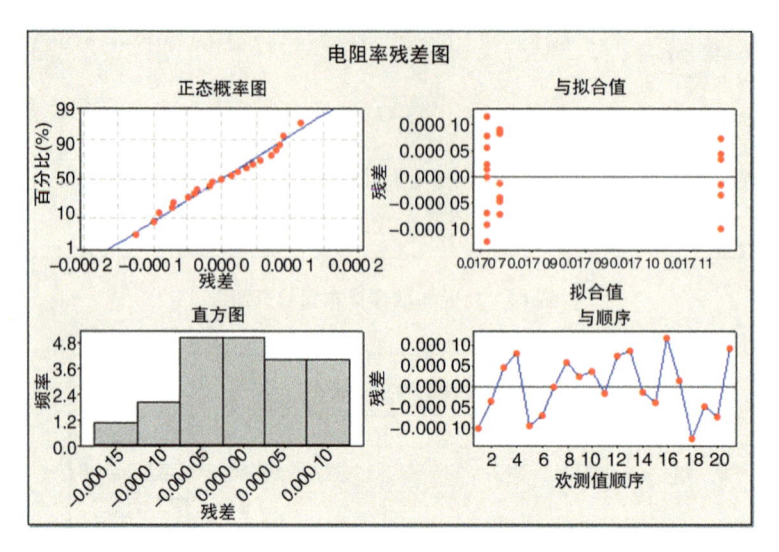

图 17　四合一残差分析图

（9）绘制主效应图

绘制电阻率主效应图，如图 18 所示。

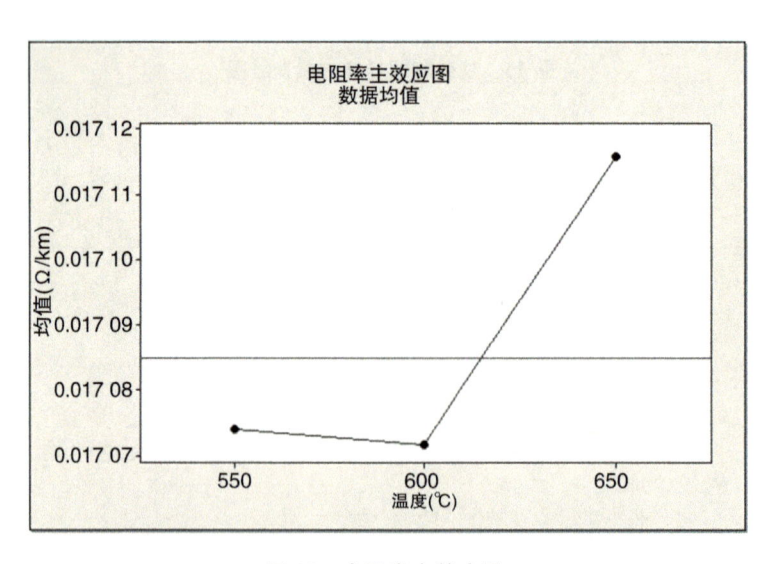

图 18　电阻率主效应图

（10）方差分析结论

选取 1 号连续管式退火机，设置三档不相同的退火温度：550℃、600℃和650℃，抽取生产的铜丝电阻率，在 3 组数据呈正态分布且方差齐性的条件下，进行方差分析，$P=0.495>0.05$，接收原假设，同时通过残差分析，判定分析结果有效。

## 1.4 质量提升项目技术参数设计阶段

### 1.4.1 退火温度和速度对电阻率改进设计

①以退火温度和速度这两个因素为例，对电阻率进行 DOE 改进设计分析。

②DOE 设计方案的实施，如表 3 所示。

表 3 DOE 设计方案的实施

| 温度 A(℃) | 速度 B(m/min) | 电阻率(Ω/km) | 伸长率(%) | 直径(mm) |
|---|---|---|---|---|
| 650 | 80 | 0.016 8 95 | 28 | 0.483 |
| 650 | 140 | 0.016 94 | 27 | 0.484 |
| 450 | 80 | 0.017 1 16 | 21 | 0.484 |
| 450 | 140 | 0.017 421 | 2 | 0.486 |

③进行退火温度和速度对电阻率影响的 DOE 设计分析，包括退火温度和速度对电阻率影响的效应正态图分析；退火温度和速度对电阻率影响的效应排列图分析；退火温度和速度对电阻率影响的因素等值线分析，如图 19 所示；退火温度和速度对电阻率影响的响应曲面分析，如图 20 所示。

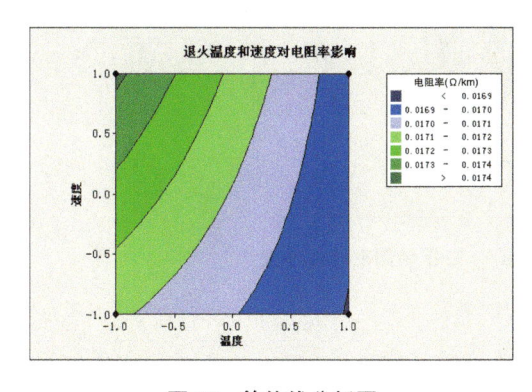

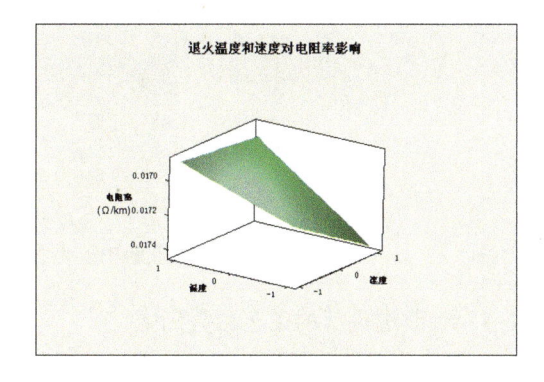

图 19 等值线分析图　　图 20 响应曲面分析图

### 1.4.2 退火温度和速度对电阻率/伸长率/直径多因素影响优化设计

退火温度和速度对电阻率/伸长率/直径多因素影响优化设计，如图 21 所示。

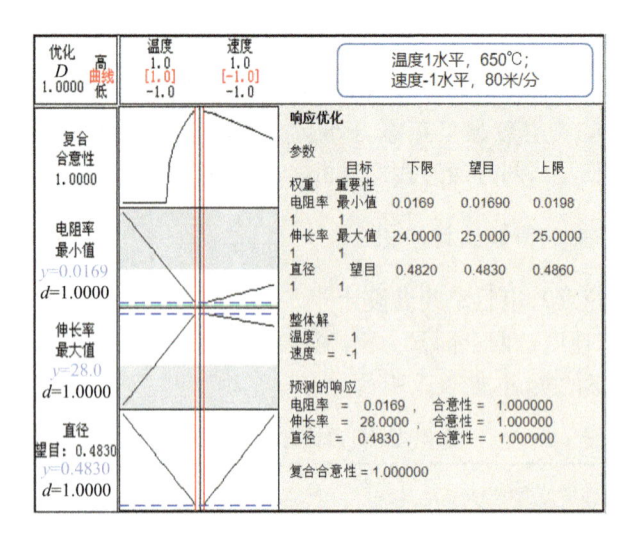

图 21　退火温度和速度对电阻率/伸长率/直径多因素影响优化设计图

### 1.4.3　退火温度和速度对电阻率/伸长率多因素等值线分析

退火温度和速度对电阻率/伸长率多因素等值线分析,如图 22 所示。

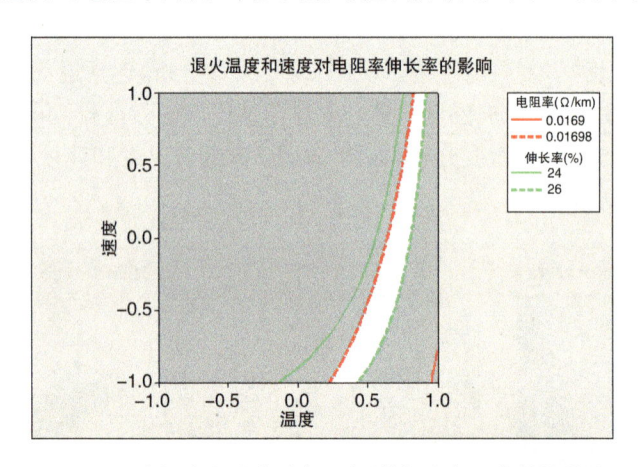

图 22　退火温度和速度对电阻率/伸长率多因素等值线图

### 1.4.4　改进设计的工艺参数确定

退火温度设定在 0.5 水平,即 600℃时;退火速度在－0.9～－0.5 水平,也即 82～95 m/min,电阻率和伸长率都是合格的,工艺参数范围更宽。

## 1.5　质量提升项目技术参数控制阶段

### 1.5.1　改进后跟踪验证

①改进前、改进后和控制阶段导体电阻过程稳定性增强,波动更小,波动无异常,如图 23 所示。

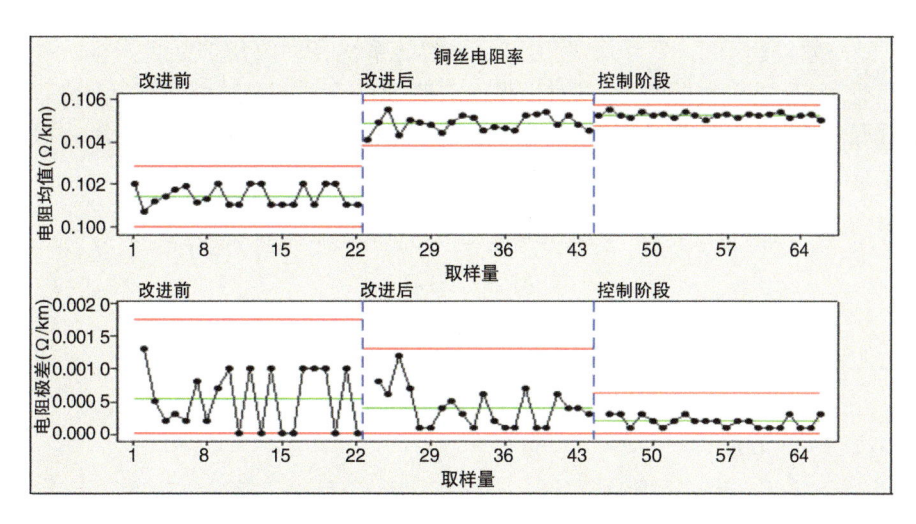

图 23　改进前、改进后和控制阶段控制图比较

②改进后的控制阶段导体电阻过程能力指数增强,过程能力 Cpk=1.92,Ppk=1.96,如图 24 所示。

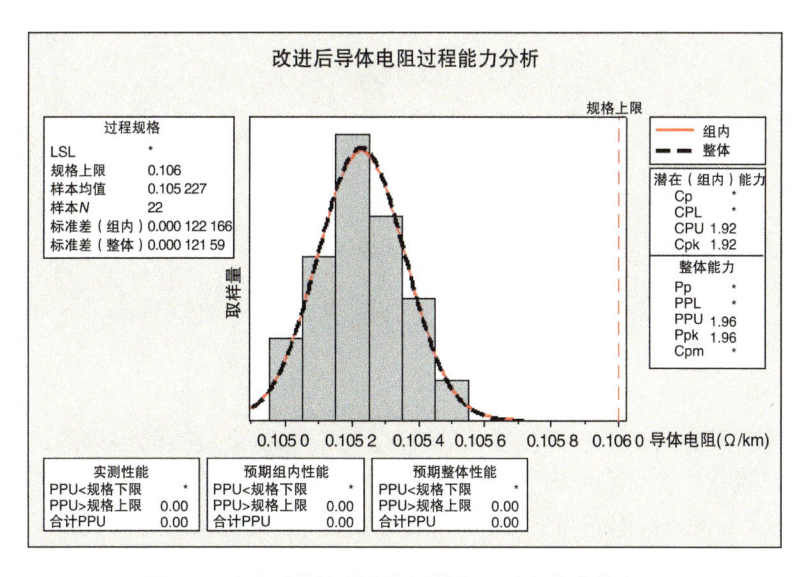

图 24　改进后的控制阶段导体电阻过程能力指数图

## 1.5.2　基于数字化环境下六西格玛质量提升项目取得成果

通过《提高 185 mm² 海上风电集电线路海底电缆导体电阻稳定性》项目,实施六西格玛质量改进活动实例,系统说明质量提升模式成功应用。通过收集 2023 年 2 月改进前、5 月改进后、6 月 10 日至 7 月 5 日数据,控制图无异常,导体电阻平均值 0.105 273 Ω/km,最大导体电阻 0.105 5 Ω/km。该项目实施后,导体电阻从 0.100 Ω/km 转变为 0.105 Ω/km,国家标准要求不大于 0.106 Ω/km,效率提高了 5%。该项目实施后,公司对铜杆分级采购,仅此一项节约平水铜 1%。该项目实施后,导体电阻达到国家标准(有 1% 余量)直接节约铜材 2.7%,达到降低 2% 目标要求。2023 年生产 185 单芯海上风电集电线路海底电缆

396 km，经济效益达 105.37 万元，较为可观。智能系统自动收集产品生产全过程各项产品质量特性值，形成大数据库，通过对过程稳定性 SPC 和过程能力指数 Cpk 分析，开展六西格玛质量提升活动，降低过程波动，提高产品质量，提升客户满意度，增加公司经济效益，如图 25 所示。

《提高 185mm² 海上风电集电线路海底电缆导体电阻稳定性》

项目收益证明

《提高 185mm² 海上风电集电线路海底电缆导体电阻稳定性》项目收益证明：

节约截面：4.6mm²

节约铜： 40.94 公斤/公里

经济效率：40.94 公斤/公里*65 元/公斤 = 2661.1 元/公里

2023 年生产电缆 396 公里

经济效益达到 105.37 万元。

远东海缆有限公司
质量服务部
2023 年 12 月 25 日

图 25　项目收益证明图

## 2　结论

远东海缆有限公司基于数智化系统，实现了电线电缆全过程的信息化、数字化、智能化、精益化、可视化，为六西格玛改进提供了大数据库。通过基于数智驱动实施六西格玛质量提升模式，从大数据库获得 SPC 和 Cpk 和 Ppk，寻找质量改进的机会。全面提升了产品质量六西格玛改进和稳定性，针对质量异常和质量波动情况，组织开展质量改进小组活动、六西格玛管理项目，降低质量波动，提高了产品质量，提升了客户满意度，也能有效增加公司经济效益。

## 参考文献

［1］中华人民共和国国家质量监督检验检疫总局. 电缆的导体：GB/T 3956—2008［S］. 北京：中国标准出版社，2008.

［2］何桢. 六西格玛管理［M］. 北京：中国人民大学出版社，2014.

# 打造日用陶瓷领先品牌，助力中国陶瓷全面振兴

**王贵夫　李方浩**

江苏高淳陶瓷股份有限公司

**摘　要**：高淳陶瓷着力打造日用陶瓷领先品牌，进行品牌精准定位，大力推进创新战略，积极探索品牌传播新模式，全面提升核心竞争力。公司在多次重大国际峰会中，用陶瓷来诠释中华文化、讲述中国故事，发展成为我国日用陶瓷领先品牌，助力中国陶瓷的全面振兴，为我国陶瓷行业转型升级、实现新质发展提供了宝贵经验和重要示范。

**关键词**：高淳陶瓷　品牌　创新

## 1　引言

陶瓷包括陶器和瓷器。陶器是人类创造的第一个新物质，瓷器是中国人民的伟大创造。陶瓷不仅是人民生活必需品，也是"中华文明的重要名片"。

人类陶瓷发展史，大致经历了各文明古国共创陶器、中国发明瓷器、西方陶瓷工业化和中国陶瓷业新崛起四个阶段。新石器时代早期，古代中国、古代西亚、古代埃及等文明古国不约而同地创造了陶器，使人类告别了生吃食物的原始生活方式。东汉时期，中国发明了瓷器，早于西方1 700年。从一统天下的越窑青瓷，到宋代"五大名窑"，再到元明清时期景德镇成为世界制瓷业的中心，瓷器成为中国对外贸易的重要商品和中华文化影响世界的重要名片。在18世纪工业革命的浪潮中，欧洲通过规模化制造和品牌化运营，取代中国成为世界制瓷业的中心，而中国陶瓷在清代中后期由于积贫积弱而急剧衰退。新中国成立后，通过恢复陶瓷产业和改革开放后发展外向型经济，中国恢复了世界陶瓷大国的地位，陶瓷产量占全球三分之二左右，但我国陶瓷出口基本以"贴牌"为主，世界陶瓷强势品牌仍由欧洲、日本等国拥有，这与中国作为"瓷器之国"的地位严重不相称。

同时我们也不能忽视，中国陶瓷业在经历了持续快速发展后，出现了产能严重过剩、同质化竞争加剧等问题。打造中国陶瓷品牌，推进我国日用陶瓷从量的扩大向质的提升转变，满足人民的美好生活需要，不仅是全面振兴中国陶瓷的需要，也是陶瓷企业破解发展危局、摆脱同质化竞争、实现新质发展的需要。

## 2 创建过程和创建措施

### 2.1 进一步增强品牌意识,进行品牌精准定位

江苏高淳陶瓷股份有限公司(以下简称公司或高淳陶瓷)位于江苏省南京市高淳区,公司创建于1958年,二十世纪九十年代发展成为我国最大的陶瓷出口企业之一,产品出口全球100多个国家和地区,2003年在上海证券交易所上市。进入二十一世纪,高淳陶瓷与我国大部分日用陶瓷企业一样,产品结构以中低档为主,贸易方式以贴牌加工为主,所谓的品牌只是公司的"注册商标"。特别是公司地处苏南地区,相比国内其他陶瓷产区,在能源、原材料、劳动工资等成本要素方面,明显处于劣势,面临着低成本优势逐渐丧失,而品牌差异化优势尚未建立的不利态势。面对严峻形势和竞争压力,公司认识到打造中国陶瓷领先品牌,不仅是破解发展困局、再造竞争优势的唯一出路,也是进一步弘扬中国陶瓷文化、助力中国陶瓷振兴的责任和义务。因此,高淳陶瓷进一步增强品牌意识,确定了"打造日用陶瓷领先品牌,助力中国陶瓷全面振兴"的品牌战略。

"定位"是有史以来对美国营销影响最大的观念,也是争夺用户心智的有效方法。高淳陶瓷将定位理论、陶瓷行业竞争以及公司发展的实际充分结合,对公司品牌进行了科学、有效的定位。景德镇作为中国千年瓷都,在人们心中已经成为"瓷器"的代名词,在定位中,公司必须避开景德镇在顾客心中的强势地位,同时利用景德镇缺乏企业品牌,产品以仿古瓷、名家瓷等传统产品为主,在当代国家重大活动中的参与度不高等劣势;同时充分利用高淳陶瓷多次参与国家重大活动,代表了中国当代瓷器的形象,且产品具有好瓷种、好品质、好设计、好做工的市场口碑,更符合当代人的审美需求等优势。因此,公司确定了"高淳陶瓷,当代好瓷"的品牌定位,一方面找到"当代瓷器"的"空位";另一方面用通俗简洁的语言,占据消费者心智空间,建立高淳陶瓷在"当代瓷器"中的领导地位。

### 2.2 大力推进创新战略,再造品牌竞争优势

品牌是消费者对产品的记忆和有形感知。公司全力推进创新战略,再造品牌优势,使"当代好瓷"真正体现在好瓷种、好品质、好设计和好做工上。一是大力开发新瓷种。公司开发出被誉为"瓷中之王"的骨质瓷,在清代珐琅彩技艺的基础上,通过高温素烧、中温釉烧、焙烧、碳化等五次烧成工艺,独创了现代珐琅彩技艺,实现了珐琅彩的规模化制作和健康化改良,获得国家发明专利,成为公司的代表性产品,实现了产品品牌的差异化改造。二是持续提高产品质量。品牌是高质量的象征,品质是品牌创建的基础。公司主持了国家"'十二五'科技攻关"项目——"国家高品质日用陶瓷示范线"建设,成为骨质瓷器、日用瓷器和铜红釉3个国家或行业标准的第一起草单位,产品的铅、镉迁移量达到国际先进标准,获得"国家出口质量安全示范企业"称号。三是努力提升创意设计能力。公司累计获得3 000多项国家外观设计专利和著作版权,多次获得中国外观设计优秀奖,并在中国特色旅游商品大赛获奖,被评为"国家知识产权示范企业"。四是大力弘扬工匠精神。公司拥有1 000多名平均工龄在20年以上的工匠,公司制作的每件产品都严格经过70多道工

序,精益求精,成就"当代好瓷"。

## 2.3　积极探索品牌传播新方式,培育新质向上新模式

艾·里斯、杰克·特劳特在《定位》中指出,"能够在潜在顾客心中建立强大定位的是企业的代表性成就,而非宽泛的产品"[1]。因此,公司不断探索品牌传播新模式,一是积极利用国家重大活动宣传品牌。高淳陶瓷承制 2014 年北京 APEC 峰会、2017 年"一带一路"国际合作高峰论坛和 2022 年金砖五国峰会等重大活动用瓷的新闻,被中央电视台多次报道,不断用陶瓷这一中华文化的象征性符号,诠释中华文化、讲述中国故事,这些代表性成就极大提高了"高淳陶瓷"的话语份额和心智份额。二是大力发展工业旅游。2018 年公司建成了中国首个陶瓷企业博物馆——高淳陶瓷博物馆,开放了国家用瓷生产线,打造了占地 120 亩的非遗体验工坊——陶艺苑,年接待海内外游客达 20 万人次,向游客讲述品牌故事,打造了品牌传播的新平台。三是积极培育线上线下相结合的营销新模式。在上海、北京、南京等一、二线城市布局零售门店 30 多家,积极运用互联网技术,在天猫、京东、小红书、抖音等第三方平台利用直播、达人带货等方式,全方位培育品牌营销新模式。

## 3　创建结果及意义

通过十多年的战略实施,高淳陶瓷发展成为中国当代陶瓷领先品牌。近十年来,公司连续承制了 2014 年 APEC 峰会、第一届及第二届"一带一路"国际合作高峰论坛、2022 年金砖国家峰会、2023 年中国—中亚峰会以及钓鱼台国宾馆、北京中南海等国宴用瓷,形成了一个集陶瓷文化博览、工业匠心研学、陶艺 DIY 体验于一体的陶瓷文化旅游新业态,获得"中华老字号""国家知识产权示范企业""国家文化产业示范基地"等荣誉称号,在《2023 元正文化·胡润中国日用陶瓷企业榜》中名列前茅[2]。

陶瓷是与人民美好生活息息相关的产业和产品。高淳陶瓷打造中国陶瓷领先品牌的成功经验,为我国陶瓷行业的转型升级、新质生产力的培育,全面实现中国陶瓷文化的振兴,具有重要的社会意义和行业示范效应。

## 参考文献

[1] 艾·里斯,杰克·特劳特. 定位[M]. 邓德隆,火华强,译. 北京:机械工业出版社,2010.

[2] 胡润百富. 2023 元正文化·胡润全球十大艺术陶瓷城市[EB/OL]. (2024-04-17)[2024-09-10]. https://www.hurun.net/zh-CN/Info/Detail? num = 3CDCEAATQ41G.

# "真善美"文化赋能企业质量管理实践与成果探究

郑凤庚

江苏海岸药业有限公司

**摘　要**：本文阐述了海岸药业"真善美"文化赋能企业质量管理方面的实践与成果。公司通过打造和践行"真善美"文化，在提升全面质量管理水平、深化卓越绩效实践、加快质量技术创新、实施品牌战略以及建设质量文化等多个方面取得显著成效，为制药企业质量管理提供了有益借鉴，为健康中国贡献"海岸"智慧和力量。

**关键词**：文化　赋能　质量管理　成果

## 1　引言

在当今竞争激烈的医药市场环境下，质量管理已成为企业生存和发展的关键。江苏海岸药业有限公司（以下简称"海岸药业"）作为扬子江药业集团旗下全资子公司，始终以大众健康为己任，将企业核心价值观与社会责任、企业战略相统一，通过文化推动战略落地，通过战略实现促进企业文化；公司将中华优秀传统文化植入到企业管理之中，打造海岸药业"真善美"文化体系，赋能企业质量管理和高质量发展，树立追求卓越制造药企标杆，提升企业核心竞争力，取得管理效益和社会效益双丰收，并获得社会的广泛认可。

## 2　"真善美"企业文化引领质量管理

### 2.1　文化内涵

"真善美"文化是海岸药业企业文化，全称是"至真、至善、至美"。"至真"即"做真人、制好药"，"做真人"是立身之本，恪守诚实守信的工作态度；"制好药"是从业之道，坚守"为父母制药、为亲人制药"的质量初心。"至善"即"善其身、济天下"，"善其身"是职业操守，以"人生三立"为基本行为准则；"济天下"是崇高使命，护佑百姓健康。"至美"即"树形象、立品牌"，"树形象"是打造质量管理标杆，建成"先进工厂、智慧工厂"，生产出更多优质、高效和价廉的健康产品服务于大众百姓；"立品牌"是创造海岸药业品牌和不断提升品牌影响力,并得到社会各界高度认可,实现品牌效益和社会效益双丰收。

## 2.2 对质量管理的引领作用

文化即业务。公司创立以来,将"真善美"企业文化与质量战略结合,将文化主张与企业质量追求进行融合,通过文化宣贯和践行,引领企业在提升全面质量管理水平、深化卓越绩效实践、加快质量技术创新、实施品牌战略以及建设质量文化等方面开展业务,成效显著,助力公司高质量发展。

# 3 提升全面质量管理水平的实践

## 3.1 全员参与质量管理

### 3.1.1 员工全周期培养

公司重视人才培养,持续关注员工成长,将培训管理视为工厂工作的重要组成部分,让不同群体的员工在其职业发展的过程中整体素质和能力水平得到不断增长;弘扬"以匠心做产品、以品质守初心"的工匠精神,通过选拔和表彰优秀员工,树立榜样,激励更多员工追求卓越品质,实现"第一次把事情做对",工厂的竞争力和持续发展能力得以持续增强(见图1)。

图1 工厂工匠精神建设情况展示

### 3.1.2 员工共治共建共享

开通线上"合理化建议提报"渠道,鼓励员工为质量管理建言献策,参与率达90%以上,采纳率达60%;同时,通过正向激励手段,引导员工参与质量管理改进项目,如基层改善项目表彰等活动,增强了员工的参与感和归属感,促进了质量管理水平的提升(见表1)。

表1 优秀案例展示

| 类别 | 建议主题 | 现状分析 | 建议内容 | 产生效益 |
| --- | --- | --- | --- | --- |
| 流程优化和降本增效 | 1. 外箱三期喷印至追溯码标签上;<br>2. 追溯码标签改版 | 1. 部分产品纸箱三期加印采用人工手动印制,需人为操作与复核,防差错等级较低;<br>2. 部分产品经设备码垛后无法保证全部产品三期朝外,不便于人员在码垛后逐箱核对产品三期 | 1. 改版追溯码标签,并将外箱三期喷印至追溯码标签上;<br>2. 使用视觉检测系统识别三期,在提升自动化的同时,减少差错发生的可能性 | 喷印错误的损失由一个纸箱(≈5元/个)降低到一张标签(<1元/张),降低成本的同时便于设备自动化识别 |

## 3.2 全过程质量管理

### 3.2.1 自动化生产

通过产线互联和自动化设备的应用,实现了生产过程的自动化,降低人为差错风险,提高生产效率,保证制造过程质量。例如,冻干粉针剂1号车间设计了国内首条从灯检至包装的AGV小车自动收卸料中间体储运、成品运输系统,提高了生产效率和质量,降低了制造成本(见表2)。

表2 智能物料储运系统技改前后对比分析

| 序号 | 改进点 | 技改前 | 技改后 | 效果 |
| --- | --- | --- | --- | --- |
| 1 | 收料过程 | 人工收料,每天200盘次,工作强度较大 | 阵列系统自动收料无须人员干预 | 节约2人,极大降低员工工作强度 |
| 2 | 转运浪费 | 跨工序每天需完成30次转运 | 自动转运,无须人员干预 | 节约1人,降低劳动强度,且自运转运,无须人员干预,提升过程质量 |
| 3 | 成品转运 | 人工每天转运10托盘至成品库 | AGV自动转运 | 节约1人,提高过程质量 |

### 3.2.2 信息化管控

公司在实现生产自动化的同时,引入QMS、DMS、LIMS系统等,对药品生产质量关键过程进行数据采集与分析,实现了全过程的信息化管理。通过MES系统对生产执行过程进行管理,实现生产计划、调度、监控和反馈的信息化,提高生产效率和质量控制能力。建立企业信息化管理平台(见图2),实现各个信息化系统之间的数据共享与交互。例如,通过ERP系统与MES系统的集成,实现了生产数据与企业资源管理数据的同步,为企业决策提供了更准确的数据支持。

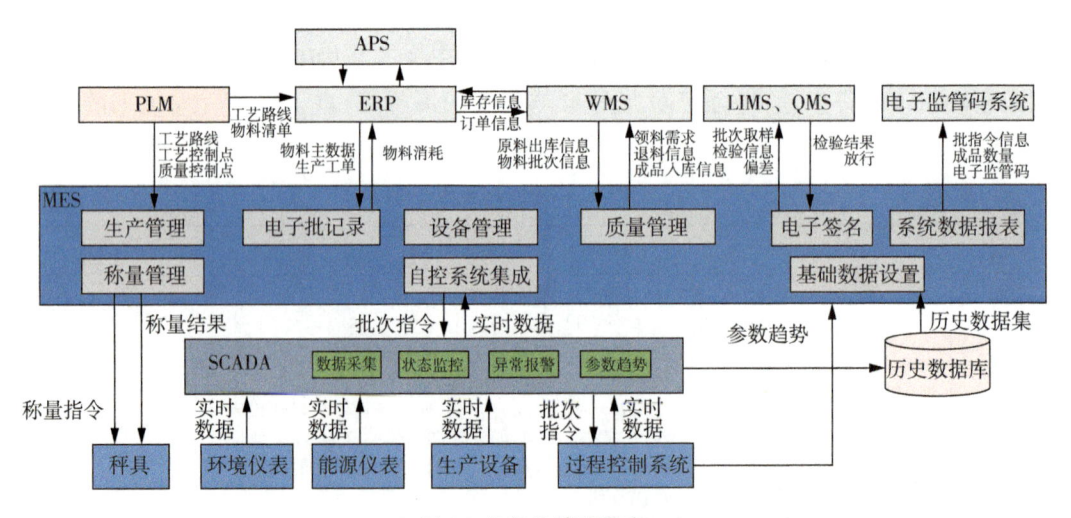

图2 信息化管理平台

### 3.2.3 数字化应用

通过各种信息化系统,采集生产过程中的各类数据,包括设备运行数据、原材料检验数据、环境参数数据等。对这些数据进行分析,挖掘数据背后的质量信息,为质量管理决策提供依据。利用数据分析结果,识别质量问题和改进机会,及时采取措施进行质量改进。例如,通过对生产数据的分析,发现某一生产环节存在质量波动,及时调整生产工艺参数,提高产品质量(见表3)。

**表 3 SCADA 数据采集系统技改前后对比分析**

| 序号 | 改进点 | 技改前 | 技改后 | 效果 |
| --- | --- | --- | --- | --- |
| 1 | 巡查过程与记录 | 6人在三个车间制水岗位巡查 | 2人在中控室集中监控 | 减少4人次人工,数据实时记录,减少员工工作强度 |
| 2 | 质量优化 | 异常现场报警,手工记录 | 可远程操控,一键启停,报警实时短信通知系统自动记录 | 提高质量控制水平,系统自动记录报警信息,可以进行趋势回顾 |

### 3.2.4 智慧化监管

建立智慧监管平台,利用大数据、云计算等技术,对药品生产过程进行实时监控和预警,及时发现和处理质量问题,构建数字化、智能质量管控模式。例如,积极引入 AR 智能眼镜、VR 虚拟现实等智能技术,实现第一视角过程记录和智能监管,提高巡检质量和效率,实现作业全程可追溯(见表4)。

**表 4 AR 技术应用前后对比**

| 序号 | 改进点 | 应用前方式 | 应用后方式 | 成果 |
| --- | --- | --- | --- | --- |
| 1 | 巡检路线 | 员工自行设计,巡检路线不固定 | 统一标准巡查路线,严格实施 | 巡检标准化,巡查不遗漏,提高巡检质量 |
| 2 | 参数标准 | 目视记录 | 语言与视觉显示 | 减少记录错误的可能性 |
| 3 | 设备状态 | 人员感观 | 实时记录验证 | 增强现实指引,实时拍照记录 |

## 3.3 全面质量管理体系

基于 FDA、EU GMP、ISO9000 及 GMP 等规范要求,形成了以质量风险管控模式(即不让患者承担风险、不让风险升级、不把风险转移给他方)为基础的质量管理体系,并不断完善。在产品形成的全生命周期中严格执行公司内控标准,确保药品研发、采购、生产、检验、储运、售后六道关口均符合法律法规要求,实现从源头严控药品质量(见图3)。

图 3　药品质量控制"六道关"

## 4　深化卓越绩效质量管理实践

### 4.1　导入卓越绩效评价体系

导入卓越绩效评价体系,涵盖领导、战略、顾客与市场、资源、过程管理、测量分析与改进、结果等方面,明确各个方面评价指标和标准,确保评价体系的科学性和实用性。定期运用卓越绩效评价体系对企业进行评价(见图4),发现优势和不足。根据评价结果,制定改进措施,推动质量管理水平的持续提升。例如,通过评价发现在顾客满意度方面存在提升空间,采取一系列措施提高顾客满意度。

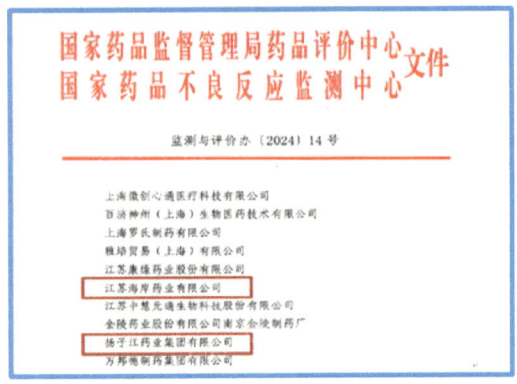

图 4　卓越绩效评价结果

### 4.2　持续改进质量管理

以精益理念为指导,成立精益管理组织,建立精益运营管理评价体系(见图5),强化全员精益改善职责。通过价值流分析等方法,解决重点品种工艺难题,提高生产效率和产品质量。例如,某重点新品种药品研发小试时,通过精益攻关小组的努力,缩短了研发周期,提高了产品合格率。

**图 5 精益运营管理评价体系**

## 4.3 质量改进项目实施

每年开展质量改进项目,涵盖提质、增效、环境与安全、降本等多个方面(见表 5)。通过这些项目的实施,不断提升质量管理水平,实现质量管理成熟度的跃升。

**表 5 年度精益项目汇总表**

| 分类 | 分类依据 | 实际收益 |
| --- | --- | --- |
| 提质类项目 | 通过精益方法和工具,识别并消除生产或服务过程中的质量隐患,提高产品或服务的质量水平,减少缺陷和不良率 | 12 项,计 260 万元 |
| 成本节约类项目 | 运用精益思想,识别并消除各种形式的浪费(如过度生产、等待、运输、库存等),或通过供应商引进等形式,降低生产成本,提高盈利能力 | 22 项,计 837 万元 |
| 环境与安全类项目 | 环境改善与安全提升:将精益理念应用于环境管理和安全生产领域,通过减少资源消耗、废弃物排放和事故风险,提升企业的环境绩效和安全水平 | 7 项,计 97 万元 |
| 增效类项目 | 流程优化:对生产或服务流程进行细致分析,找出瓶颈和浪费环节,通过改进布局,减少不必要的步骤和动作,实现流程的高效运作;<br>生产率提升:通过精益改善技术,如标准化作业、工作研究等,提高员工工作效率 | 17 项,减少无效人工 3 800 小时,产生效益 15 万元 |

## 5 加快质量技术创新应用,持续提升质量基础能力

### 5.1 鼓励员工创新

鼓励员工参与 QC 攻关活动,营造浓厚的质量氛围,激发员工的创新意识。员工从生产风险点切入,寻找优化和改进方案,为质量技术创新提供了动力。

## 5.2 技术创新成果应用

将员工的创新成果应用于生产实践,如通过精益理念方法解决工艺难题,通过信息化技术提升质量管理水平等。这些创新成果的应用,持续提升了公司的质量过程能力(见图6)。

图 6 创新成果

# 6 实施质量品牌战略,提升满意度和美誉度

## 6.1 建立质量品牌文化

公司秉承"为父母制药、为亲人制药"质量文化初心,建立"四心所向,质量为上"质量品牌,并设计了品牌 logo(见图7)。定期开展文化宣讲、技能比武、知识竞赛、质量文化认同度调研等活动,将质量管理融入企业日常运营中,让质量文化入脑、入心、入行,增强员工的质量意识。

图 7 质量品牌 logo 登记证书

## 6.2 提升品牌知名度和美誉度

### 6.2.1 质量体系认证与市场抽检

近年来,公司产品质量"零投诉",接受各类飞检、符合性检查以及市场产品抽检,结果均符合要求。通过质量体系认证和市场抽检结果的良好表现,证明了公司产品的质量可靠性。

#### 6.2.2 客户满意度提升

公司坚持以顾客为中心,建立多样化的内外部沟通渠道,深入挖掘并满足顾客需求,提高了客户满意度(见图8),提升了品牌的美誉度。

| 近三年顾客满意度调研 | | | |
| --- | --- | --- | --- |
| 评价维度(%) | 2021年 | 2022年 | 2023年 |
| 药品的价格评价 | 90 | 85.6 | 92 |
| 药物质量 | 98.21 | 98.11 | 97.8 |
| 产品包装和标识 | 95.52 | 91.4 | 97.8 |
| 售后服务 | 91 | 90.4 | 98.2 |
| 公司品牌 | 93.3 | 92.4 | 98.4 |
| 再次选择度 | 96.8 | 97.28 | 98.4 |
| 推荐度 | 97.7 | 97.79 | 98.4 |
| 总体满意度指数 | 96.05 | 97.27 | 97.69 |

图8 近三年顾客满意度调研分析对比图

### 6.3 产业链质量文化共建

公司"真善美"文化产生的成效在公司内外产生积极影响。集团多家子工厂、同仁前来学习;政府、协会与合作伙伴前来交流(见图9),在产业链上共同营造质量文化氛围,推动整个产业链的质量管理水平提升。

图9 成果参观与交流

## 7 结论

近年来,海岸药业持续打造和践行"真善美"企业文化,赋能企业质量管理,不但实现各项经营指标保持平稳增长,而且在提升全面质量管理、深化卓越绩效实践、加快质量技术创新、实施品牌战略以及质量文化建设等方面的探索和实践,为制药企业提供了一套可借鉴的质量管理模式。未来,海岸药业将不断丰富和完善"真善美"文化,持续打造新质生产力,实现企业高质量可持续发展,为健康中国贡献海岸智慧和力量。

## 参考文献

［1］王质彬.基于价值链的 K 生物制药公司精益成本控制研究［D］.烟台:山东工商学院,2022.

［2］王恺. A 制药企业基于 GMP 的质量改进模式研究［D］.天津:天津大学,2009.

# 六西格玛在提高汽车钢一次合格率中的应用

江雁

南京钢铁股份有限公司

**摘　要**：为提升汽车钢一次合格率，应用六西格玛（DMAIC）质量管理方法，从定义阶段、测量阶段、分析阶段、改进阶段、控制阶段对项目进行分析，并使用Minitab软件对质量数据进行统计分析，经过分析，发现翘皮、裂纹和划伤为主要影响因素并制定了相对应的改进措施，汽车钢一次合格率从92.99%提升至95.49%，改善效果显著。

**关键词**：六西格玛　一次合格率　质量改进

随着市场产品的竞争越来越激烈，产品质量至关重要，提质降本成为主流。钢铁企业属于流程型企业，其中汽车钢作为特钢产品，生产环节较多，质量要求较高，产品的一次合格率偏低，增加制造成本。因此，为提高产品的市场竞争力，本文通过对某钢厂的汽车钢生产过程进行深入研究和探讨，结合企业规范化管理，采用六西格玛管理方法开展提高汽车钢一次合格率项目，通过该项目实现汽车钢生产过程的管理与改进。

## 1　六西格玛概述

六西格玛管理法最早由摩托罗拉公司提出，用于对生产流程进行改善和管理，以产品"零缺陷"为目标进行生产，从而提高生产效率和品牌形象，实现企业收益最大化及核心竞争力提升。西格玛为希腊字母"$\sigma$"，在统计学中表示标准偏差，即数据的离散程度。西格玛值和西格玛水平成反比，$\sigma$值越大，则离散程度越大、数据波动性越大，表示生产流程或服务流程的西格玛水平越低，即流程能力越低。六西格玛（6 Sigma）指的是六西格玛水平，在统计学上表示围绕目标值的波动每百万个输出中仅有3.4个缺陷[1]。

六西格玛管理理论的内涵及管理核心主要体现：以客户为中心、以数据和事实为基础、以流程改进为重心、以利润为目标、以无边界合作为手段[2,3]。

Hahn和Ronald阐述了六西格玛管理理念，指出六西格玛运用统计学方法改善流程质量以及DMAIC的5个阶段特点。六西格玛分为定义、测量、分析、改进、控制、收益，简称DMAIC流程[4]。

## 2 项目实施

### 2.1 定义阶段

定义阶段通过对生产现状展开调查收集数据，统计分析，识别缺陷类型，明确改进范围、确定改进目标。

#### 2.1.1 项目概况

①项目背景：随着公司汽车钢订单量增加，不合格品增加成本、交货期，占用产能资源。通过提高汽车钢一次合格率，提质降本，提高产品市场竞争力，与客户实现共赢。

②项目目标：结合公司的质量提升目标及目前汽车钢一次合格率92.99%的情况，经过讨论计算，设定汽车钢一次合格率目标为94.5%。

③项目范围与流程价值：根据产品的生产制造流程，确定产品的SIPOC图，从宏观和微观两个层面进行分析，如图1和图2所示。

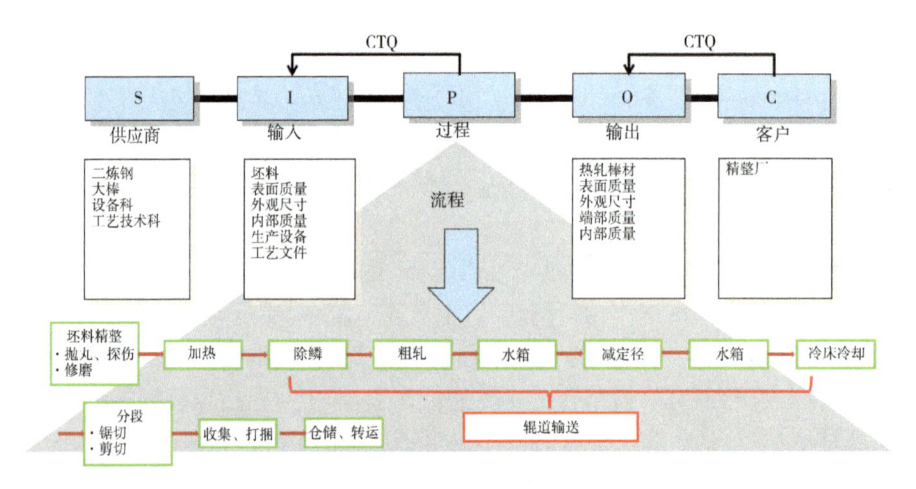

图1 宏观流程图

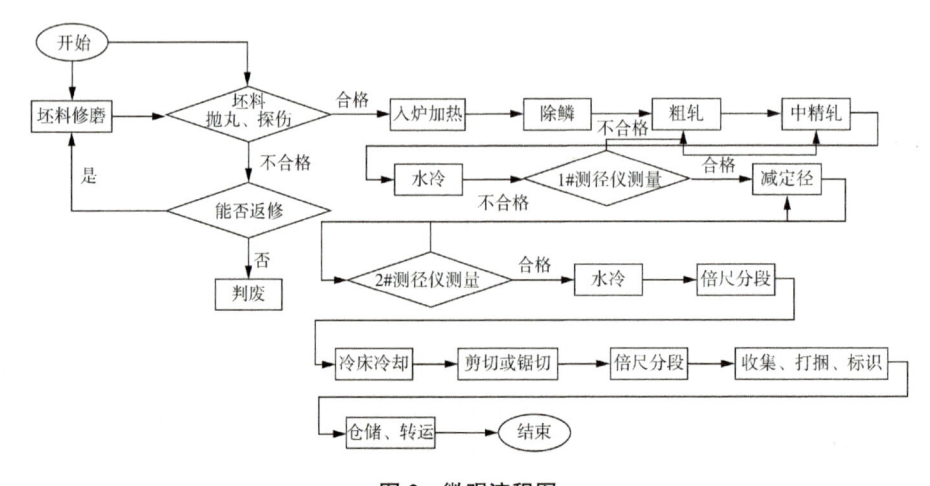

图2 微观流程图

### 2.1.2 关键质量特性(CTQ)

从图3的柏拉图可以看出,翘皮、裂纹、划伤是影响一次合格率的特性,其累计频率达95.9%,按照"关键少数"原则,将翘皮、裂纹、划伤作为重要CTQ进行解决。对于分析出的重要CTQ的定义,如表1所示。

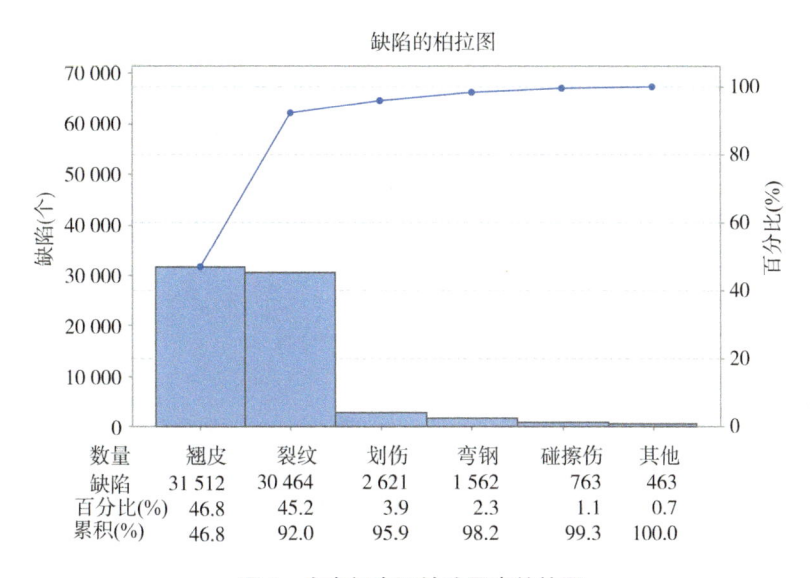

缺陷的柏拉图

| 数量缺陷 | 翘皮 | 裂纹 | 划伤 | 弯钢 | 碰擦伤 | 其他 |
|---|---|---|---|---|---|---|
| 缺陷 | 31 512 | 30 464 | 2 621 | 1 562 | 763 | 463 |
| 百分比(%) | 46.8 | 45.2 | 3.9 | 2.3 | 1.1 | 0.7 |
| 累积(%) | 46.8 | 92.0 | 95.9 | 98.2 | 99.3 | 100.0 |

**图3 汽车钢表面缺陷因素柏拉图**

**表1 缺陷图谱**

| 缺陷名称 | 翘皮 | 裂纹 | 划伤 |
|---|---|---|---|
| 缺陷图片 | | | |

### 2.2 测量阶段

测量阶段主要通过导入生产数据,统计分析,验证测量系统有效性和过程能力,采用过程能力分析图进行测量。

### 2.2.1 测量系统分析

本项目改善为检验类不良,测量方法为检验员检测精度,对检验员检测精度进行评估。对 Y1(翘皮)、Y2(裂纹)、Y3(划伤)收集 20 组样品作测量系统分析,如图 4 所示,测量系统的正确性和一致性均>90%,测量系统可以接受。

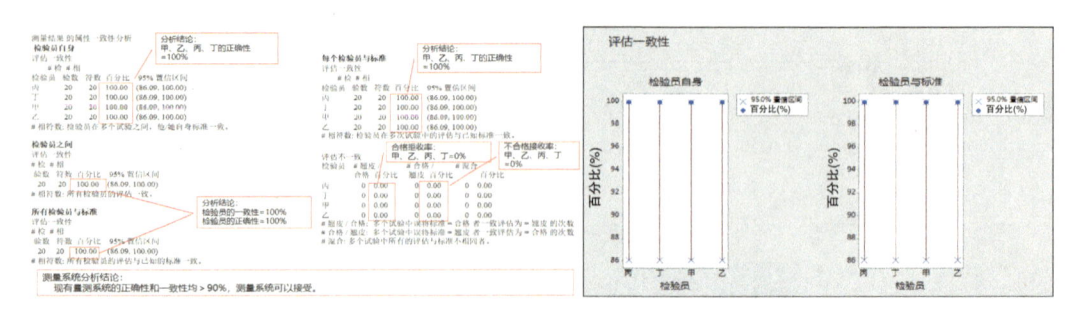

图 4 测量结果一致性分析

### 2.2.2 过程能力分析

通过对 1—12 月合格率数据分析,计算长短期西格玛水平如表 2 所示。在 DM 阶段,短期能力 Z.ST=1.63,长期能力 Z.LT=1.48,Z.shift=Z.ST−Z.LT=0.15,如图 5 所示,结果可见技术/系统不好,需对要因进行分析并改进。

表 2 1—12 月西格玛值

| 1月 | 2月 | 3月 | 4月 | 5月 | 6月 | 7月 | 8月 | 9月 | 10月 | 11月 | 12月 |
| --- | --- | --- | --- | --- | --- | --- | --- | --- | --- | --- | --- |
| 1.440 | 1.342 | 1.562 | 1.498 | 1.377 | 1.386 | 1.524 | 1.301 | 1.629 | 1.616 | 1.483 | 1.475 |

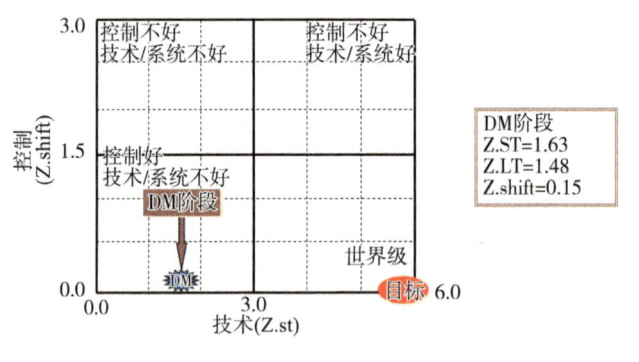

图 5 技术控制图

### 2.2.3 项目要因分析

通过树图和因果矩阵对关键质量特性进一步分析,找出造成缺陷的影响因素,确定根本原因,为问题解决提供支持,同时对无须进一步分析的问题进行快赢处理,树图分析如图 6 所示。

# 质量品牌篇

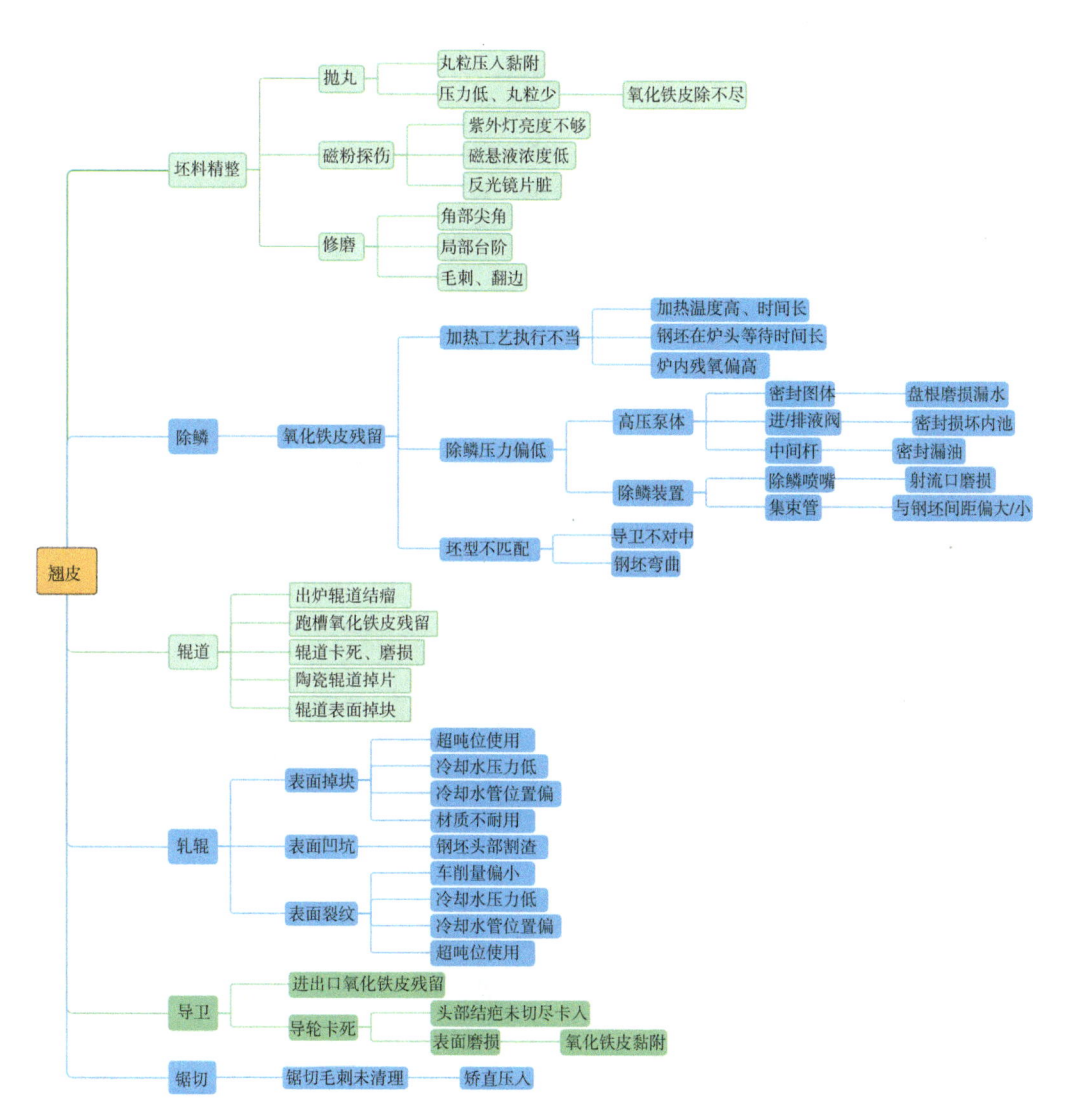

```
翘皮
├─ 坯料精整
│   ├─ 抛丸
│   │   ├─ 丸粒压入黏附
│   │   └─ 压力低、丸粒少 ── 氧化铁皮除不尽
│   ├─ 磁粉探伤
│   │   ├─ 紫外灯亮度不够
│   │   ├─ 磁悬液浓度低
│   │   └─ 反光镜片脏
│   └─ 修磨
│       ├─ 角部尖角
│       ├─ 局部台阶
│       └─ 毛刺、翻边
├─ 除鳞 ── 氧化铁皮残留
│   ├─ 加热工艺执行不当
│   │   ├─ 加热温度高、时间长
│   │   ├─ 钢坯在炉头等待时间长
│   │   └─ 炉内残氧偏高
│   ├─ 除鳞压力偏低
│   │   └─ 高压泵体
│   │       ├─ 密封图体 ── 盘根磨损漏水
│   │       ├─ 进/排液阀 ── 密封损坏内池
│   │       └─ 中间杆 ── 密封漏油
│   ├─ 除鳞装置
│   │   ├─ 除鳞喷嘴 ── 射流口磨损
│   │   └─ 集束管 ── 与钢坯间距偏大/小
│   └─ 坯型不匹配
│       ├─ 导卫不对中
│       └─ 钢坯弯曲
├─ 辊道
│   ├─ 出炉辊道结瘤
│   ├─ 跑槽氧化铁皮残留
│   ├─ 辊道卡死、磨损
│   ├─ 陶瓷辊道掉片
│   └─ 辊道表面掉块
├─ 轧辊
│   ├─ 表面掉块
│   │   ├─ 超吨位使用
│   │   ├─ 冷却水压力低
│   │   ├─ 冷却水管位置偏
│   │   └─ 材质不耐用
│   ├─ 表面凹坑
│   │   └─ 钢坯头部涮渣
│   └─ 表面裂纹
│       ├─ 车削量偏小
│       ├─ 冷却水压力低
│       ├─ 冷却水管位置偏
│       └─ 超吨位使用
├─ 导卫
│   ├─ 进出口氧化铁皮残留
│   └─ 导轮卡死
│       ├─ 头部结疤未切尽卡入
│       ├─ 表面磨损
│       └─ 氧化铁皮黏附
└─ 锯切 ── 锯切毛刺未清理 ── 矫直压入
```

(a) 翘皮缺陷树图

(b) 划伤缺陷树图

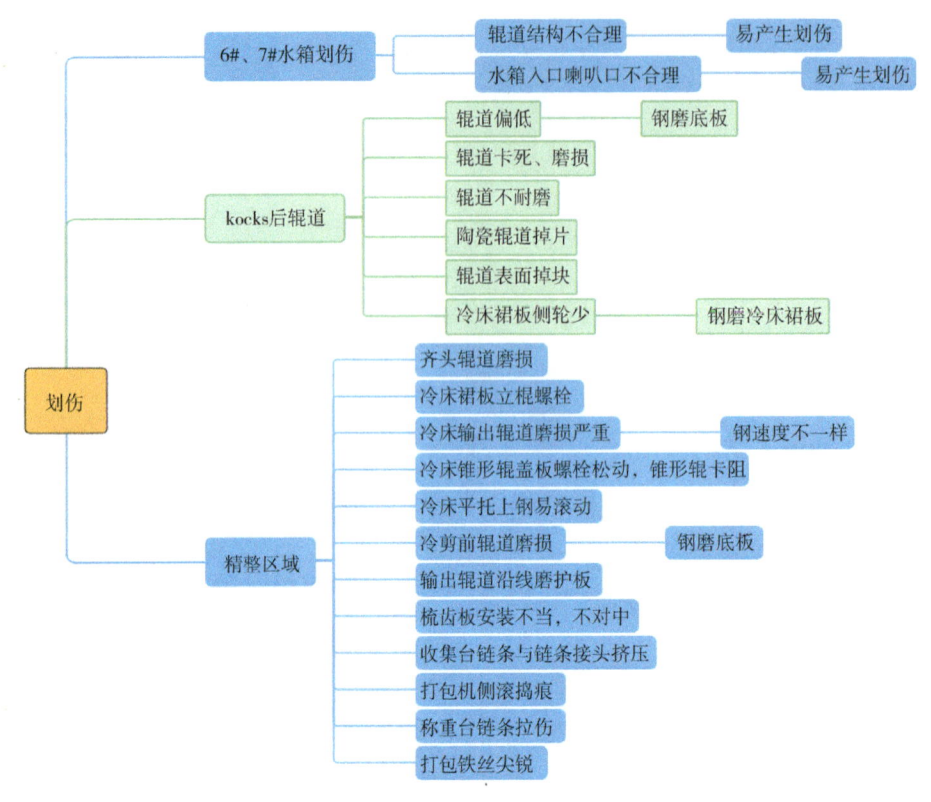

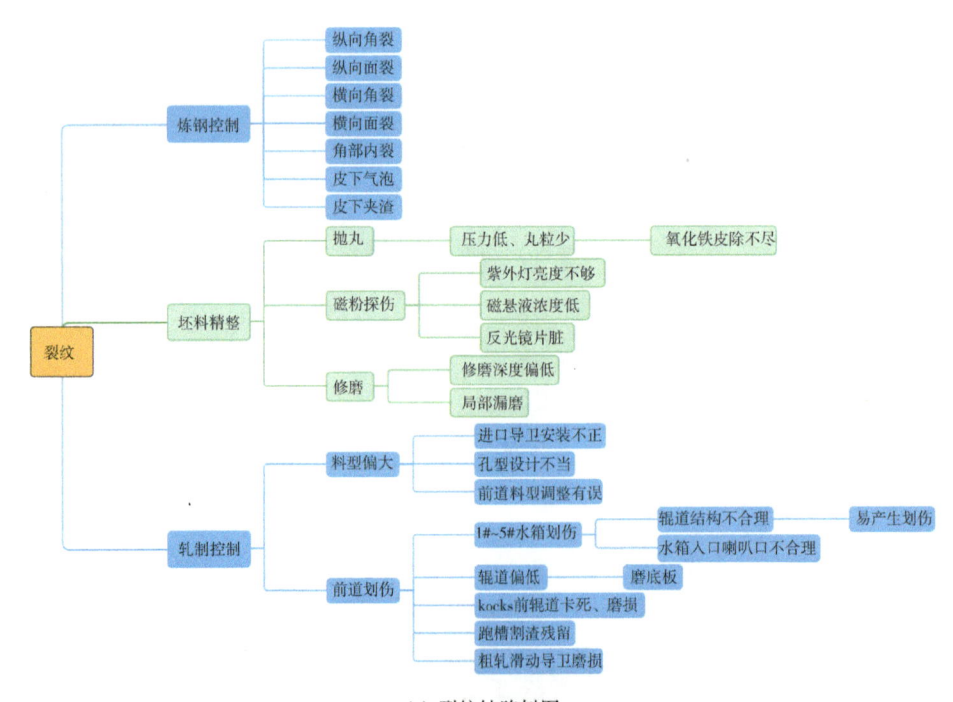

(c) 裂纹缺陷树图

图 6　翘皮、裂纹、划伤缺陷树图

对缺陷影响因素进行因果矩阵分析,总占比达 81.44% 的有 29 项因素,通过分析,得出结论,归类快赢改善,确认 4 项内容需分析改进,如表 3 和表 4 所示。

表 3  因果矩阵表

| 序号 | 权重<br>因素 | 10<br>翘皮 | 9<br>裂纹 | 7<br>划伤 | 得分 | 占比 | 累计占比 |
|---|---|---|---|---|---|---|---|
| 1 | 辊道耐磨性低 | 9 | 3 | 9 | 180 | 4.62% | 4.62% |
| 2 | 辊道卡死、磨损 | 9 | 3 | 9 | 180 | 4.62% | 9.24% |
| 3 | 辊道掉片 | 9 | 3 | 9 | 180 | 4.62% | 13.86% |
| 4 | 辊道表面掉块 | 9 | 3 | 9 | 180 | 4.62% | 18.49% |
| 5 | 水箱辊道结构不合理 |  | 9 | 9 | 144 | 3.70% | 22.18% |
| 6 | 水箱入口喇叭口不合理 |  | 9 | 9 | 144 | 3.70% | 25.88% |
| 7 | 局部台阶 | 9 | 3 |  | 117 | 3.00% | 28.88% |
| 8 | 进出口氧化铁皮残留 | 9 | 3 |  | 117 | 3.00% | 31.89% |
| 9 | 粗轧滑动导卫磨损 | 9 | 3 |  | 117 | 3.00% | 34.89% |
| 10 | 紫外灯亮度不够 | 3 | 9 |  | 111 | 2.85% | 37.74% |
| 11 | 磁悬液浓度低 | 3 | 9 |  | 111 | 2.85% | 40.59% |
| 12 | 辊道偏低 | 3 | 1 | 9 | 102 | 2.62% | 43.21% |
| 13 | 修磨深度偏低 | 1 | 9 |  | 91 | 2.34% | 45.55% |
| 14 | 进口导卫安装不正 | 1 | 9 |  | 91 | 2.34% | 47.88% |
| 15 | 反光镜片脏 | 1 | 9 |  | 91 | 2.34% | 50.22% |
| 17 | 毛刺、翻边 | 9 |  |  | 90 | 2.31% | 54.87% |
| 18 | 盘根磨损漏水 | 9 |  |  | 90 | 2.31% | 57.18% |
| 19 | 喷嘴磨损 | 9 |  |  | 90 | 2.31% | 59.49% |
| 20 | 除鳞导卫不对中 | 9 |  |  | 90 | 2.31% | 61.80% |
| 21 | 钢坯弯曲 | 9 |  |  | 90 | 2.31% | 64.11% |
| 22 | 间距不匹配 | 9 |  |  | 90 | 2.31% | 66.42% |
| 23 | 超吨位使用 | 9 |  |  | 90 | 2.31% | 68.73% |
| 24 | 材质不耐用 | 9 |  |  | 90 | 2.31% | 71.04% |
| 25 | 冷却水压力低 | 9 |  |  | 90 | 2.31% | 73.35% |
| 26 | 出炉辊道结瘤 | 9 |  |  | 90 | 2.31% | 75.66% |
| 27 | 孔型吨位不当 |  | 9 |  | 81 | 2.08% | 77.74% |
| 28 | 前道料型调整有误 |  | 9 |  | 81 | 2.08% | 79.82% |
| 29 | 冷床裙板侧轮少 |  |  | 9 | 63 | 1.62% | 81.44% |

表 4  影响因素改善分析

| 工程 | 因素 | 存在隐患 | 改善方向 | 改善方式 | 改善结果 |
|---|---|---|---|---|---|
| 翘皮 | 局部台阶 | 台阶等经加热,轧制易压入钢表面形成翘皮 | 制作钢坯修磨图谱,不合重新处理 | Q. H[①] | 钢坯修磨后检查,质量提高 |
| | 毛刺、翻边 | | | | |
| | 进出口氧化铁皮残留 | 氧化铁皮残留黏附钢表面,再轧制时形成翘皮 | 氧化铁皮清理 | Q. H | 每班及上线前清理效果较好 |
| | 粗轧滑动导卫磨损 | 表面易产生刮伤,再轧时易形成翘皮 | 滑动导卫改为滚动导卫 | Q. H | 滚动化避免了轧件表面刮伤 |
| | 盘根磨损漏水 | 磨损及间距不合理降低有效除鳞压力,钢坯表面氧化铁皮残留 | 评估盘根和喷嘴磨损量、喷嘴间距对压力的影响,确定合理的更换周期 | A. I. | |
| | 喷嘴磨损 | | | A. I. | |
| | 喷嘴间距 | | | A. I. | |
| | 除鳞导卫不对中 | 区域有效除鳞不一,表面氧化铁皮残留 | 自动检测调整导卫 | Q. H | 异常报警提示,有效管控 |
| | 钢坯弯曲 | 除鳞不均,氧化铁皮残留 | 入炉弯钢控制及出炉弯钢剔除 | Q. H | 入炉弯曲度从20‰提高至8‰以内,除鳞改善 |
| | 孔型吨位不合理 | 掉块风险 | 设定合理孔型吨位并异常报警 | Q. H | 孔型吨位有效管控,耐磨性提高,未出现异常掉块 |
| | 材质不耐用 | | 铸铁辊改为堆焊辊,提高耐用性 | Q. H | |
| | 冷却水压力低 | | 冷却水压力从4 bar[②]提至6 bar | Q. H | |
| 裂纹 | 紫外灯亮度不够 | 缺陷不易看到,易漏检 | 科学配置检测,擦拭反光镜,更换紫外灯并定期检测亮度 | Q. H | 缺陷有效检出,裂纹降低 |
| | 磁悬液浓度低 | | | | |
| | 反光镜片脏 | | | | |
| | 局部漏磨 | 修磨深度偏低,裂纹消除不掉 | 评估合理修磨深度,清除裂纹缺陷 | A. I. | |
| | 修磨深度偏低 | | | | |
| | 进口导卫安装不正 | 轧件容易被刮伤 | 安装检查 | Q. H | 上线前进行检查,安装正确 |
| 划伤 | 辊道耐磨性低 | 辊道易掉块、卡死,钢磨底板,表面易产生划伤 | 辊道更换为合金耐磨辊,耐磨性提高,异常报警管控,更换后辊道高度对齐 | Q. H | 辊道掉块大幅降低,该处划伤消除 |
| | 辊道卡死、磨损 | | | Q. H | |
| | 辊道掉片 | | | Q. H | |
| | 辊道表面掉块 | | | Q. H | |
| | 辊道偏低 | | | Q. H | |
| | 水箱辊道结构不合理 | 水箱辊道V型,辊道及入口磨损严重,易产生划伤 | 设计不同尺寸弧形辊及入口喇叭口 | Q. H | 改进后,该处划伤消除 |
| | 水箱入口喇叭口不合理 | | | | |

①Q. H表示快赢改善,A. I表示分析改进。
②1 bar=$10^5$ Pa。

## 2.3 分析阶段

通过对比,如表 5 所示,未修磨坯料裂纹发生率为 31.36%,修磨坯料裂纹发生率为 11.81%,坯料修磨是裂纹的关键因素。分析修磨深度对裂纹的影响,从图 7 可看出,钢坯修磨量与裂纹发生率存在强相关。根据现场实际修磨及拟合分析结果,确定修磨深度为 0.8~1 mm。

表 5　修磨、未修磨与裂纹发生率关系

| 序号 | 1 | 2 |
| --- | --- | --- |
| 坯料修磨实绩 | 未修磨 | 修磨 |
| 总支数 | 4 129 | 2 768 |
| 合格支数 | 2 834 | 2 441 |
| 不合格支数 | 1 295 | 327 |
| 合格率 | 68.64% | 88.19% |
| 裂纹发生率 | 31.36% | 11.81% |

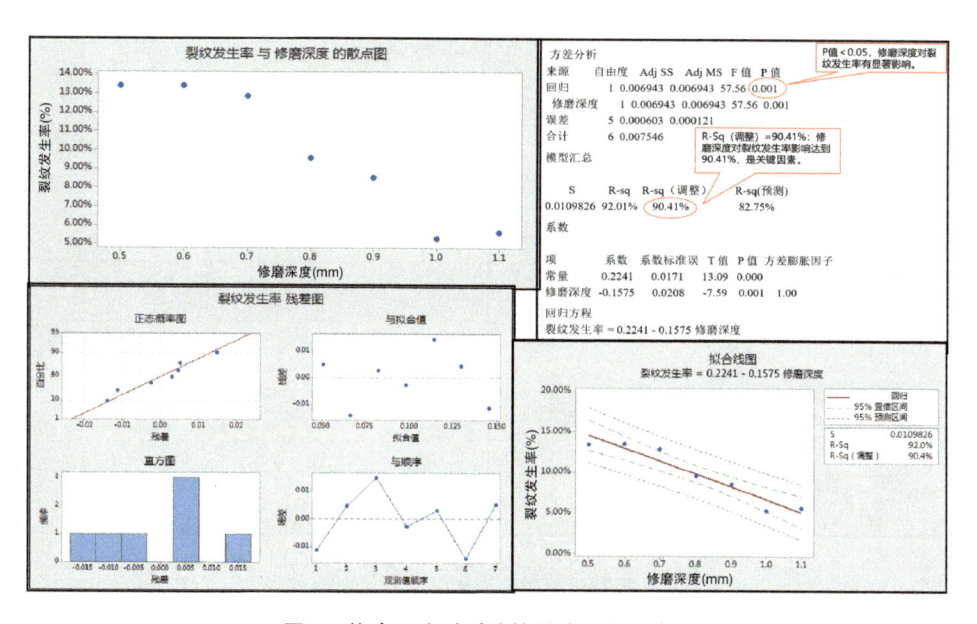

图 7　修磨深度对裂纹的影响分析示意图

从图 8 柏拉图发现,除鳞压力大,除鳞效果评分等级高,除鳞效果影响翘皮,除鳞压力影响除鳞效果,而喷嘴射流口磨损和盘根磨损又影响除鳞压力。如图 9 所示,喷嘴射流口磨损量对除鳞压力的影响达 95.3%,是关键因素。根据拟合线图及现场实际,选取喷嘴射流口磨损量为 0.4 mm 时进行更换。如图 10 所示,盘根磨损量对除鳞压力的影响达 95.45%,是关键因素。根据拟合线图及现场实际,选取盘根磨损量为 3 mm 时进行更换。

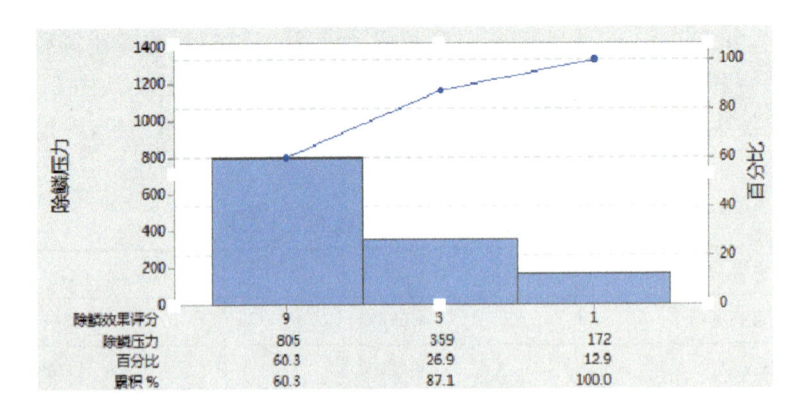

图 8 除鳞效果评分的柏拉图

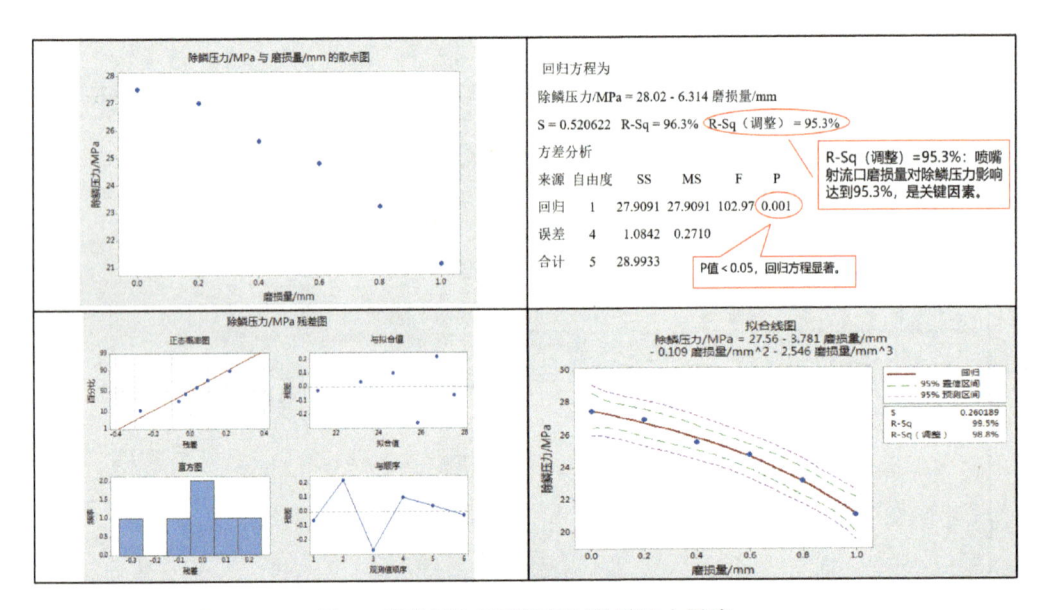

图 9 喷嘴射流口磨损量对除鳞压力影响

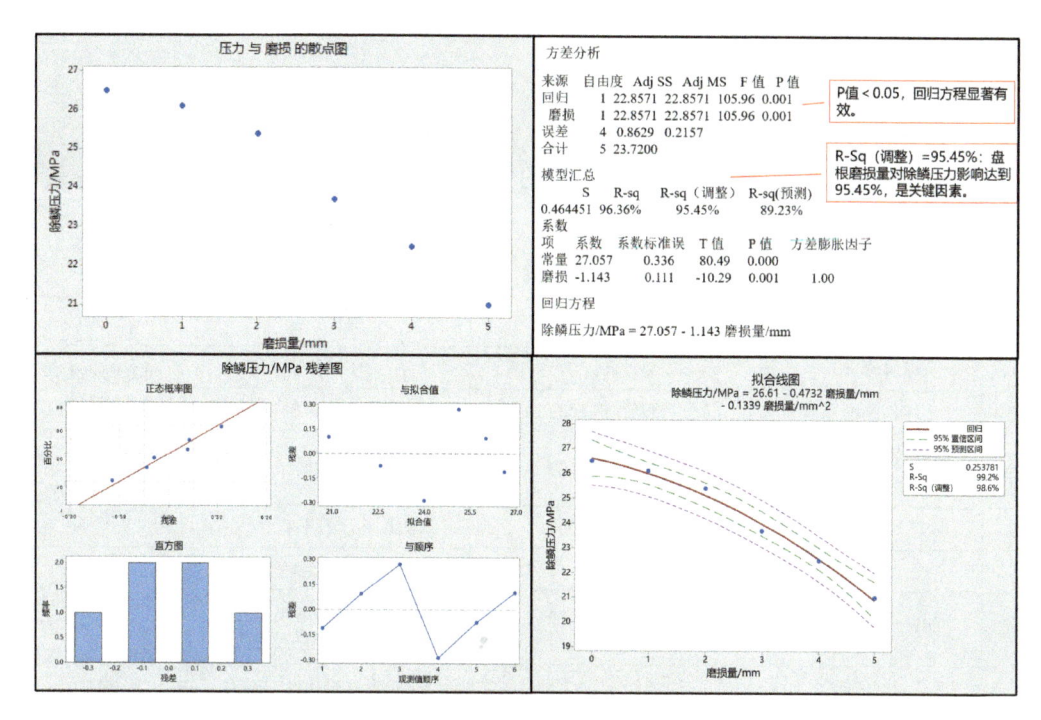

图 10  盘根磨损量对除鳞压力影响

如图 11 所示，除鳞效果与喷嘴间距非线性相关。喷嘴间距对除鳞效果的影响达 42.9%，结合实际，是除鳞效果的关键因素。根据拟合线图，考虑钢坯实际有一定的弯曲，以及设备维护，选取喷嘴间钢坯表面 110 mm 为最佳值。

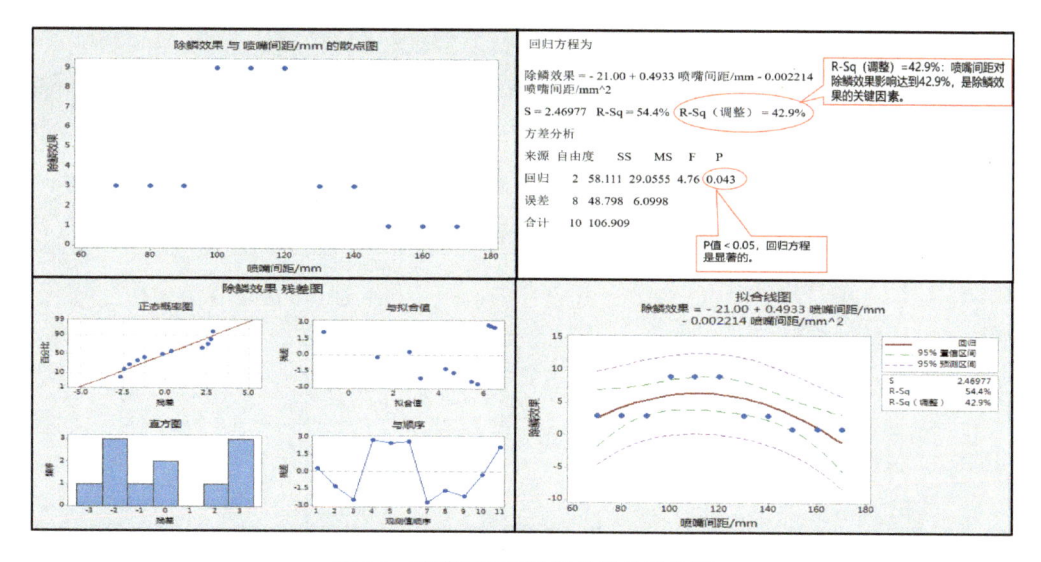

图 11  喷嘴间距与除鳞效果关系分析

## 2.4 改进阶段

### 2.4.1 关键因素改善及效果

通过对关键因素的数据分析,确定最终的关键因素如表6所示,针对该部分因素进行改善,改善效果较好。

表6 关键因素列表

| 序号 | 关键因素 | P 值 | 确定措施 | 改善效果 |
|---|---|---|---|---|
| 1 | 坯料修磨与否 | 裂纹(0.002) | 坯料修磨 | 明确修磨深度,裂纹降低 |
| 2 | 坯料修磨深度 | 裂纹(0.001) | 修磨深度在 0.8~1 mm | |
| 3 | 除鳞效果(除鳞压力、喷嘴间距) | 翘皮(0.000) | 制定钢坯除鳞效果评判图 | 快递判断,除鳞压力报警,效果较好 |
| 4 | 除鳞压力 | 翘皮(0.000) | 除鳞压力 23~25 MPa | |
| 5 | 喷嘴间距 | 翘皮(除鳞效果 0.043) | 喷嘴间距距离钢坯 110 mm | 自动调节,除鳞压力有效提高,除鳞效果得到提高 |
| 6 | 喷嘴射流口磨损 | 翘皮(除鳞压力 0.001) | 喷嘴射流口磨损量达 0.4 mm时进行更换 | |
| 7 | 盘根磨损 | 翘皮(除鳞压力 0.001) | 盘根磨损量达 3 mm 时进行更换 | |

### 2.4.2 改善效果验证

经测量、分析、改进后,针对合格率提升,关键因素改善后,效果验证如图12所示,合格率由改善前的92.99%提升到94.5%以上,均值95.49%,改善有效,合格率提升显著。

## 2.5 控制阶段

制定完善坯料修磨、除鳞管理文件等,建立可视化看板,看板包括孔型表面质量、除鳞效果图谱等,经过计算,改善明显,实现收益87万元,并持续得到收益。

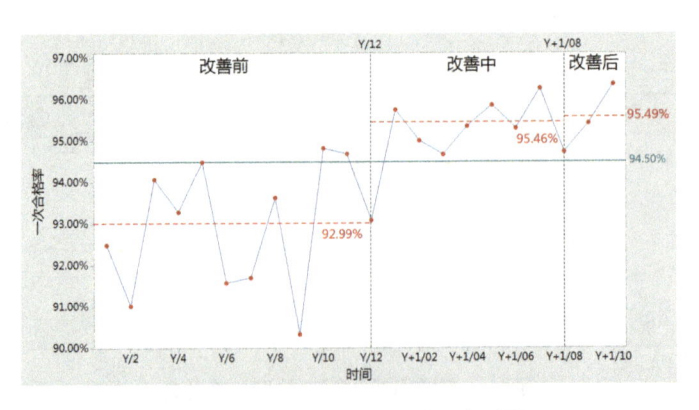

图12 合格率改善前后时间序列图

## 3 结语

本项目运用精益六西格玛方法开展工作,从数据上可以看出,一次合格率提升了,而且过程稳定,效果显著。DMAIC 模型基于数据进行科学分析,有助于系统性解决问题,提升人员素质。同时,要实现产品质量长期稳定并持续进步,必须保证标准化作业,最重要的是推动六西格玛理念有效落地实施,通过管理强化执行力。

## 参考文献

[1] 科杰尔·麦格纳森,戴格·克劳斯里德,鲍·伯格曼.六西格玛通向卓越质量的务实之路[M].刘伟,石海峰,译.北京:中国标准出版社,2001:3-7.

[2] 潘亚伦.精益六西格玛在 BD 公司的应用[D].苏州:苏州大学,2012.

[3] 吕臣明.基于六西格玛理论的汽车制造质量改进方法研究[D].吉林:吉林大学,2013.

[4] 盛敬峰,于影霞,龙丹.Six-Sigma 在改进冷凝器焊接过程质量中的应用[J].科技管理研究,2017,37(1):133-138.

# 现场 QA 四阶段培养模型构建及应用

**徐相阳　郭濛　梅琦　王竞　高杰　章云慧**

扬子江药业集团有限公司

**摘　要：** 为评估现场 QA（质量保证）基础业务水平，建设具备高业务水平、高灵敏度的 QA 团队，高效准确识别车间生产管理和质量活动潜在风险并实施精准防控，本文探索并构建了基于技能由浅入深的现场 QA 四阶段培养模型。该模型通过设立各个阶段应知应会及考核评价标准，明确成长路径，实现了现场 QA 人员技能可视化划分，定点人员精准培养，强化药品生产现场质量管理水平。

**关键词：** 质量保证　QA 团队　培养模型　四阶段

## 1　引言

21 世纪初，美国食品药品管理局（FDA）提出的质量源于设计（Quality by Design, QbD）理念引入制药行业[1]；2021 年 12 月，国家卫生健康委员会、国家药品监督管理局等八个部门联合印发《"十四五"国家药品安全及促进高质量发展规划》，强调要推进药品监管体系，促进药品高质量发展。根据 FDA 对我国药品生产企业检查分析[2]，在各类缺陷分布中，"质量控制与质量保证"占 32.6%。而药品生产企业现场 QA 贯穿于药品从小试生产到上市放行整个生命周期中，建设高业务水平的 QA 团队，提前识别管控风险，从源头杜绝缺陷的产生，对于提升企业药品监管水平、药品质量的安全有效性具有绝对重要的意义。

目前，现场 QA 人员技能水平参差不一，缺乏有效评估手段，在多车间、多产线并行生产时，人员分配的随机性较大，难以发挥团队优势互补作用。长期在此框架下，人员缺失成长方向及成长热情，QA 团队协调与调动性不足，对于生产现场风险的识别与管控存在滞后性。

为解决现场 QA 团队当前业务能力与利益相关方对高灵敏度 QA 团队需求之间的矛盾，现围绕"知道简单怎么做""知道复杂怎么做""知道如何识别风险""知道如何解决风险"四个维度，并根据现场 QA 发现问题、解决问题能力，将其培养和发展划分为四个阶段,明确各个阶段应知应会内容及考核评价机制,建立清晰的现场 QA 成长路径,合理化、结构化配置各阶段人员比例。

## 2 研究内容

为实现科学评级,现将上述"知道简单怎么做""知道复杂怎么做""知道如何识别风险""知道如何解决风险"四个维度分别对应 S1、S2、S3、S4 四个阶段,并针对每个阶段建立应知应会知识库及考核方式。

### 2.1 S1 阶段:知道简单怎么做

S1 阶段为新进人员上岗及成长关键阶段,主要目的为有效指导员工实现快速上岗并能独立开展现场 QA 日常性工作。结合现场 QA 上岗培训矩阵及车间产品工艺要求与日常管理规范,建立 S1 阶段应知应会内容,通过对现场 QA 监控管理规程、取样管理规程、各品种工艺规程等 SOP(标准操作规程)的培训及实践,让现场 QA 掌握基础技能,能够独立完成成品及清洁取样、签发批生产指令单、中控抽检、清场检查、生产许可检查、稳定性考察方案制定。S1 阶段应知应会内容如表 1 所示。

表 1 S1 阶段应知应会内容

| 序号 | 应知应会涉及内容 |
| --- | --- |
| S1-1 | 现场 QA 监控管理规程 |
| S1-2 | 中间产品、待包装产品和成品的取样管理规程 |
| S1-3 | 包装过程管理规程 |
| S1-4 | 清场管理规程 |
| S1-5 | 称量与投料管理规程 |
| S1-6 | 清洁验证取样标准操作规程 |
| S1-7 | 产品稳定性试验操作规程 |
| S1-8 | 生产区清洁消毒管理规程 |
| S1-9 | 产品批号和有效期管理规程 |
| S1-10 | 状态标志管理规程 |
| S1-11 | 固体制剂压片、充填中控管理规程 |
| S1-12 | 生产过程中不合格品和待处理品的处理规程 |
| S1-13 | 各车间对应品种工艺,能独立计算投料量、掌握品种监控要点 |

S1 阶段的考评周期根据员工上岗周期设定为每季度开展,考评组可由 QA 组长、QA 主管组成,对受评者进行理论及实践两方面的综合评价,均通过方可视为考评通过,可认为达到 S1 标准。

## 2.2 S2阶段:知道复杂怎么做

S2阶段人员为现场QA团队中坚力量,熟练掌握基本业务,且具备较专业的工艺及设备相关知识储备,能够熟练处理质量信息事件。各现场QA需自主学习所负责品种处方工艺、操作流程及所用设备关键参数及质量风险点,了解工艺理论、设备原理、包装及不良品剔除原理,了解历史偏差/OOS(超标准)/投诉及相应管控措施,并建立以品种为主线的学习档案。能够围绕车间生产品种,对药品研发生产至关重要参数CQA(关键质量属性)、CPP(关键工艺参数)对标文件进行掌握[3],并针对产品控制点开展现场巡查以及挑战性测试、首末件检查等。S2阶段应知应会内容如表2所示。

表2  S2阶段应知应会内容

| 序号 | 应知应会内容 |
| --- | --- |
| S2-1 | 处方工艺、各工序生产流程,关键设备质量风险点 |
| S2-2 | 生产所用设备的原理及关键参数 |
| S2-3 | 关键质量属性及关键工艺参数评估(内在关联) |
| S2-4 | (固体)压片/充填/灌装岗位中控装量/外观检查要求 |
| S2-5 | (液体)洗灌烘玻璃瓶洁净度、灌轧装量密封性等检查 |
| S2-6 | (滴丸)滴制丸形、重量检查,灌装密封性检查 |
| S2-7 | 内外包装各环节不良品剔除原理(成像/光眼/称重等) |
| S2-8 | 各工序挑战性试验样品类型、开展方法及异常处理 |
| S2-9 | 以品种划分近3年偏差/OOS/投诉及管控措施 |

S2阶段考评周期为每半年开展一次,由组长/主管/S3级人员组成的考评组进行理论评测,并围绕首末件检查、挑战性试验、现场巡检开展实践考评,由考评组判定是否通过。

## 2.3 S3阶段:知道如何识别风险

S3阶段人员为QA团队的技术骨干,能主动识别品种CQA、CPP及其关联性,发现潜在风险,开展偏差干预并参与中高风险项目攻关。S3阶段人员具备主动思考能力,掌握所负责产品的偏差/OOS/常见投诉、主要不良反应类型,在熟悉品种工艺过程及原理基础上,掌握车间风险项目研究情况及进程,参与研究、试验及攻关实施。S3阶段应知应会内容如表3所示。

表3  S3阶段应知应会内容

| 序号 | 应知应会内容 |
| --- | --- |
| S3-1 | 关键质量属性及关键工艺参数评估(内在关联) |
| S3-2 | 以品种划分近3年偏差/OOS/投诉及管控措施 |
| S3-3 | 风险品种问题类型、背景、研究方向及攻关实施 |

每年或者根据业务需要开展 S3 评价,考评方式为理论考试,并以品种或者现场风险管控为主题组织答辩汇报。考评通过可认为达到 S3 标准。

### 2.4　S4 阶段:知道如何解决风险

S4 阶段人员为现场 QA 团队专家,以问题为主导,能独立牵头或主导复杂问题、中高风险问题的攻关,深度参与根本原因的组织调查、对策的制定及协同实施、实施效果的跟踪评价等全环节。他们深耕产品研发过程,以源头管控风险,在研发、生产的技术支持下剖析产品生产过程每步操作的内在原理及注意事项。同时在借助内外部专题培训自我提升的同时,也能结合企业实际转化输出,传授经验。S4 阶段应知应会内容如表 4 所示。

表 4　S4 阶段应知应会内容

| 序号 | 应知应会内容 |
| --- | --- |
| S4-1 | 粉体学研究 |
| S4-2 | 处方组成及物料功能研究 |
| S4-3 | 压片/包衣理论研究 |
| S4-4 | PAT 技术研究 |
| S4-5 | 连续制造工艺研究 |
| S4-6 | 统计学等 |

S4 阶段评价每年或者根据业务需要开展,联系内外部课程或者专家资源开展培训和学习思考,答辩汇报,由评委会判定是否通过。

## 3　结果与分析

根据以上四阶段培养模型,2022 年对现场 QA 进行首次分级评价,初步得出 QA 团队各成员能力水平评测结果。根据评测结果,针对性开展主题培训、重点扶持人员的同时,引导人员自主对标模型要求自我提升。近两年来,持续依据各级考评周期开展人员评估,以此提升 S1 级人员培养,增加 S2、S3 级人员比例,加强生产现场常态化管理水平,同时协调资源加速 S4 资质人员出库,拉起质量管理高线,结果如表 5 所示。

表 5　四阶段培养前后各阶段人员占比

| 阶段水平 | 2022 年 | 占比 | 2023 年 | 占比 | 2024 年 | 占比 |
| --- | --- | --- | --- | --- | --- | --- |
| S1 | 24 | 28% | 13 | 16% | 30 | 31% |
| S2 | 55 | 63% | 54 | 67% | 51 | 53% |
| S3 | 7 | 8% | 9 | 11% | 10 | 10% |
| S4 | 1 | 1% | 5 | 6% | 6 | 6% |
| 总计 | 87 | 100% | 81 | 100% | 97 | 100% |

由以上结果可见,通过四阶段培养模式的应用,现场QA业务水平持续动态增长,同时团队人员技能水平更加可视化,便于及时调动资源,依据现阶段质量监控及质量体系建设要求调控人员结构,实现敏捷型QA团队建设。

## 4　结论

现场QA技能水平直接决定企业所生产药品的质量,通过四阶段培养模型的构建与应用,实现现场QA人员技能可视化划分,定点人员精准培养,优化人员层次配置。通过打造专业、可持续成长的现场QA团队,在药品转移、生产源头严控风险,强化药品生产现场质量管理水平,筑牢质量管理最强防线,不断延伸突破高线,保证企业持续生产高质量药品。

在实际应用过程中,因考核多为周期性开展,每次均须制定新的考核方案及具体主题,基于此,应考虑建立更加科学系统化的考核方式。

## 参考文献

［1］胡雪丹,李菁,孙敏捷.质量源于设计与高端制剂的开发和质量控制［J］.药学进展,2024,48(2):134-142.

［2］颜若曦,曹轶,董江萍.FDA对我国药品生产企业检查分析［J］.中国新药杂志,2020,29(15):1697-1701.

［3］张燕,崔佳琪,高珣,等.基于关键质量属性与质量源于设计的化学药物质量控制研究进展［J］.药物评价研究,2023,46(12):2505-2514.

# 互联网经济下食品质量安全问题浅析
## ——以网购食品为例

**陈欣妍　江梓涵**

江苏大学京江学院

**摘　要**：食品是人们赖以生存的基本保障。随着网络技术的不断完善，互联网与食品紧紧相连。因直播带货而火的网店更是如雨后春笋般爆发出来，其产品质量良莠不齐。在经济高速发展的今天，食品安全问题日益凸显，引起了社会广泛关注。在此状况下，我们必须仔细考察食品质量问题现状，探究其成因，并寻求管理办法，完善食品质量安全监管。

**关键词**：食品质量安全　互联网经济　网购

## 1　引言

食品安全既是"产出来的"，也是"管出来的"。在数字化消费的浪潮中，对食品安全严格监督关系民心，需要多方的共同努力。经营者需坚守初心，不试探法律的底线，不试图钻法律的漏洞，通过合法途径获得应得利益；监管部门作为优化营商环境的重要角色，应该按照规定加强市场监督、提升服务质量、加强监管能力建设，以此来有效维护市场秩序，保护消费者的权益。除此之外，物流运输是支撑互联网经济发展的重要支柱之一，当务之急是升级和完善运输系统，保证食品高效安全地送达消费者手中。消费者要提升维权意识，学会用法律的武器保护自身利益。食品质量安全是金，百姓身心健康是福。关注食品质量安全，就是关爱生命健康。

## 2　网购食品存在的质量安全问题

### 2.1　平台监管不严

2024年9月，"三只羊"直播间售卖的香港美诚月饼事件在互联网上受到了广泛的关注，直播间称此品牌月饼为香港本土品牌，一盒难求，然而此品牌在香港并无门店，实际生产商在广东,并且并不是直播时所说的"已经成立二十多年"而是2019年注册的公司。注册地在香港,实际产地却在广东。"三只羊"直播间已经不是第一次靠虚假宣传、打"擦边球"、"搭便车"等行为欺骗消费者。纵观整个直播带货行业,此类事件屡见不鲜:辛巴售卖的"燕窝"实际上是"糖水",东北雨姐售卖的红薯粉里面没有红薯而是木薯……究其原因是直播带货成本小、风险低、来钱快。《中华人民共和国反不正当竞争法》规定,经营者不得对其商品的性能、功能、质量、销售状况、用户评价、曾获荣誉等作虚假或者引人误解的商业宣传,欺骗、误导消费者。一些主播借口直播带货定位模糊,想方设法摆脱经营者的身份,将虚假宣传的错位嫁祸他人,最后承担所有损失的只有消费者。

### 2.2 商家制假售假

除了直播带货卖产品,外卖软件也出现了许多商家现身直播售卖一些团购优惠券,但是有些商家开得起团购价,卖不起团购商品。2024年"315"曝光百果园一门店,将烂果做成高级果切售卖,以烂充好的果切大多通过外卖平台售卖了出去,面对消费者的质问,商家也只是装聋作哑,甚至会用廉价水果替代高级果切里的进口水果。外卖果切只是很小的一个方面,一些外卖平台上的商家专做外卖,根本没有线下门店,对于食材是否新鲜、环境是否干净卫生等问题,消费者一无所知,2024年"315"曝光的夸父炸串,用过期的材料在垃圾堆旁边进行制作,书亦烧仙草、古茗、茶百道等奶茶品牌商家通过篡改奶茶小料生产日期,继续使用过期小料。纵观整个电商平台,还有许多商家通过网络售卖的海鲜等生鲜产品,都存在着质量问题,或是品质不新鲜、缺斤少两,消费者买到此类产品后,不仅浪费了钱财,在食用此类产品时也危害了自己的身体健康。

### 2.3 运输配送不当

当然,产品出现质量问题,除了商家自身原因,还有可能是运输过程中出现了问题。

为了满足日益发展的电商经济,传统的快递运输满足不了食品的运输,于是出现了新的运输方式——冷链运输。近年来,冷链物流作为新兴行业,正在蓬勃发展。在江苏省政府发布的《江苏省冷链物流发展规划(2022—2030年)》中提到,江苏是冷链产品生产、流通和消费大省,"十三五"以来,冷链物流市场规模不断扩大,年均增长20%以上。2021年,全省冷链物流市场规模超500亿元。生鲜农产品、低温速冻食品、医药等冷链物流市场迅速增长,其中,生鲜农产品冷链流通规模约2 200万吨。冷链流通效率不断提升,果蔬、肉类(热鲜肉除外)、水产品(鲜活水产品除外)的产地低温处理率分别达到15%、80%、55%。

但是,我国冷链物流前端后端设施相对而言不够完善,使得大多数生鲜商品在运输过程中得不到规范的保温、保湿、冷藏,加大了流通损耗,也加大了从商户到消费者的产品价格、品质不稳定因素。所以,完善升级冷链运输链,是提高网购食品质量,维系网购食品安全的重要措施。

### 2.4 政府监管不足

即使对食品质量安全严加防守,漏网之鱼依然存在。食品生产环节众多,监管难度可想而知,从生产、加工、运输到销售,每一环节都有可能出现意想不到的问题,人力、物力、财力也会有不同程度的压力与限制,难以做到全方面、无死角的监管。一些无德商家漠视法律和道德的底线,无视罚单的警示作用,地方保护主义全盘接手对食品质量的监管,可谓"上有政策,下有对策"。互联网在带给我们生活便利的同时,也给食品安全监管带来了更多挑战。

## 3 网购食品质量安全提升建议

食品质量安全管理机制仍有以下提升空间:

一是强化食品质量安全监管,提高网络食品市场的准入门槛。从当前的安全监管技术发展来看,食品安全监管部门要优化对食品质量的检测技术,减少因为技术不成熟导致的安全风险。对食品经营主体,第三方平台要大力发展并完善网络技术手段,建设针对性的食品质量监管台账,实时监管与检查企业销售的相关证件与销售票据。《网络食品安全违法行为查处办法》对此类平台监管效果显著。

二是推动食品质量安全信息公开透明,搭建协同监管平台。首先,定期开展对互联网食品经营企业的质量和销售检查并公开检查结果,打击仿冒和劣质产品商家;对食品经营者要加大奖惩制度,之所以现在互联网食品安全问题层出不穷,是因为对于这方面的惩罚力度不足,导致一些商家不以为意。其次,给予消费者更便捷的举证通道,密切关注消费者的投诉需求,降低投诉成本,让消费者在维护自身利益的同时,也保护其他潜在的消费者不受侵害。最后,对于信息的发布也需要统一规范,促使食品的经营与生产符合《中华人民共和国产品质量法》和《中华人民共和国食品安全法》等规定,保证生产厂家、地址、电话、生产保质期和有效期等标签在食品包装的显眼位置。

三是提升全链食品质量安全意识,规避食品运输配送损失。特别是易腐食品,是整个冷链物流系统中的关键部分,其种类较多。对于运输环节的潜在危害也不能掉以轻心,例如运输、装卸搬运、配送等过程中可能会出现的食品安全问题。要选择合适的包装材料,确保其具备良好的防潮性和保温性。外包装设计要合理,避免运输过程中受到挤压、变质和损坏。利用大数据与供应链实现合作与信息共享的协同效应,共享需求预测和库存管理信息,减少运输过程中不必要的损失。

## 参考文献

[1] 江苏省人民政府办公厅. 省政府办公厅关于印发江苏省冷链物流发展规划(2022—2030年)的通知[R/OL]. (2022-07-24)[2024-10-31]. http://www.jiangsu.gov.cn/art/2022/7/29/art_46_44_10556737.html.

# 标准化篇

# 基于 ARIMA 时间序列模型的活期资金沉淀标准预测

**李佳镁**

中国邮政集团公司江苏省分公司信息技术中心数据中心

**摘　要:** 在金融行业,随着市场竞争的日益激烈,在合适的时机及时对客户进行特定产品推荐,有助于提高客户体验和服务质量,帮助银行巩固客群并抢占市场。本研究收集某银行 2020 年至 2023 年 3 年来客户活期资产数据,依托大数据模型手段,构建基于 ARIMA 时间序列的活期资金沉淀预测模型,分析客群 2024 年活期资金沉淀变化趋势,协助有关部门分析客户的冗余资金情况,有针对性地制定营销策略。最终将模型构建及应用流程进行标准化的封装,方便在后期能够进一步拓展模型应用的深度和广度,提升相关银行在市场竞争中的竞争力,在更好地满足客户需求的同时提高业务效率。

**关键词:** 活期资产　预测　ARIMA　时间序列

## 1　引言

受金融去杠杆政策、经济结构调整和金融市场变化的影响,居民储蓄存款增速逐渐放缓。金融机构为了吸引更多存款,采取了多种新的揽储策略,这不仅导致市场竞争的加剧,同时也增加了揽储的成本。因此相对于定期存款的低收益高成本来讲,做优活期存款及结算业务是优化存款结构、提高企业效益、帮助企业可持续发展的重要环节。

通过提前预测月度可用的活期资金,可以洞察客户在不同时间段的活期资金变动趋势,这为营销团队精准把握客户行为,实施产品推荐提供了机会。举例来说,在客户活期资金流入高峰期,可以迅速开展产品营销活动,引导资金转化为长期存款;而在活期资金流出高峰期,则可及时满足商户的资金需求,推广相关信贷产品,更好地服务客户。本文通过时间序列分析中的 ARIMA(自回归移动平均模型)和 SARIMA(季节性自回归移动平均模型)算法,充分利用历史数据,考虑季节性因素影响,结合趋势和周期性的变化,提供可靠的预测结果。

同时,通过制定统一的模型构建标准,企业可以更高效地管理和维护模型库,确保模型的可复用性和可扩展性。通过这种标准化模型,企业可以更及时地在各种应用场景预测活期资产沉淀情况,更快地响应市场变化,提供更优质的服务,从而保持竞争优势。

## 2 模型介绍

ARIMA自回归移动平均模型,是常被用于分析和预测时间序列数据的算法。它主要适用于没有明显季节性变化的时间序列,例如股票价格、销售量等。ARIMA模型通过自回归(AR)、差分(I)和移动平均(MA)[1]三个组成部分来建模数据的趋势和周期性。自回归部分考虑了时间序列中当前观测值与之前观测值之间的关系,差分部分的作用是消除数据的非稳定性,而移动平均部分则捕捉到观测值与其滞后值之间的残差模式。ARIMA模型可以写为ARIMA($p,q$),其表达式为[2]

$$y_t = c + \sum_{i=1}^{p} \alpha_i y_{i-t} + \sum_{j=1}^{q} \beta_i \mu_{i-j} + u_i$$

其中,$c$为常数,$u$为白噪声序列,$\alpha_i$、$\beta_i$是待估参数($i=1,\cdots,p$; $j=1,\cdots,q$)[3]。

相比之下,SARIMA季节性自回归移动平均模型更加适用于一些具有显著季节性特征的时间序列数据,例如销售额度、气温变化情况等。SARIMA模型在ARIMA的基础上增加了季节性项,能更精确地抓住历史数据的季节性模式,有效地对其周期性变动进行预估,给出更为准确的预期结论[4]。其模型的基本数据结构是SARIMA($P,D,Q$)($p,d,q$)$s$,其中的$P$、$p$分别为季节性和普通自回归阶数,$D$、$d$分别为季节性和普通差分次数,$Q$、$q$分别为季节性和普通移动平均阶数,$s$为周期值,模型的数学描述为[5]

定义非季节性AR多项式:$\phi(B) = 1 - \phi_1 B - \phi_2 B^2 - \cdots - \phi_p B^p$

定义季节性AR多项式:$\Phi(B^s) = 1 - \Phi_1 B^s - \Phi_2 B^{2s} - \cdots - \Phi_P B^{Ps}$

定义非季节性MA多项式:$\theta(B) = 1 + \theta_1 B + \theta_2 B^2 + \cdots + \theta_q B^q$

定义季节性MA多项式:$\Theta(B^s) = 1 + \Theta_1 B^s + \Theta_2 B^{2s} + \cdots + \Theta_Q B^{Qs}$

差分部分:$\Delta_d = (1-B)^d$,$\Delta_{D,s} = (1-B^s)^D$

最终公式:$\phi(B) \Phi(B^s) \Delta_d \Delta_{D,s} X_t = \theta(B) \Theta(B^s) \varepsilon_t$

因此,ARIMA模型更适用于处理非季节性数据,而SARIMA模型则更适用于处理具有季节性模式的数据。

①判断使用何种算法的标准流程如图1所示。

②模型构建标准流程如图2所示。

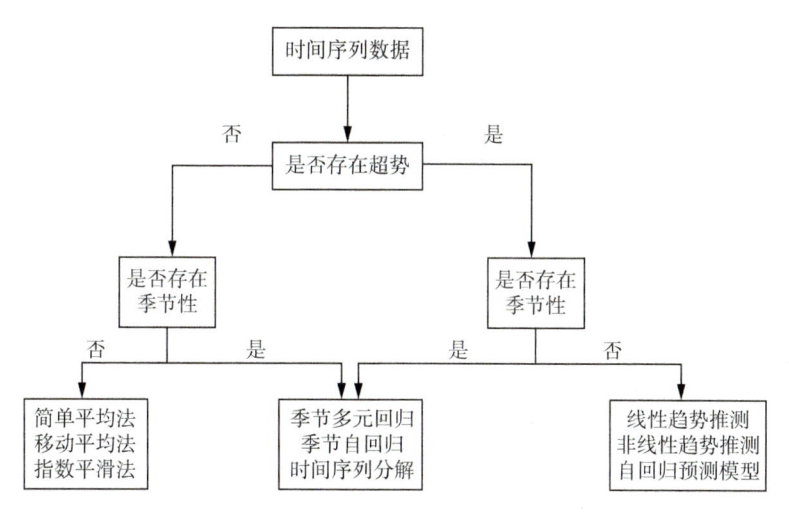

**图 1　算法选择流程图**

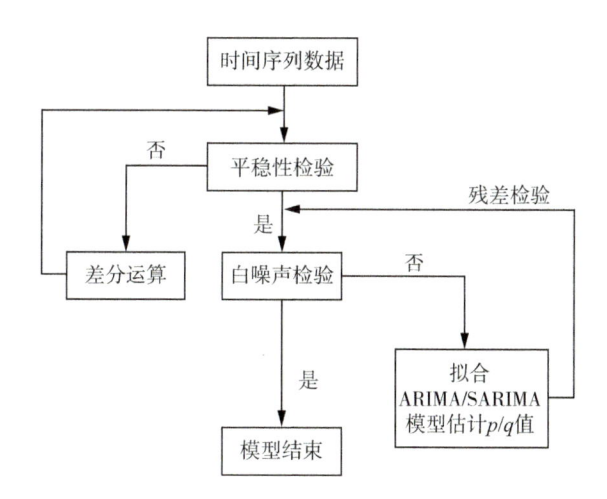

**图 2　模型构建流程图**

## 3　数据准备及预处理

（1）趋势可视化

某银行 3 年来客户活期资产总体呈现振荡增长趋势，如图 3 所示。

（2）平稳性检验

在应用 ARIMA 模型之前，需要确保数据序列的平均值和方差在时间上保持稳定。然而，考虑到该序列呈现明显的单调递增趋势，初步判断其为非平稳序列，可能需要先对其进行趋势平稳化处理，以确保模型的有效性。因此本文逐阶进行差分处理。首先进行一阶差分处理，观察一阶差分后的时序图，发现该图逐渐趋向平稳，如图 4 所示。

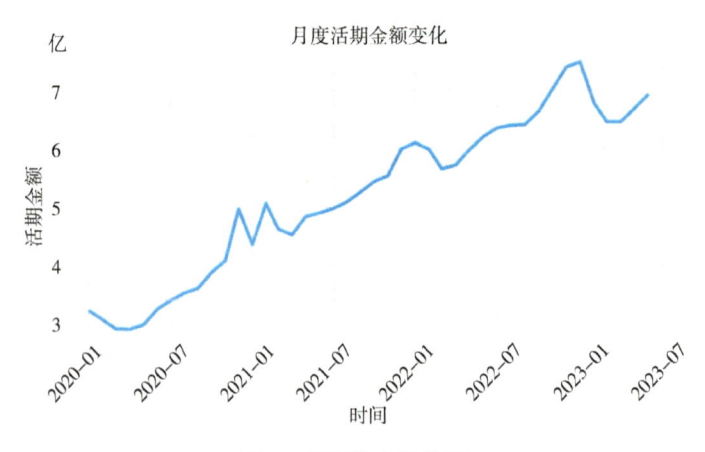

图 3　活期资金趋势图

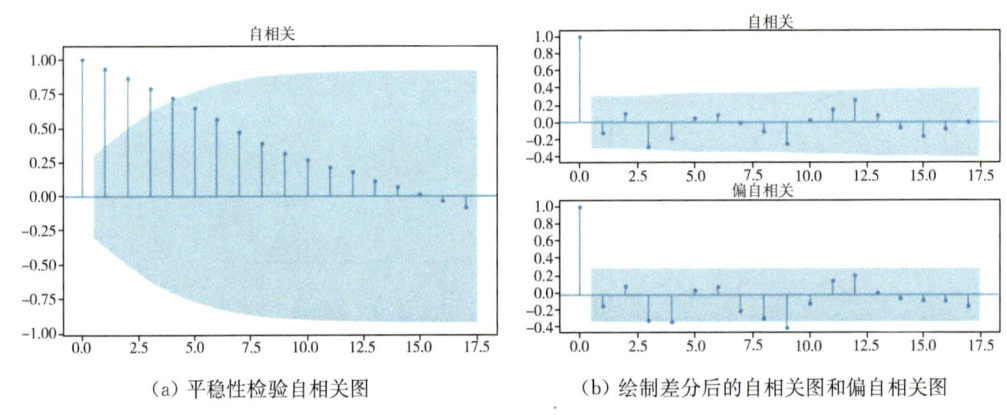

图 4　平稳性检验图

(a) 平稳性检验自相关图　　(b) 绘制差分后的自相关图和偏自相关图

为了更科学客观地判断序列是否稳定,本文对一阶差分后的数据进行单位根检验(ADF)。通过 ADF 检验得到的 $P$ 值为 0.003 5,小于 0.05,最终将该序列判断为平稳序列,可以进行下一步的预测分析。

(3) 白噪声检测

延迟 1 阶的 p-value 很小(约为 4.468 418 57e−10),这意味着该序列不是白噪声序列,而是有着显著的趋势,具有观测意义。

## 4　构建 ARIMA 模型

(1) 调参

ARIMA 模型的参数选择经过优化,最终确定 $p=1$ 和 $q=0$,因为在原始数据上没有进行差分,所以差分阶数($d$ 值)为 0。

(2) 模型评估

通过可视化观测显示(见图 5),当前模型的残差具有更靠近正态分布的特性,这意味着建模的拟合能力更高。

(a) 标准化残差图

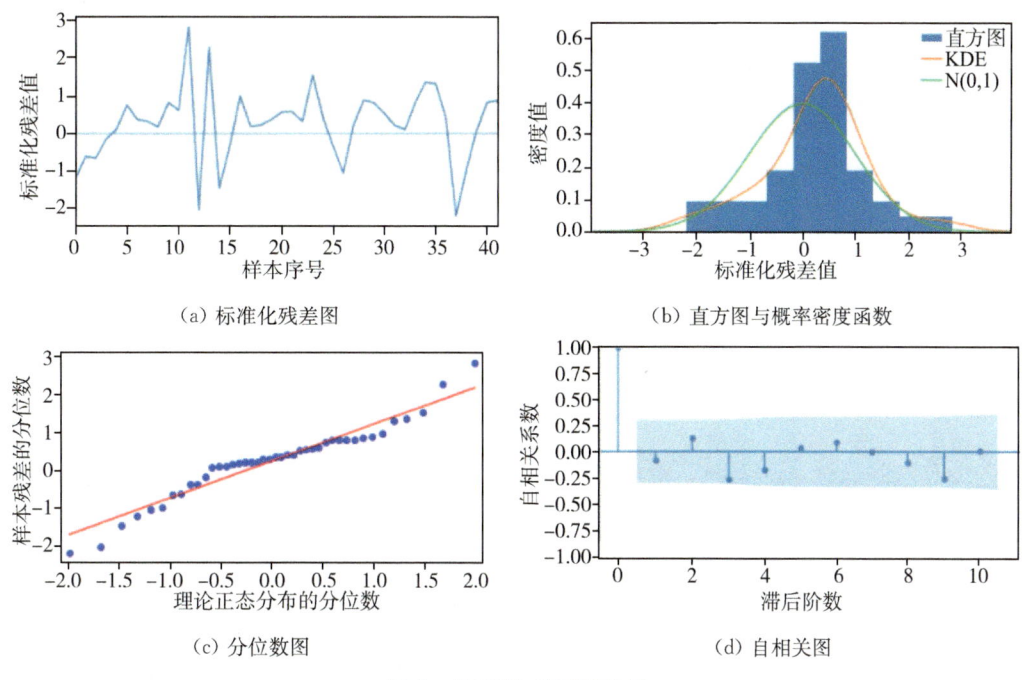

(b) 直方图与概率密度函数

(c) 分位数图

(d) 自相关图

**图 5　ARIMA 模型评估图**

（3）ARIMA 模型结果

根据无季节性模型预测，接下来 12 个月活期资金轨迹总体呈平滑轻微下滑趋势（见图 6）。

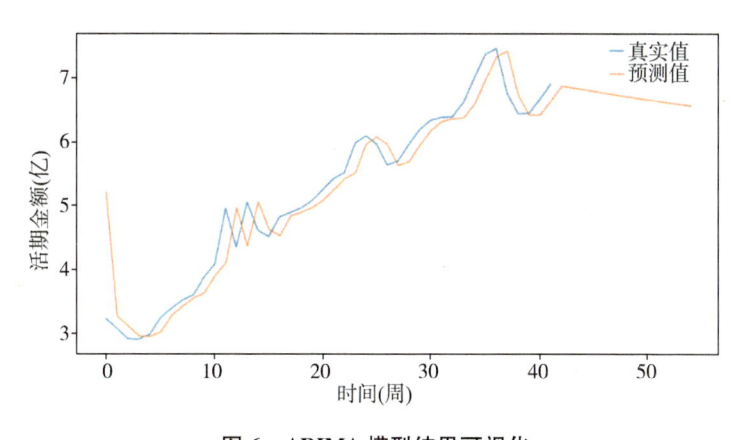

**图 6　ARIMA 模型结果可视化**

## 5　构建 SARIMA 模型

（1）调参

设置 SARIMA 参数范围，通过尝试不同参数组合，从 $p$ 为 0 到 2，$d$ 为 0 到 1，$q$ 为 0 到 2，$P$ 为 0 到 2，$D$ 为 0 到 1，$Q$ 为 0 到 2，以及季节性周期 $s=12$ 的范围中，笔者确定了最优的 SARIMA 模型。

（2）模型评估

残差均值接近零且方差均匀。残差分布符合正态分布，说明模型效果良好（见图 7）。

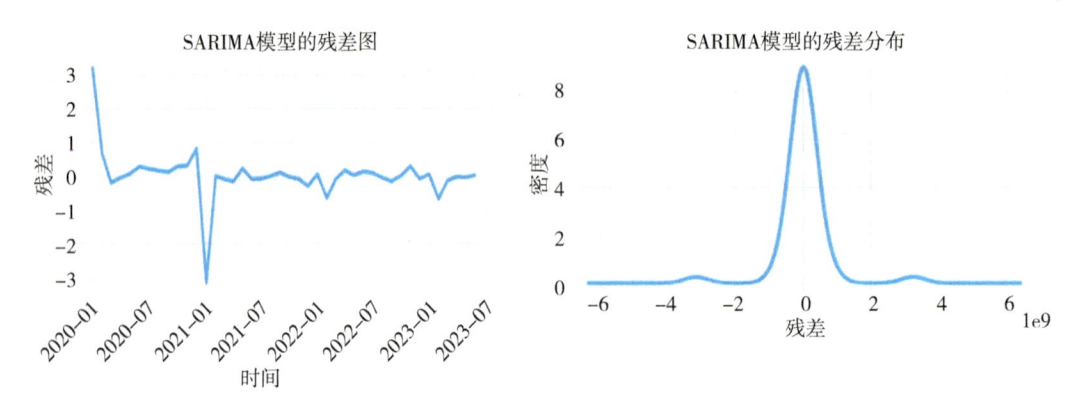

图 7　SARIMA 模型评估图

（3）SARIMA 模型结果

图 8　SARIMA 模型结果可视化

根据季节性模型预测，接下来 12 个月活期资金轨迹总体继续呈振荡增长趋势。在 2023 年 12 月至 2024 年 1 月会进入活期入账高峰期，随即在 2024 年 2—4 月出账量较大。

## 6　结论及展望

本文通过 ARIMA 和 SARIMA 两种模型对活期资金沉淀情况展开预测，并在业务指导下对结果进行了选择应用。

研究中也将标准化概念融入了预测模型的优化过程中，确保了结果的一致性和可比性，这意味着往后在使用不同的数据集或不同时间段进行预测时，能够保持结果的一致性和有效性，从而更准确地评估活期资金沉淀情况的变化趋势。标准化封装的模型将进一步细化预测目标，应用于具体市、县、网点以及客户。将模型精确应用于预测特定商户活期资金沉淀轨迹的变化，也可以帮助商户发现其潜在的问题和机会。例如，如果某个商户的活期资金持续下降，可能表明其经营状况不佳或者面临资金压力，这时可以及时给予资金管理建议和支持，帮助商户渡过难关，提高商户服务质量。

后期也将建立闭环数据反馈机制：将预测结果与实际情况进行对比，并及时收集商户的反馈信息。通过持续调整模型和算法，不断优化预测精度和准确性，从而提高预测结果的可靠性。持续优化模型算法，可以引入叠加更多的特征变量和机器学习技术，以更好地捕捉商户活期资金沉淀轨迹的变化规律。

## 参考文献

［1］王瑞,李瑞沂,曹沛根,等.基于 ARIMA-LSTM 混合模型对传染病的预测分析[J].现代信息科技,2024,8(1):116-120.

［2］谭梓怡,何文.基于 ARIMA 模型的上海市 GDP 分析与预测[J].理论数学,2024,14(1):79-86.

［3］倪萱,陈一辰.ARIMA 模型联合 LSTM 神经网络建立药品采购决策预测模型[J].黑龙江科学,2024,15(2):76-78.

［4］刘政君,洪海娜,张伟广.基于 ARIMA 模型与 EBO 模型股票估值研究——以柳钢集团为例[J].中国集体经济,2024(5):116-118.

［5］赵煜,陈穗穗,吕利平.SARIMA-SVM 组合模型在肺结核发病率预测中的应用[J].数学的实践与认识,2023,53(9):133-141.

# 标准化如何助力制药企业新质生产力发展初探

**刘博华[1]　刘宝华[2]　吴京扬[3]**

1. 镇江市知识产权保护中心；2. 山东同新药业有限公司；3. 扬州市知识产权保护中心

**摘　要**：本文旨在研究探讨标准化在推动制药企业新质生产力发展中的重要作用，通过分析探讨标准化的内涵与意义，结合制药企业的行业特点，揭示标准化如何在产品研发、生产管控、质量保障等多方面为制药企业创造新的发展机遇，赢得更多的竞争优势。同时，针对当前制药企业在标准化方面面临的挑战提出应对策略，以推动制药行业的高效、持续、快速发展。

**关键词**：标准化　制药企业　新质生产力　质量控制　创新

## 1　概述

当今世界经济全球化、信息化日益加剧，技术发展日新月异，消费者对健康的需求与日俱增，各国政府和国际组织对制药行业的监管也日趋严格，制药业对产品质量、安全性、有效性的要求达到空前的高度，医药行业的发展面临着巨大的挑战。在这样的背景下，制药企业不仅需要不断研发创新药物以满足市场需求，还需要在生产、质量控制等多个环节做到高效、精准和合规。因此，标准化自然也就成为推动制药企业新质生产力发展的有效途径，它作为一种科学合理的管理工具和技术手段，能够更好地适应国内外市场的法规要求，提高产品的市场份额，增强企业生产过程的规范性、系统化和最优化水平。

深入探讨标准化在制药企业发展新质生产力中的作用，分析其在实施过程中面临的挑战，从而研究出推动制药企业可持续发展的策略，对制药企业具有十分重要的意义。本文将从标准化的基本概念出发，结合制药企业的实际情况，全面阐述标准化在制药企业新质生产力提升中发挥的作用并提出应对挑战的策略。

## 2　标准化的内涵与意义

### 2.1　标准化的内涵

标准化是指为应对现实问题或潜在问题，而制定共同使用和重复使用的条款，以在一定范围内获得最佳秩序的活动。

## 2.2 标准化的意义

首先,制药企业通过制定标准化的生产流程和产品设计等实现企业生产和管理过程的优化,促进企业生产线的灵活性和响应速度的提高;其次,实行严格的质量控制和安全标准,可以大大提升产品和服务的质量和安全水平;再次,建立标准化的技术研发平台,可以大力促进技术知识的创新发展,带动企业产业升级和提高产业转型的效率;最后,标准化还是打破技术壁垒、促进贸易自由化的重要手段,能为企业的市场准入和竞争增加动力。

## 3 制药行业的特点

第一,制药行业的研发过程极其复杂且耗时长久,研发成本高昂,成功率低,许多候选药物在研发过程中因疗效不佳、安全性问题或技术障碍而失败,进一步增加了行业的风险性。

第二,药品作为一种直接作用于人体的特殊产品,事关人的健康和生命安全,产品质量要求极其严格,并且药品生产过程极为复杂,涉及多个工艺步骤和多种原材料,质量控制难度较大。

第三,制药行业受到国家和国际层面众多法规和标准的严格监管,同时药品监管法规和标准变化频繁,对企业的合规性提出了更高要求。

第四,国内外制药企业众多,市场竞争激烈,产品同质化现象严重,只有不断创新,提高产品的差异化竞争优势,才能应对激烈的市场竞争。

## 4 标准化对制药企业新质生产力发展的作用

### 4.1 研发环节方面

①按照标准化的要求制定统一、详细的研发流程和方法,以确保每个研发项目按照既定步骤和准则进行,避免因流程不清导致失误或因方法不一致而增加重复工作,从而提高药品的研发效率。

②标准化可以打破部门壁垒,推进技术交流与合作进程,实现知识共享与技术创新,提升团队整体研发实力,并为制药企业不同研发团队提供统一的标准框架。

③标准化能够帮助制药企业明确研发的质量标准和要求,建立完善的质量追溯体系,减少研发过程中的质量风险,确保研发过程中的每一个环节都符合既定的质量标准,对于存在的问题可以迅速定位并采取相应的纠正措施。

④遵循标准化的研发流程和方法,可以控制研发成本和时间,降低研发过程中的不确定性和风险,提高研发成果的稳定性、可靠性和成功率,增强药品的市场适应能力和竞争力。

## 4.2 生产环节方面

①制药企业采用标准化手段来对生产流程进行优化,可以保证每个生产步骤都遵循既定的操作规范和流程,既能提高生产效率,又可以为降低企业生产成本提供保障,从而使企业的生产流程更高效,有效降低生产成本。

②对生产流程进行标准化,有利于在控制生产误差与风险的同时,使不同批次的产品在原材料和生产工艺上保持一致,保证每批产品都达到既定的质量标准,从而使因产品质量问题而引发的风险和损失得到最大程度的降低;同时,还能通过建立完善的生产监控和追溯体系,提高产品质量控制的有效性。

③对制药企业而言,标准化生产在实现规模经济、优化企业资源配置和提高生产线的灵活性和适应性等方面也有很大的好处。

## 4.3 质量控制环节方面

①建立健全质量标准体系,能够确保药品在各个生产阶段都能达到既定的质量要求,为制药企业的质量控制工作提供明确方向和依据。

②采用标准化要求加强质量监测与评价,可以帮助企业及时发现生产过程中出现的质量问题并采取相应的纠正措施,促进生产工艺的变革和产品质量的提高,从而了解产品质量的稳定性及趋势。

③标准化生产可以对产品的原料来源、生产工艺、检测数据等信息进行完整记录,实现产品质量的全程可追溯,从而提高药品质量可追溯能力,赢得市场和消费者的认可和信赖,使企业质量公信力得到进一步提升。

## 4.4 市场准入环节方面

①药品作为直接关乎公众健康与安全的特殊商品,其生产和销售受到法律法规的严格监管与约束。而标准化的实施可以帮助企业建立起完善的质量管理体系,保障产品质量,满足监管机构的要求,从而获得更多市场准入资格。

②在标准化要求下生产的产品更易被市场接受,其既能保证产品质量的稳定性和一致性,又能保障消费者所购买产品的安全可靠性,还能提高品牌的知名度,从而增强产品在市场中的竞争能力,是一举多得的举措。

③标准化能够为企业开拓更广阔的国际市场,提高产品的国际竞争力,帮助企业突破贸易壁垒,降低国际贸易中的技术壁垒和非技术壁垒,使基于全球化背景下的产品规格、质量标准等在不同国家和地区之间趋于一致。

④标准化不仅关系到产品的质量和安全,更是企业的管理思想、社会责任感和创新能力的体现。制药企业通过实施标准化战略,树立企业有责任、敢担当、讲诚信的形象,展现出对产品质量的严格把控和对消费者权益的尊重,从而吸引更多的消费者和战略合作伙伴。

# 5 制药企业标准化存在问题与应对策略

## 5.1 存在问题

制药企业在实施标准化过程中面临的问题和挑战有很多,这些问题和挑战不仅考验企业的管理能力和技术实力,也深刻影响企业的战略布局和市场拓展。

①制药行业作为一个高度监管和技术密集型行业,其标准随着科学技术的进步和监管政策的调整更新非常频繁,同时不同国家和地区在制药行业方面又具有不同的标准和法规要求,使得制药企业在全球化运营过程中又面临着多样化的标准挑战。这就对制药企业的生产、质量控制、市场准入等方面不断提出更高要求,增加了合规成本和管理难度。因此,制药企业需要根据行业动态,在产品设计、生产流程等方面不断进行灵活调整,提升产品的市场竞争力。

②部分制药企业内部员工在实际操作中,往往对标准化的重要性认识不足,缺乏标准化的意识和习惯。这不仅会对产品的质量和安全性产生消极影响,也会无形增加企业的运营风险,从而影响标准化的实施效果。

③标准化和创新之间一直存在矛盾,通常既要求企业遵循既定的规范和流程,以确保产品的质量和安全性,又希望企业能够打破常规、开拓创新,勇于尝试新的技术和方法。那么,如何在遵循标准的同时又保持创新能力,是目前制药企业面临的重要挑战。

## 5.2 应对策略

(1) 建立标准化管理体系

制药企业应当设立专门的标准化管理部门,主要负责牵头制定企业标准化战略、完成企业内部标准的制定和修订等。另外,制药企业只有加强与其他部门的沟通、交流与合作,才能将标准化工作贯穿于企业生产经营的各个环节,确保企业标准化工作始终与行业发展保持同步。

(2) 加强标准培训与教育

制药企业应定期开展企业员工标准化培训教育活动,激发员工对于做好标准化工作的主人翁意识,积极参与标准执行的具体内容和要求,科普标准化对推动企业新质生产力发展的重要性,有效地将标准化成果落到实处,推动企业技术创新,推动新质生产力的提高。

(3) 积极参与标准制定

制药企业应积极参与国内外标准的制定和修订工作,以更好地理解和适应标准的要求,并在标准制定中发挥主导作用。同时,通过参与标准制定,及时反馈自身的技术成果和市场需求,推动标准的持续改进和完善。

(4) 强化创新管理

制药企业应注重保持创新能力,在遵循标准的同时将创新纳入标准化管理体系,实现技术创新和产品升级。采用设立创新基金、建立创新团队等措施,激发员工的创新热情,不断推动新技术、新工艺和新产品的涌现。

（5）加强与外部机构的合作

制药企业应与标准制定机构、行业协会等保持密切联系,及时获取最新的标准信息和技术支持,实时把握制药行业发展趋势和市场动态,推动企业标准化工作能力的提升。

## 6 结论

综上所述,只有充分发挥标准化的作用,才能不断提升制药企业的新质生产力,从而在经济全球化的大环境中稳健前行,推动人类健康事业的发展。

# 新质生产力引领茶产业焕发"新容颜"

**魏爱华**

南京雅润茶业有限公司

**摘　要:** 江苏省省级地方标准《穴盘茶苗建园栽培技术规程》(DB32/T 4520—2023)由魏爱华和南京雅润茶业有限公司牵头起草并申报,并在2023年7月25日发布,8月25日实施。穴盘茶苗建园栽培技术在高标准茶园新建中得到充分应用,使新建茶园一年成园,两年量产,社会效益和经济效益突出。

**关键词:** 新质生产力　农业标准化　茶业

## 1　引言

　　2021年10月由中共中央、国务院印发《国家标准化发展纲要》,明确提出:以习近平新时代中国特色社会主义思想为指导,深入贯彻党的十九大和十九届二中、三中、四中、五中全会精神,按照统筹推进"五位一体"总体布局和协调推进"四个全面"战略布局要求,坚持以人民为中心的发展思想,立足新发展阶段、贯彻新发展理念、构建新发展格局,优化标准化治理结构,增强标准化治理效能,提升标准国际化水平,加快构建推动高质量发展的标准体系,助力高技术创新,促进高水平开放,引领高质量发展,为全面建成社会主义现代化强国、实现中华民族伟大复兴的中国梦提供有力支撑。

　　近年来,南京雅润茶业有限公司(以下简称雅润茶业)在现代茶园的发展过程中,充分利用轻基质穴盘茶苗大力发展标准化机采茶园,牵头联合南京农业大学、南京市农业技术推广站等单位和个人,起草并申请了江苏省省级地方标准《穴盘茶苗建园栽培技术规程》(DB32/T 4520—2023),标准于2023年7月25日正式发布,8月25日实施。该标准的发布引领了标准化茶园建设,并提供了有力的技术保障。在做大种苗产业和茶叶生产加工的基础上,公司应用该技术大力发展"金保姆"服务(交园子工程),实现了茶业企业大幅增收。同时,标准化茶园的建设大大提高了新建茶园亩均产出效益,降低了劳动力成本,成为南京茶产业新的效益增长点。

　　标准是经济活动和社会发展的技术支撑,是国家基础性制度的重要方面。新兴产业标准地位凸显,健康、安全、环境标准支撑有力,农业标准化生产普及率稳步提升,推动高质量发展的标准体系基本建成。

## 2 产业现状及技术举措

### 2.1 产业现状

①现有茶园无性系率偏低,品种老化严重(多为20世纪70—80年代发展的群体种),树势衰弱严重(受近年干旱、冻害等极端恶劣性天气影响),园相园貌差,不能满足茶树机械化作业要求,亟待改植换种,同时适宜本地区栽植尤其是适宜机械化的茶叶品种还有待进一步引进、筛选和推广普及。

②劳动力问题日渐突出,参与一线作业的劳动力数量越来越少,劳动力年龄普遍偏大,作业效率低,文化水平偏低,新技术、新知识普及困难;劳动力紧张和文化层次低,直接造成茶叶生产、管理成本逐年快速增加;劳动力紧缺直接导致茶园管理成本增加,茶园除草、翻耕、施肥等作业不能保质保量完成。

③茶树现有栽植方式(行间距、树冠管理模式等)不合理,茶行窄,树势不整齐,沟路渠等基础设施建设落后,茶园实施机械化管理的基础条件差,管理机具难入园,物美价廉的茶园管理机具设备少,机械化普及率低,机械化水平不高,农机农艺不配套等普遍问题,直接导致茶叶生产管理机械化水平低,特别是名优茶生产仍然主要依靠人工作业,生产成本不断攀升。

④极端高温、极端低温、经常性的干旱、长时间阴雨寡照等不利天气频发,对茶树生草管理和品质稳定造成较大影响,企业员工关于不同灾害性天气对茶树损伤和品质影响程度规律的掌握知之甚少。

### 2.2 技术举措

雅润茶业繁育的轻基质穴盘茶苗,生长整齐一致,根系发达,以吸收根为主,没有主根,打破顶端优势,移栽后,基本无须定型修剪,缩短剪口愈合期,降低病虫侵害,植株生长更加健壮。同时茶苗移栽成活率极高,运用水肥一体化设施,一次性栽植成活率达95%以上。通过有效地利用种植空间、单位面积,茶叶的产量、品质随之提高,新建茶园亩均效益大幅提高。具体做法为:每亩布植4 500株茶苗,按照机械能进田的要求来规划茶园,通过引用轻基质穴盘茶苗和水肥一体化的设施和技术,借助灌溉系统,将可溶性固体肥料或液体肥料与灌溉水一起,均匀地输送到茶树根部并使茶树均匀吸收,促使茶树树根快速生长。同时,按照穴盘茶苗建园栽培技术标准,新建茶园中的茶树在一年内成活并成园,两年后达到量产标准,三年内的新茶园明前茶采摘产量能达到每亩5千克左右(干毛茶),净效益达每亩10 000元以上。

## 3 推广案例

无性系茶树良种是茶叶优质、高产、高效的基础。轻基质穴盘茶苗是茶树育苗技术的一大进步,和过去采用地插苗相比,虽然其成本较高,但可大大提高移栽成活率,确保一次性成园。穴盘茶苗快速建园技术由雅润茶业在近5年的技术推广和实际操作中摸索总结得出。

### 3.1 案例一

近五年,山东省部分地区发展茶产业势头迅猛(见图1),由于雅润茶业繁育的轻基质穴盘茶苗具备成活率高、生长快、便于运输等多种优势,山东省内大部分企业都向其采购了穴盘茶苗,一年新发展的茶园面积就超过6 000亩。但是,由于茶苗在南京繁育,一下子引入北纬35°~37°的地区栽培,在茶苗适应环境变化等方面遇到不少障碍,雅润茶业技术员分别赶赴山东济南长清、潍坊诸城、青岛即墨、青岛崂山、威海乳山、临沂等新茶园发展地区,开展穴盘苗栽培及快速成园技术现场指导,从土地整理、品种选择、茶苗定植、肥水管理、幼苗管护等方面全方位、手把手指导茶农,许多技术问题迎刃而解,经过一段时间的管护,新建茶园茶树长势喜人,达到了"一年成园、两年量产"的快速成园目标,部分地区已达到了15个月的新建茶园就量产的良好效益。2020年底,山东茶叶产业技术领域首席专家丁兆堂教授的团队对接雅润茶业,结合山东茶叶生产管理经验,完成制订《北方茶区茶树设施栽培及快速建园操作技术规范》,为新时期南茶(无性系)北种提供了实用性较强的技术指导手册。

图1 山东省茶苗南茶北种案例

### 3.2 案例二

南京市高淳区与陕西省柞水县结对,经高淳区工作组联络,雅润茶业得知柞水县杏坪镇中台村需要大面积发展茶产业。虽然中台村之前也种植过茶叶,但因缺乏技术,导致失败。经现场考察,在多方努力下,中台村购买雅润茶业生产的轻基质穴盘茶苗,雅润茶业提供栽培技术并多次赴现场指导栽培及管护技术(见图2)。经过两年的栽培及管护,该村2 600余亩茶园已基本形成,实现了一年成园、两年量产的技术目标,2022年4月7日,茶园已全园开采,效益明显。柞水茶产业的振兴,为苏陕协作谱写了新篇章。

图 2　陕西省柞水县茶苗种植案例

## 3.3　案例三

江苏省盱眙县黄花塘镇是革命老区,江苏省盱眙茶场是全省知名的国有茶厂,在计划经济年代也是利税大户。但在多年的运营中,原有的有性系茶园因缺乏管理导致品种退化,产量、品质严重下降。在此情况下,2023 年 4 月当地政府经多方了解,寻求和雅润茶业合作,雅润茶业提供"金保姆"服务(交园子工程)。雅润茶业在 2023 年 6 月开工,为盱眙茶场提供土地翻垦、水肥一体化设施、灌溉系统安装、茶苗定植、管护等一系列服务,使得原有茶园面貌焕然一新、长势良好(见图 3)。

图 3　江苏省盱眙茶场茶苗种植案例

## 4　总结

雅润茶业通过系统运用标准,总结实用技术,完善技术短板,努力实现省级地方标准《穴盘茶苗建园栽培技术规程》第一版的修订,使之辐射面更广,实操性更强;加强标准化运用队伍的培养,培养一支既懂技术,又能实践应用,更能进行标准化转换与成果落地的实操性队伍,使标准更具实践性,有助于提高其对产业发展的贡献度;主动对接科研院校,寻求新技术和新产品开发,使企业不断提升研究创新能力,不断适应市场新变化,在创新中获得机遇,在创新中获得发展。

雅润茶业在发展过程中坚持以标准为引领,以科学技术为要素配置,匠心经营,只为育出一株"好苗子",种出一片"好叶子"!

# 以战略性新兴产业标准化试点推动城市信息模型高质量发展

武文　　王芙蓉　　卞雨凡　　吴掠桅　　朱荷欢

南京市国土资源信息中心

**摘　要**：江苏省"城市信息模型（CIM）战略性新兴产业标准化试点"项目坚持把标准化作为助力行业高质量发展的有效途径，围绕城市信息模型（CIM）工作需求，抢占产业发展先机，赢取国际舞台话语权，为新形势下高水平打造城市信息模型（CIM）战略性新兴产业标准化样板打下了坚实基础。

**关键词**：CIM　新兴产业　高质量发展

## 1　试点建设背景

南京市国土资源信息中心积极响应、主动作为，以标准化建设为引领，统筹推进国家BIM/CIM试点工作，牵头申报的江苏省"城市信息模型（CIM）战略性新兴产业标准化试点"项目于2023年10月通过考核评估，成绩优秀。南京市国土资源信息中心（以下简称中心）按照战略性新兴产业标准化试点要求，充分发挥标准化的战略性、引领性、统筹性和基础性的作用，在市级相关部门与试点片区的积极支持与共同参与下，会同国内外智慧城市领域标准化知名专家及业内一流的技术团队，创新开展调查研究，坚持与国际接轨，结合CIM战略性新兴产业特性，制定了城市信息模型技术领域首套覆盖面广、要素齐全的城市级CIM标准体系，并对标准执行了高质量"制定、实施、评估、监督"的全生命周期管理流程，形成不同利益相关方共同参与、协同发展、成果共享的良好氛围，开创了城市信息模型标准化工作的先河。

## 2　试点建设举措

### 2.1　注重战略谋划，加强标准化试点组织与资金保障

一是强化组织领导。成立试点项目领导小组，加强试点项目的组织领导和科学决策，建立有效、规范的工作体系。二是配套机制保障。制定标准试点实施方案，印发科技奖励

管理办法，推动标准研制和科技创新。三是组建专业队伍。领导小组下设标准化工作组，在行业与标准化管理部门的指导，以及标准化专家、技术支撑高校与应用推广单位的多方咨询下，具体承担试点建设的各项任务。此外，还配备了一支国际标准团队，团队成员曾参与 ISO 和 IEC 智慧城市领域的国际标准制修订。四是投入资金充足。统筹市级财政、省级科技课题、国家专项课题等项目，围绕标准体系构建、标准编制、标准实施与推广应用、人才培养、交流合作等进一步强化经费保障。

## 2.2 坚持系统观念，促进标准体系建设与标准转化

一是追本溯源。考虑城市信息模型（CIM）与相关业务领域的紧密关联，重点收集智慧城市、规划和自然资源、CIM 等行业领域在国际、国家、地方层面的标准体系成果，研究标准体系的编制方法和思路，为城市信息模型（CIM）标准体系构建提供依据和借鉴。二是旁征博引。借鉴国际标准先进方法论和多种标准体系构建方法技术，坚持系统观念，考虑各领域之间标准的依赖与关联，形成了"上下约束、继承发展、迭代更新"的金字塔式标准体系参考模型[1]，为构建标准体系框架提供基础和依据。三是因地制宜。以城市信息模型数据"生产、建库、服务、管理、应用"的全生命周期为需求牵引，结合地方特色需求，建立体系框架，梳理相关的国家、行业、地方标准，编制相关的企业标准。四是顺势而为。践行"技术专利化、专利标准化、标准产业化"的特色创新之路，在整个试点期间完成了 6 项专利的标准转化工作，项目成员主导制定国际标准 1 项、参编国际标准 2 项，参编国家标准 3 项、主导地方标准 2 项，提交国际、国家、地方标准提案（建议）并获批 9 项。

## 2.3 强化标准实施，打造城市信息模型标准化样板

一是在城市 CIM 建设工作中严格执行试点成果。通过编制数据资源体系、数据处理、共享服务、管理保障等各类标准，规范化指导城市信息模型（CIM）时空数据库生产建设的全周期，支撑融合二三维时空数据、多业务数据、多源异构数据的"城市空间数据底板"建设。二是在城市工建改革中迭代修订试点成果。工程建设项目 BIM 规划报建的标准化，规范了全市工程建设项目建筑功能信息的分类编码，形成的五级功能联动分类编码模型，将粒度细化拆解到功能和构件级，更好地支撑业务精细化管理和技术指标的精准度提升，提高了规划审批智能化水平。三是在南京市试点片区及其他城市推广完善试点成果。建立市区协同、迭代更新的城市信息模型（CIM）标准运维模式，通过"共建、共享、共维"，多维度指导南部新城、建邺高新区等片区的"CIM+"应用建设。积极将试点实践成果转化为国家、行业、地方标准，树立全国示范标杆，为佛山、长春、武汉、常德、廉江、海口等地的城市信息模型（CIM）建设、城市智慧化管理应用提供借鉴，为全国的城市信息模型（CIM）标准化工作提供可复制、可推广的样板。四是在国内外标准化舞台上开展标准化活动。中心在全国范围内的学术会议上发表会议演讲 4 次，以"规划标准那些事""团体标准建设情况""三说国际标准那些事儿""四说标准体系那些事儿"为主题宣传普及标准化工作；中心作为五家组织单位之一，共同发起全球首个 IEC 与 ISO 联合举办的 CIM&UDT 国际论坛，参与 IEC 与 ISO 联合技术委员会 JTC 1 举办 DT&IoT 国际论坛，主导或参与 CIM 和智慧城市领域相关国际标准的制定。

## 3 试点工作成效

试点项目形成了一套标准体系、65本系列标准,先后发表了5篇学术论文,转化为国际、国家、行业和地方标准共计17项,其中国际标准7项、国家标准4项、地方标准6项。试点期间,项目组形成了一大批具有自主知识产权的成果,纵向上满足国家工程建设项目改革要求,横向上加强南京市软件研发企业、设计企业、建筑企业、政府部门、科研机构的协作,促进"政、产、学、研、用"深度融合,有力地促进了工程建设项目改革、智慧城市共建共享、新兴战略产业发展、标准人才队伍培养。

### 3.1 聚焦自主知识产权,支撑全流程工程建设项目改革

此次试点工作,支撑了工程建设项目改革全过程各个阶段的数据存储和数据组织,在实现数据模型自主可控的同时,支撑了用地规划、建设工程规划、施工、竣工验收等工程建设项目改革过程中各个阶段电子数据的交付要求、审查范围、审查流程需求,实现人审变机审,更为未来国产设计端预留接口,提升自主软件核心技术水平,引导解决BIM/CIM关键支撑技术和发展的"卡脖子"问题[2]。

### 3.2 创建CIM标准化样板,助力智慧城市共建共享

将城市信息模型(CIM)标准与软件深度结合,形成"以标准优数据、以标准建平台、以数据强平台"的技术路径,先后开展了与江北新区、南部新城等片区的共享,实现标准、数据、平台协同发展,赋能CIM+智慧规划、CIM+智慧经济、CIM+历史文化保护、CIM+智慧城建、CIM+智慧土地招商等应用建设,不断夯实城市信息模型(CIM)建设基础,指导市区政府部门及片区、园区等应用需求单位基于市级基础平台开展专项应用系统开发,在数据资源、平台建设等方面节省财政投资上千万元,进一步促进优化营商环境。

### 3.3 强化科技创新动力,彰显战略性新兴产业效能

试点成果征集了行业领域专家及标准化专家、标准化机构及用户等各方面的意见,中国测绘学会组织的科技成果评价认为,该成果推动了国内外CIM标准化建设,具有应用推广价值和示范意义。并且,该成果在省、市标准化专家咨询会上获评国际领先水平。相关成果得到业内普遍认可,分别获得2021地理信息科技进步奖一等奖、2022年度江苏省测绘地理信息科技进步奖一等奖和2023年测绘科学技术奖二等奖。同时南京市积极发挥试点城市带头效应,向全国3个省级党政代表团、10个省厅级主管部门、40余个城市单位、10余所高校进行南京市BIM/CIM标准化及平台建设成果介绍,培育城市信息模型(CIM)产业化生态圈,相关工作多次获得《中国自然资源报》《新华日报》宣传报道,树立全国示范标杆。

### 3.4 打造标准人才队伍,发出中国江苏声音

中心强化标准化人才梯队建设,培养了一支会协调、会操作、会分析、善管理、善研究、

懂业务的标准化管理、技术、服务团队。中心参与发起并起草的全球首个城市信息模型（CIM）国际标准《智慧城市用例收集与分析 城市信息模型 第1部分：高层次分析》（IEC SRD 63273—1:2023），将南京BIM报建、CIM建设、不动产登记等经验提炼上升为国际标准，在国际舞台发出中国声音、作出江苏贡献[3]。中心编制的《城市信息模型（CIM）和城市数字孪生（UDT）》技术报告在IEC官网正式发布，促进了国际上两个领域专家与实践工作者的信息共通与经验共享。中心牵头编制的《智慧城市基础设施 基于地理信息的城市基础设施数据交换和共享》（ISO/TS 37172:2022）获得2023年江苏省质量强省奖补专项资金，促进了智慧城市领域国际标准的制定，提升了中国在国际标准制定中的参与度和主导地位，走好"业务信息化、技术标准化、标准国际化"的发展道路。

## 参考文献

［1］卞雨凡,王芙蓉,吴掠桅,等. 城市信息模型CIM标准体系构建研究[J]. 中国标准化,2024(4):62-70.

［2］武文,卞雨凡,吴掠桅. 城市级CIM标准体系建设初探[J]. 中国标准化,2023(9):102-106.

［3］朱荷欢,孙玉婷,王芙蓉,等. IEC案例收集与分析方法论研究初探——以IEC SRD 63273为例[J]. 中国标准化,2023(18):41-44＋65.

# 汽车发动机冷却液冰点的不确定度评定

**张静 苏玉倩 孙牧 马东 薛彦军**

江苏省产品质量监督检验研究院

**摘 要**:本文建立了发动机冷却液冰点不确定度的评定方法。主要参考《发动机冷却液冰点测定法》(SH/T 0090—91)和《测量不确定度评定与表示》(JJF 1059.1—2012),建立测定汽车发动机冷却液冰点不确定度的数学模型,并分析和评定不确定度的来源。通过分析可知,发动机冰点不确定度的来源主要有冰点测定重复性实验、温度计校准影响、温度计估读误差和操作人员视线差异等方面。本次冰点测定结果为(26.3±0.18)℃,$k=2$。

**关键词**:发动机冷却液 冰点 不确定度

汽车发动机液体冷却技术通过液体对流换热,将发动机产生的热量带走,从而避免汽车发动机过热。当前液体冷却主要依靠乙二醇和丙二醇两种防冻剂[1]。冰点作为考察冷却液中防冻剂原料质量和加入量的重要指标之一,是发动机冷却液检测中的重要项目[2]。因此,本文依据《发动机冷却液冰点测定法》(SH/T 0090—91)和《测量不确定度评定与表示》(JJF 1059.1—2012)[3],建立测定汽车发动机冷却液不确定度的数学模型,并对不确定度的各种来源进行详尽分析。

## 1 实验

### 1.1 试剂与仪器

试剂:无水乙醇(国药集团化学试剂有限公司)、汽车发动机冷却液(江苏龙蟠科技股份有限公司)。

仪器:DSY-021ZWB型快速冰点测定仪(大连石油仪器有限公司)、棒式冰点温度计(−54℃~−15℃,分度值0.2℃)。

### 1.2 实验方法与模型建立

根据SH/T 0090—91,量取80 mL预冷试样至冷却管中。启动搅拌装置,转速调至

60～80 次/min。

结晶前:每分钟观察、记录一次试样的温度,保证试样的冷却速度低于 1℃/min。温度靠近预计冰点时,每 15 s 观察记录一次。试样温度距预计冰点差 0.5℃～1℃时,引导结晶,防止过冷现象。

引导结晶:冷却液中另放一小试管,单壁小试管冷却更快,易结晶。小试管试样结晶后,从小试管中取一小块晶体放入冷却管内,试样会很快结晶。试样结晶后,继续观察并记录试样的温度,时间为 10 min。

### 1.3 不确定度来源

冷却液冰点测试的来源主要有:(1)冰点测定重复性实验;(2)温度计校准影响;(3)温度计估读误差;(4)操作人员实际读数差异;(5)温度计浸没位置、降温速率和样品搅拌速率等因素;(6)实验室环境影响。

## 2 结果与讨论

### 2.1 不确定度来源

选取同一批次样品,参考《发动机冷却液冰点测试法》(SH/T0090—91),重复测定冰点 10 次,具体数据见表 1。

表 1 发动机冷却液冰点测定

| 序号 | 1 | 2 | 3 | 4 | 5 | 6 | 7 | 8 | 9 | 10 |
|---|---|---|---|---|---|---|---|---|---|---|
| 测试结果(℃) | 26.2 | 26.5 | 26.4 | 26.6 | 26.2 | 26.5 | 26.2 | 26.3 | 26.3 | 26.2 |
| 平均值(℃) | \multicolumn{10}{c}{26.3} |

#### 2.1.1 冰点测定重复性实验

根据贝塞尔公式对实验结果的标准偏差进行分析,确定数据的分散性。

温度平均值 $\bar{t}=\dfrac{t_1+t_2+t_3+t_4+t_5+t_6+t_7+t_8+t_9+t_{10}}{10}=26.34℃$

标准偏差 $S(t)=\sqrt{\dfrac{\sum_{i=1}^{n}(t_i-\bar{t})^2}{n-1}}=\sqrt{\dfrac{\sum_{i=1}^{10}(t_i-\bar{t})^2}{10-1}}=0.1506℃$

标准不确定度 $U_1=u(t)=\dfrac{S(t)}{\sqrt{10}}=\dfrac{0.1506}{\sqrt{10}}=0.05℃$

#### 2.1.2 温度计校准影响

由温度计校准证书可知,温度点为 −25℃ 时,$k=2$,拓展不确定度为 0.05℃,因此,温度计校准引入的不确定度 $U_2=\dfrac{0.05}{2}=0.025℃$。

### 2.1.3 温度计估读误差

根据样品所示适用温度,选择 2 号温度计($-54℃\sim-15℃$)进行检测。温度计最小分度值为 $0.2℃$,估读 $0.1℃$。参考 JJF 1059.1—2012 可知,均匀分布时,矩形分布 $k=\sqrt{3}$,则温度计估度引入的不确定度为 $U_3=\dfrac{0.1}{2\times\sqrt{3}}=0.03℃$。

### 2.1.4 操作人员实际读数差异

实际读数差异引起读数误差为 $-0.1℃\sim0.1℃$,则区间半宽度 $a=0.1℃$。参考 JJF 1059.1—2012 可知,反正弦分布中 $k=\sqrt{2}$,则不确定度为 $U_4=\dfrac{0.1}{\sqrt{2}}=0.07℃$。

### 2.1.5 温度计浸没位置、降温速率和样品搅拌速率等因素

在冰点检测中,对温度计浸没位置、降温速率和样品的搅拌率进行统一规定,控制该可能引入的不确定度因素。

### 2.1.6 实验室环境影响

在低温冷浴的试验条件下,实验室温度、压力和湿度等环境因素对冷却液冰点测试影响几乎没有,可以忽略不计。

## 2.2 合成标准不确定度

根据上述过程可知,重复性实验、温度计校准、温度计估读误差、操作人员实际读数差异 4 个部分相对独立,互不相关,则合成标准不确定度为

$$U_c=\sqrt{U_1^2+U_2^2+U_3^2+U_4^2}=\sqrt{0.05^2+0.025^2+0.03^2+0.07^2}=0.09℃$$

## 2.3 报告检测结果

包含因子取 $k=2$,拓展不确定度为 $U=U_c\times k=0.09\times 2=0.18℃$。所以,本次汽车发动机冷却液冰点测定结果为 $(26.34\pm0.18)℃,k=2$。

# 3 结论

本文采用冰点测定仪法测定汽车发动机冷却液的冰点,并对测定的冰点进行不确定度研究,操作人员实际读数差异的不确定度贡献最大,其次是重复性实验。基于以上分析,在实际检测中,为确保实验结果的科学性和准确性,可通过实验室内人员比对措施来进行误差控制,或一人进行多次平行实验后采取结果平均值,同时加强人员培训,减少人为误差,并应定期检定冰点测定仪。

## 参考文献

[1] 董非,苑天林,王志明,等. 无水丙二醇冷却液对柴油机性能影响的试验[J]. 内燃机学报,2021,39(1):81-87.

［2］中华人民共和国交通运输部.机动车冷却液 第1部分 燃油汽车发动机冷却液：GB 29743.1—2022[S].北京：中国标准出版社，2022.

［3］江苏省计量科学研究院.测量不确定度评定与表示：JJF1059.1—2012 [S].北京：中国标准出版社，2012.

# 基于隔空操作的 HUD 技术在新能源汽车中的标准化应用初探

吴卯恩[1]　阎瑞阳[2]

1. 常州海关；2. 迅安科技股份有限公司

**摘　要**：伴随科技的进步，人们对于新能源汽车的可操控性、安全性和便捷性等需求也在不断提升。本文重点探讨基于隔空操作的抬头显示 HUD(Head-Up Display)系统在新能源汽车中的标准化应用，提出初步方案并展望发展趋势。

**关键词**：新能源汽车　隔空操作　HUD

## 1　背景

当前，全球汽车产业正加速从燃油化向电智化转型升级。我国新能源汽车产业历经 20 多年的自主探究，其绿色产业链日趋成熟，逐步成为推动经济增长的新引擎、实现社会高质量发展的新动力，现已迈进"全面市场化、持续规模化、加速国际化"的发展新阶段。创新驱动伴随政策红利，使我国新能源汽车产业逐步构建了以国内大循环为主体、国内国际双循环相互促进的新发展格局。

"十四五"规划中明确聚焦新能源汽车、绿色环保等战略性新兴产业，加快关键核心技术创新应用，增强要素保障能力，培育壮大产业发展新动能。2023 年 6 月 2 日，国务院召开常务会议研究促进新能源汽车产业高质量发展的政策措施。2024 年 3 月 1 日，工业和信息化部联合国家发展改革委、财政部等七部委发布的数据显示，2023 年，我国新能源汽车产销量超过 950 万辆，连续 9 年位居世界第一，发展新能源汽车不仅是我国完成"双碳"目标的重要一环，更是我国通向汽车强国之列的必经道路。

随着科技的进步，新能源汽车已经超越了传统交通工具，成为民众出行的智能化解决方案。隔空操作技术和 HUD 技术作为新能源汽车智能化发展的重要组成部分，被越来越广泛地应用于生活中。众多品牌在新推出的新能源汽车中集成 HUD 功能，致力于为消费者提供更安全舒适、快捷智能的驾驶体验。

## 2 基于隔空操作的 HUD 技术应用现状

### 2.1 隔空操作技术

隔空操作技术，通常基于图像识别、传感器等先进技术，允许使用者通过手势、语音等方式与设备进行交互，无须直接接触设备。

在新能源汽车中，隔空操作技术目前仍处于发展初期。从技术角度看，隔空操作技术存在识别精度不高、响应速度不快等问题，影响驾驶体验；从安全性角度看，如果隔空操作技术在车辆行驶时出现故障，会威胁到行车安全；从普及率角度看，受制于高成本，隔空操作技术目前还没有广泛应用于新能源汽车上，普及率不高。

### 2.2 HUD 技术

HUD（Head-Up Display）技术，即抬头显示技术，是一种可以将重要的信息直接投射在驾驶员视线前方的技术。这种技术最早起源于军事领域，后来逐渐应用于汽车等民用领域，主要分为 C-HUD、W-HUD 和 AR-HUD 三种类型。

HUD 技术存在不足之处。首先从成本看，HUD 技术的成本相对较高，会增加汽车制造成本。其次是安装调试，HUD 系统需要专业的安装调试，安装不当时会干扰驾驶员视野，影响安全。再次是技术成熟度，HUD 技术还需要克服例如重影等问题。最后是维护成本，HUD 技术需要具备一定专业素养的技术人员进行维修和保养，成本较高。

### 2.3 基于隔空操作的 HUD 技术

该技术是一种结合了先进手势识别技术和 HUD 显示技术的创新技术，目前很少应用于新能源汽车，该技术有诸多优势：从提高安全性角度看，驾驶者无须低头即可获取车辆信息，避免因驾驶者视线分散造成安全隐患；从增强体验感角度看，该技术带来前所未有的交互体验；从个性化角度看，该技术定制化程度高，驾驶者可根据个人习惯，设置个性化手势及指令；从普适性角度看，该技术适应性广，悬挂式、台式等多种形式的 HUD 都可以实现隔空操作。

随着新能源汽车电智化技术的发展，降本增效成绩显著，基于隔空操作的 HUD 技术将与 ADAS、自动驾驶等系统深度融合，适合该技术的普及和推广，为人们提供更安全、更智能的驾驶体验。

## 3 探索基于隔空操作的 HUD 技术的标准化应用

为了更好地使基于隔空操作的 HUD 技术在新能源汽车中得到应用，需要制定相应的标准规范。这些标准规范应包括安装便捷、兼容互认、安全可靠等方面。制定标准规范，能够让该项技术尽可能多地覆盖不同品牌的新能源汽车，最终实现标准化应用。

在标准制定过程中，须充分考虑驾驶者的需求，包括设备安装、人机交互、通信协议、安全反馈等方面，这些标准应该具有通用性和可扩展性，以期推广至更多品牌、更多型号的新能源汽车中。

通过标准化应用,该技术可以规范多品牌、多型号的新能源汽车中的信息提示效果,不仅能够提升驾驶员的体验感,而且能够提升行车安全性。

### 3.1 设备安装标准化

基于隔空操作的 HUD 设备在规范安装时需要标准化的配套模块,模块采用镂空的支架结构,不仅满足了安装便捷和携带轻便的要求,而且提升了主设备安装的稳定性和散热性。

### 3.2 人机交互标准化

该部分包含手势识别与语音控制标准化(制定标准化的手势识别机制和标准化语音控制指令集,并在手势识别与语音控制系统中加入反馈机制),显示设置标准化(设计标准化显示界面,统一标准化显示内容,规范标准化显示格式),以及权限管理标准化(设定权限管理机制,如区分驾驶员与乘客的操作权限,确保安全)。

基于以上分析,笔者提出一种标准化方案建议,系统流程图如图 1 所示。

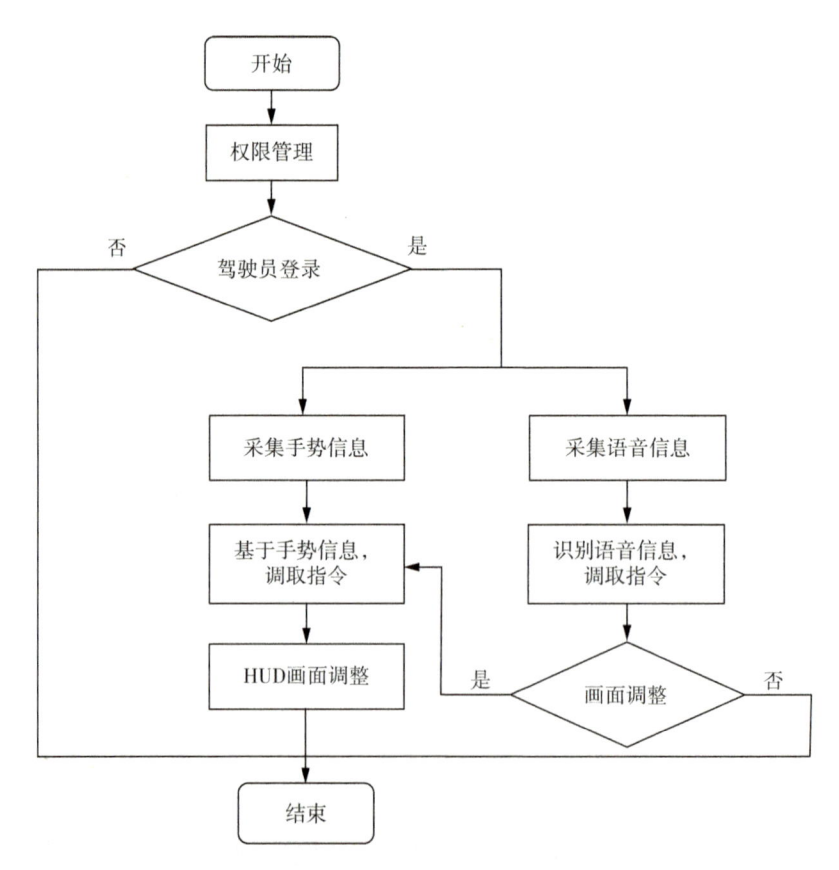

图 1 基于隔空操作的 HUD 系统流程图

基于隔空操作的 HUD 系统与车辆内部的图像采集设备(见图2)建立连接并通信,利用图像采集设备采集完整的动态手势,经系统识别出手势信息(见图3),并将手势动作轨迹与预设轨迹比对。如果不匹配,则该轨迹不能用于调整画面,显示设备发出提示重新采集手势;如果匹配,则该轨迹可以用于调整画面,根据预设手势信息对应的画面调整指令,确定调整参数,最终完成画面调整并显示。

车辆内每个座位区域应安装对应的声音采集设备,驾驶室为主驾音区,显示设备与车辆内的声音采集设备建立通信连接。主驾音区驾驶员发出的语音被采集后,对该语音进行识别,得到交互控制指令,将该指令与预先存储的画面调整触发指令比对,若不匹配,则不执行画面调整;若匹配,则跳转至比对手势预设轨迹对应的画面调整触发指令,确定调整指令后,最终完成画面调整并显示。

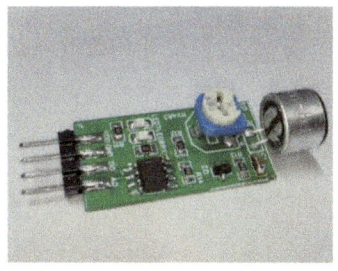

图2　采集设备硬件　　图3　手势识别

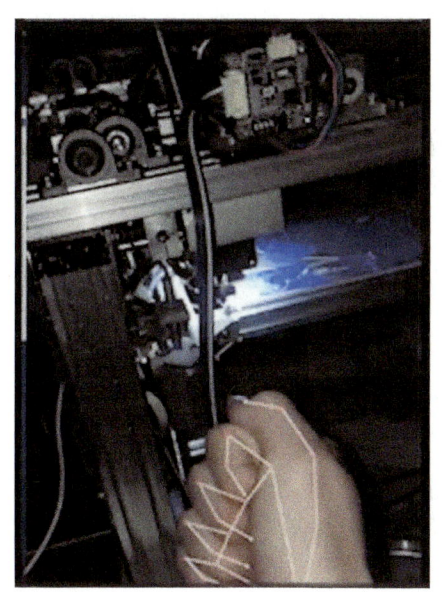

主要程序中部分函数如下:
mpHands = mp.solutions.hands
hands = mpHands.Hands()
mpDraw = mp.solutions.drawing_utils
　　　success, img = cap.read()
results = hands.process(imgRGB)
　　　　if results.multi_hand_landmarks:
　　　　　　hand = results.multi_hand_landmarks[0]
mpDraw.draw_landmarks(image,hand,mpHands.HAND_CONNECTIONS)
get_str_guester(up_fingers, list_lms)
LM393_write_reg( addr,cmd)
{if (ret ! = ESP_OK) { ESP_LOGE(LM393_TAG,"Failed!");

```
            return ret;}
    ESP_LOGD(LM393_TAG,"Succeeded addr", cmd);
return ret;}
```

该标准化方案优点在于，系统是自动采集驾驶员信息（手势和语音等），从而能够自适应调整，无须手动调整设备位置，操作简便。系统让驾驶员尽量不低头、不转头就能对驾驶信息一目了然，从而提高驾驶安全性。

### 3.3 通信协议标准化

针对多品牌和型号的新能源汽车，制定通用的数据接口和通信协议，能够更好地连接车辆自带系统。建立开放的基于隔空操作的 HUD 技术平台，能够吸引更多技术爱好者上平台开发更多应用，更好地完善和推广该项技术。

### 3.4 安全反馈标准化

基于隔空操作的 HUD 系统中应设置自动亮度调节功能，降低夜间或强光对驾驶员的视线干扰。应在该系统中加入安全反馈机制，如超速提醒、碰撞预警、闯红灯警告等，确保实时响应的同时，第一时间给驾驶员提示信息。引入安全警告系统，当系统检测到异常时，立即发出警告。完善安全驾驶辅助系统，如车道保持、盲点监测等，将相关信息实时显示在设备上。定期对该技术进行评估和更新，确保适用最新安全标准和法规。

## 4 结论与展望

基于隔空操作的抬头显示 HUD 技术在新能源汽车中的标准化应用，对于提升驾驶体验、增强安全性具有重要意义。通过制定相应的标准规范，可以确保这些技术得到广泛应用，并推动新能源汽车技术的持续发展。

未来，随着技术的不断进步和标准的不断完善，隔空操作与 HUD 技术将在新能源汽车中将发挥更加重要的作用。我们期待这些技术能够为用户带来更加便捷、安全的驾驶体验，从而推动新能源汽车行业的持续发展。

## 参考文献

[1] 杨子.浅析汽车功能域的关键技术[J].电子产品世界.2022,11(8):55-58.

[2] 钰湖资本.中国HUD抬头显示迎来"狂飙"时刻[J].汽车与配件,2024(1):46-47.

[3] 程川泰.面向智能座舱的驾驶员尺度识别与舒适坐姿研究[D].吉林:吉林大学,2023.

[4] 乔英俊,赵世佳,施敏,等.汽车智能化技术革命及体系构建[J].汽车工程学报,2022,5(12):228-235.

[5] 张蓓.基于"双碳"目标的广西新能源汽车产业生态系统优化研究[J].柳州职业技术学院学报,2023,2(23):21-25.

# 给孤残儿童一个温暖的家
## ——儿童福利机构模拟家庭工作标准化建设

闫昭澎　金江英　杜杰　宗晓菲　季惠　周叶凝　王与华

南京市社会儿童福利院

**摘　要**：根据民政部关于儿童福利机构优化提质的政策导向，儿童福利机构开展模拟家庭养育工作是形势所趋、发展所需。南京市社会儿童福利院结合多年模拟家庭工作实践经验，形成南京市地方标准《儿童福利机构模拟家庭工作规范》(DB3201/T 1128—2022)(以下简称标准)，对模拟家庭工作各工作环节、工作内容作出具体规定，为本行业、本地区模拟家庭工作提供了规范性指引和借鉴。

**关键词**：儿童福利机构　模拟家庭　工作规范

## 1　背景

家是温暖的港湾，是儿童成长的摇篮。尤其对于遭受原生家庭遗弃的孤残儿童而言，"家"是最大的福祉，"我想要有个家"是其心底最深的渴望。2006 年，南京市开始探索在福利机构内建立"模拟家庭"养育模式，招募爱心家长与孤残儿童结对组建家庭，给孤残儿童一个温暖的家，让他们在"父母的怀抱"中向阳成长。

"模拟家庭"又称"类家庭"，是在儿童福利机构内组建的，以儿童家庭生活环境营造为目标，由符合招募条件的夫妻与儿童组成的养育单元。作为机构养育模式的一种，模拟家庭养育是对孤残儿童养育模式的补充与丰富，与传统集中养育、家庭寄养模式相比，模拟家庭养育在保证孤残儿童享有机构内各类优质资源和服务的同时，又能感受到家庭的温暖，且家庭式生活可以培养儿童的生活自理能力，促进儿童在认知、沟通、交往、情感等方面获得发展。

2021 年，民政部、中央编办、发展改革委等 14 部门联合出台的《关于进一步推进儿童福利机构优化提质和创新转型高质量发展的意见》中提出"鼓励有条件的机构，在内部建造家庭式居所，确定符合条件的夫妻进行家庭式养育"。根据政策导向，儿童福利机构开展模拟家庭养育工作是形势所趋，也是儿童福利机构转型发展所需。目前，包括南京市社会儿童福利院在内的全国多家儿童福利机构探索并建立模拟家庭养育模式,而在具体实践过程中,其"环节多、要求高、专业性强"的特点使得模拟家庭工作需要专业性的标准以支撑其规范化发展。基于自身实践经验、儿童健康发展、机构转型趋势等因素,制定该项工作标准成为机构模拟家庭工作规范性发展的必然要求和必经之路。《中共中央关于进一步全面深化改革　推进中国式现代化的决定》提出,要加强普惠性、基础性、兜底性民生建设,解决好人民最关心最直接最现实的利益问题,不断满足人民对美好生活的向往。"家"是孤残儿童最美好的向往,"给孩子们一个家"就是模拟家庭工作的意义所在。

## 2　标准形成过程

标准以儿童福利机构发展基础较好、综合条件突出的南京市社会儿童福利院模拟家庭项目为研究对象,于2021年11月成立由南京市社会儿童福利院院长牵头、社会工作部门相关人员及南京标准化学会专家参与的标准起草组,其中福利机构工作人员具备丰富的模拟家庭管理经验、熟知各项工作流程。标准起草组从实践经验出发,前期广泛收集国内外相关技术标准及政策法规资料,把握标准制定的科学性、可行性和适用性,明晰现行标准的覆盖范围和适用程度,为制定地方标准提供技术依据。围绕标准制定,标准起草组会同标准化专家分别就立项背景、当前状况、具有普遍适用性的主要内容及标准与国家现行法律法规的关系进一步分析研究。最后根据儿童福利机构实际发展状况,经过多轮讨论及修改,围绕制定标准的目的、意义、适用范围、规范内容等形成标准初稿。

2022年6月,标准起草组以函审形式,征集来自南京市民政局儿童福利处、南京市未成年人救助保护中心、南京市各区民政局及无锡、武汉、成都三地儿童福利院共23家单位25名专家的28条反馈意见,经过对征集意见进行整理和分析,完全采纳10条,部分采纳2条,不采纳16条,最终形成《儿童福利机构模拟家庭工作规范》送审稿。2022年10月,标准起草组召开标准评审会,邀请南京市民政局儿童福利处、南京师范大学、南京晓庄学院、江苏省质量和标准化研究院等专家对标准内容逐条进行审查。2022年12月15日,标准正式发布,并于2022年12月18日起正式实施。

## 3　标准主要内容

标准主要从总体原则和要求、场所及设施要求、人员要求、工作程序及日常服务要求等方面对模拟家庭工作作出规范。

### 3.1　确定总体原则,树立工作理念和服务基调

标准明确了模拟家庭工作开展应遵循接纳原则、儿童利益最大化原则、模拟家庭环境原则及促进儿童全面健康发展原则;要求儿童福利机构建立模拟家庭应向主管部门报备并在政策、规范、专业和管理等方面对模拟家庭给予支持,通过建立管理制度保障工作的规范开展,重点关注儿童养育、医疗、教育、康复等方面的需求,确保按规定提供各项专业服务。

## 3.2　明确场所设施要求,提供硬件建设及设施配置规范

标准对模拟家庭的建设提出了诸多具体要求。在家庭住宅方面,模拟家庭住宅选址应安排在儿童福利机构内,住房结构为普通家庭单元房,设有客厅、卧室、卫生间和厨房;有父母卧室和儿童卧室,6周岁以上儿童卧室男女分开;有满足儿童成长需要的教育和娱乐空间;房屋设计符合儿童需求,室内装修温馨、环保、易清洁;等等。在设施配置方面,重点规定模拟家庭住宅应配备必要的安全设施和无障碍设施,如儿童床护栏、灭火器等,同时还应配备电视、热水器等日常生活设施。

## 3.3　厘定人员要求,提出人力资源配置标准

模拟家庭的运行需要多方力量共同参与、协作配合,工作人员包含模拟家庭家长、模拟家庭管理员及其他工作人员。标准首先对模拟家庭家长需满足的条件作出详细要求,包括:家长应为合法夫妻,妻子为儿童主要照料人,丈夫可外出务工但原则上应每日回家;无犯罪记录或不良嗜好;具有养育、照料儿童的经验和能力等。在此基础上,标准应明确设置模拟家庭管理员,负责监督、检查、指导家长履行职责。此外,模拟家庭工作的顺利开展还需要机构内专业技术人员的支持,包括医生、康复师、教师、社会工作者等。

## 3.4　梳理工作程序,提供规范性指引

标准梳理了模拟家庭工作主要程序,一是招募和匹配模拟家庭,包括家长招募和培训、儿童安置评估以及模拟家庭匹配。二是模拟家庭融合,在儿童与家长正式建立养育关系前应安排不少于3个月的融合期,这一规定主要来源于实践经验。融合期满后,工作人员应组织融合期评估,融合期评估合格的模拟家庭可建立正式的养育关系,不合格的家庭需重新匹配。三是组建模拟家庭,通过融合期评估的家长需签订协议,明确家长的责任。四是解除模拟家庭关系,明确解除模拟家庭关系的若干情形并规定关系解除后应妥善安置儿童,做好儿童及家长的情绪支持和心理辅导服务。

## 3.5　规范日常服务要求,提升儿童服务水平

标准对模拟家庭各项服务内容作出详细规定,以确保相关服务可以满足儿童多元成长需求。模拟家庭服务包含家长服务、机构综合服务和服务质量控制等内容。其中,家长服务涵盖安全看护、生活照料、健康照料及家庭教育等内容;机构综合服务则包含社会工作服务、医疗服务、康复服务、教育服务、护理服务以及后勤保障等内容。

# 4　案例亮点与意义

## 4.1　内容创新,具有引领性

截至2022年底,全国儿童福利机构共有529家,其中仅有内蒙古、重庆等少部分地区形成了模拟家庭服务标准,但标准内容缺乏对服务过程规范的总结。本标准基于实践经验对工作环节和服务流程进行了提炼总结,使标准在内容上有所创新。在江苏省范围内,

儿童福利机构模拟家庭工作标准化仍属空白,本标准的制定在省内具有引领性,为新时代儿童福利机构服务优化提质和转型发展提供了有效路径。

### 4.2 注重细节,具有实用性

本标准作为工作规范,针对模拟家庭工作中各项内容均作出详细规定,如在家长服务内容方面规定:在安全看护方面,家长应遵守机构各项安全管理制度,安全看护服务以预防为主,采取适当的安全防护措施等;在生活照料方面,家长应为儿童提供持续的生活照料服务,注重对儿童自理能力的培养,营造和睦的家庭氛围和健康的成长环境等;在健康照料方面,家长需持续监测儿童的健康状况,在儿童生病时应及时告知相关管理人员并及时就医,在生病期间予以照护,对有康复需求的儿童,协助其接受专业康复训练并配合开展家庭康复训练等;在家庭教育方面,家长应用正确的思想、方法和行为教育儿童,注重儿童道德品质教育,促进儿童全面健康成长,督促并辅导儿童完成作业,按学业要求做好家庭日常教育工作。此外,标准对于拟安置到模拟家庭的儿童筛选条件、需解除模拟家庭关系的情形等均做出详细规定,具有较强的实用性。

### 4.3 聚焦实务,具有操作性

本标准基于儿童福利机构长期积累的模拟家庭工作经验,从实务出发,根据模拟家庭工作各个环节制定了系列表格,如模拟家庭家长申请表、模拟家庭儿童转入综合评估表、模拟家庭儿童日常观察记录表、模拟家庭走访记录表等,具有较强的操作性,可帮助同类机构管理人员厘清工作程序、提供工作指南,有助于推动模拟家庭工作的规范化、标准化和专业化发展。

## 参考文献

[1] 邓敏,张诗禹,聂雨洁,等.模拟家庭对孤残儿童社会化影响研究[J].劳动保障世界,2020(3):76-77+79.

[2] 阳海霞.福利机构模拟家庭的组建与管理[J].社会福利,2015(6):32-33.

[3] 谷晨晨.福利多元主义视角下孤残儿童"类家庭"养育问题研究——以Z市儿童福利院为例[D].郑州:郑州大学,2021.

[4] 徐玉娟,贾英.江苏常州市儿童福利院:创新"一核多元"服务机制推进机构高质量发展[J].社会福利,2021(8):39-40.

[5] 毕兰凤,黄邦汉,张玉霞.弃婴的几种主要抚养方式之优劣分析[J].中国民政,2010(3):37-38.

[6] 顾密.类家庭中"母亲"对亲子关系影响的个案工作介入研究[D].贵州:贵州大学,2019.

# 试论标准化工作在新质生产力发展和经济转型升级中的作用

张玉成[1]　肖斯婧[2]

1. 水利部水文仪器及岩土工程仪器质量监督检验测试中心；
2. 江苏笑溢医疗科技有限公司

**摘　要**：近些年，中国紧跟国际标准化潮流，在标准表现形态、生成机制、应用场景等方面加速变革，国家的标准化战略规划已经聚焦智能制造、量子技术、数字中国等先进前沿创新领域，标准供给已经从政府主导向政府与市场并重转变，科学技术突破与标准研制同步布局，标准化领航作用日趋明显。未来，标准化的改革发展必将对加快培育新质生产力和经济转型升级，展现出更大的作用。

**关键词**：标准化　新质生产力　经济转型升级

近年来，标准化的改革发展在各方面都产生了越来越重要的影响。以团体标准为例，面向未来发展，它承载着引领新质生产力发展和地方经济转型升级的使命，将成为构建新型二元标准体系的主攻方向，通过标准化与科技创新的融合发展，必将加快促进产业升级、引领产业迭代、实现产业质量效益深度转型，进而形成使产业蓬勃发展的新业态和新模式，为培育壮大新质生产力提供强大的引领力量。

## 1　发展新质生产力需要高质量标准做引领

"新质生产力"可解读为"新"、"质"和"生产力"三个关键词，向"新"求"质"，其意义重大且内涵丰富。"新"与"旧、老"含义相反，是指刚出现的，也可以跟"旧"相对应，是指性质上改变得更好的。新质生产力以新结构、新类型、新产业、新业态和新模式的快速涌现为重要特征，其核心要素是新产业、新模式和新动能，这些都需要以新技术的深化应用为驱动，需要依靠科技创新来催生和引发，特别是原创性、颠覆性的科技创新，包括信息化、网联化、数字化、智能化、绿色化等诸多方面。发展新质生产力本质上是构建新型社会生产关系和社会制度体系的生产力，它以高技术水平、高质量、可持续为核心标志，特点是创新，关键在质优。既然是新技术的革命性突破，就迫切需要标准的指引和推动，只有这样才能使其得到可持续性的发展。然而，既有的标准是缺位的，无论是在数量上还是在质量上都是不满足需要的，标准与创新的同步融合发展迫在眉睫，必须推动科技创新与标准制定齐头并进，让标准成为新技术、新应用、新业态快速规范发展的"引发剂"和"催化剂"，特别是在技术突破、应用牵引、数据赋能等方面，应让高质量标准的引领作用得到充分发挥。

## 2  经济转型升级需要完善的标准和标准体系作支撑

经济转型是指经济结构和经济制度在一定时期内所发生的根本变化，包括思想观念、思维方式和发展理念上的全面转型升级。以数字化转型为例，随着数字技术的不断迭代和发展，数字经济已成为"十四五"时期推动各产业升级转型的关键驱动力，数字化转型也是产业结构调整的重要方向和着力点，在数字经济的大浪潮推动之下，数字化转型对企业发展的重要性不言而喻，面对产业结构调整、资源环境挑战、数字技术与创新带来的变革与机遇，很多传统企业已经或正在着手开展数字化转型，企业需要可靠的技术基础设施来支持业务的数字化和数据的处理与分析，需要投资先进的硬件设备、软件系统和网络基础设施，需要招募更多的数字化人才，当然，从数据、基础设施、产品到人才都离不开完善的标准体系作支撑，离不开标准和标准化技术的引导和助推。如2023年发布的团体标准《企业数字化水平评价规范》，就是针对企业数字化转型全局、全要素、全过程的系统水平评价和现状评估的方法体系，目的是帮助企业科学评判其转型的水平和成效，找准存在的问题和差距，为系统推进数字化转型工作提供有效抓手，其标准化的领航效应和支撑作用明显。

## 3  标准化工作的核心要义及其显著作用

标准化是技术的成果，是科研、生产、应用等各方之间的桥梁，需要标准化的既可以是材料、元件、设备、系统、接口，也可以是协议、程序、功能、方法或活动，标准化工作的意义在于合理利用资源、规范管理、提高效率以及建立最佳秩序。一方面，标准化以标准的制定、实施、监督、管理为载体，其核心工作内容是制定标准、实施标准和对实施的监督。通过参与制修订各级各类标准，可以将具有自主知识产权、国内领先的核心技术、工艺和方法转化上升为行业标准和国家标准，甚至是国际标准，从而助力提升整体产业的技术水平和国内国际的竞争力。另一方面，标准化工作也讲究重标准、讲标准、用标准，强调标准的培训、宣贯、示范、后评估以及动态修编，坚持一手抓标准研制，一手抓标准应用，以实现标准的持续"好用"和"管用"。推广应用和执行标准意味着品质的可控，其最终指向是品质更好、功能更强、更加环保，可使企业在市场竞争中更有优势，反过来也将挤压不符合市场标准的企业的生存空间。《国家标准化发展纲要》确立了标准化发展的指导思想。标准化工作的主攻方向包括五个方面，即以标准助力高技术创新、以标准引领产业优化升级、以标准支撑高效能治理、以标准促进高水平开放、以标准保障高品质生活。以数字化转型为例，围绕数字基础设施、数字产业化、产业数字化、数字化治理、数据价值化等领域，标准化建设正在逐步成熟，各级别专业标委会不断组建，其主持制修订的国家标准、行业标准、地方标准已初具规模,数字领域标准化应用场景、技术标准创新基地和团体标准更是不断涌现,如 2020 年发布的团体标准《数字化转型 参考架构》《数字化转型 价值效益参考模型》《数字化转型 新型能力体系建设指南》,2022 年底国家标准化管理委员会批准立项的《数字化转型管理 参考架构》《数字化转型管理 能力体系建设指南》《数字化供应链 体系架构》《数字化供应链 成熟度模型》《数字化供应链 通用安全要求》等 5 项国家标准,都是指导数字化转型的基础性、通用性标准,为科学认识并系统构建数字化供应链、开展数字化改造、实现数字化转型升级提供了标准解决方案和参考指引,帮助并推动企业尽快完成技术上的适应、协调和配合,从而快速产生其应有的效益,可以说,标准化的重要"桥梁"和"纽带"作用已非常明显。

## 4　结语

标准化在推动新质生产力发展和经济转型升级的过程中始终发挥着至关重要的作用,标准的本质是技术规范,在其相应范围内具有很强的影响力和约束力,一般来说,一项科研成果一旦纳入相应标准,就能迅速得到推广,并及时得到应用。标准对产品和产业的关键指标的提升起着规范和引领作用,不但能带动企业和行业的技术改造和质量升级,推动产业加速向数字化、高端化、智能化、绿色化方向发展,还能推动开辟新赛道、激发新动能、培育新业态,进而助力新质生产力的发展和产业转型升级。总之,以标准为引领,加强标准化与科技创新的融合发展及同步协调推进,是发展新质生产力和经济转型升级的重要引领和保障力量,在全面高质量发展和经济转型升级中,标准化工作必将发挥出其独特的基础性、引领性和战略性作用。

## 参考文献

[1] 田鹏颖. 深刻把握新质生产力的丰富内涵与实践要求[EB/OL]. (2024-02-29)[2024-10-30]. http://www.sx-dj.gov.cn/dylt/dkll/1763084628869304321.html.

[2] 新华社. 中共中央 国务院印发《国家标准化发展纲要》[EB/OL]. (2021-10-10)[2024-10-30]. http://hb.people.com.cn/n2/2021/1011/c194063-34949494.html.

# 基于数据出境的标准化工作推进

刘艳

南京市产品质量监督检验院、南京市质量发展与先进技术应用研究院

**摘　要**：全球经济数字化转型加速推动了数据出境的进程，使得数据出境成为连接全球市场、促进国际贸易和服务的关键。数据出境的复杂性和多样性催生标准化需求，亟须制定统一的数据出境标准，规范数据处理和保护过程，保障数据安全出境，促进国际贸易和服务的发展。本文围绕推进数据出境标准化工作展开探讨，对数据出境及标准化的现状与挑战进行分析，研究并提出数据出境标准化体系框架及标准化工作推进策略。本文的分析和研究，旨在为数据出境标准化工作提供一些有益的参考和借鉴，以推动数据出境标准化体系建设。

**关键词**：数据出境　标准化　标准体系

## 1　数据出境的现状与挑战

### 1.1　数据出境的内涵与特征

　　数据出境主要有三种方式：一是数据处理者将在境内运营中收集和产生的数据传输至境外；二是处理者将数据存储在境内，境外的机构、组织或者个人可以查询、调取、下载、导出数据；三是在符合《中华人民共和国个人信息保护法》第三条第二款情形时，可在境外分析、评估境内自然人个人信息等。随着全球数字化的深入发展，数据出境已成为数据流通的主要环节之一，涉及金融服务、电子商务、健康医疗、教育、社交媒体、跨国公司运营、科学研究、零售消费品等多个领域，涵盖了从个人信息到商业秘密，从公开数据到隐私数据的各类信息。

　　数据出境的特征主要包括以下几点。

　　①普遍性：现有大部分的B2B（企业对企业）及B2C（企业对消费者）的生产、服务和数字化交易活动都涉及数据出境。

　　②实时性：随着5G网络的普及以及人工智能技术的不断发展，数据出境可以实时发生。

③复杂性：各个国家和地区基于国家安全、经济发展、敏感信息保护等方面的问题制定了不同的数据出境策略，建立并逐步完善数据出境规则体系。

④敏感性：数据出境伴随着大量个人身份信息、财务信息、医疗健康信息以及商业机密、国家安全等重要信息的流动，这些敏感信息有可能导致个人隐私泄露、经济损失、社会秩序混乱、国家安全受到威胁。

⑤依赖性：从事跨国外贸交易、金融交易服务、互联网科技等业务的企业的数据出境频率越来越高，依赖性逐渐增强。

⑥互操作性：数据出境过程涉及不同系统、平台、应用间的数据交换、传输、共享与对接，出境数据的高效互操作，对业务运作和高层决策起着重要支撑作用。

## 1.2 数据跨境流动的现状与挑战

快速更迭的科技革命加速了经济的数字化转型，而数字经济中最为核心的数据资源对高质量发展生产力有着重要作用。数据资源需要流动才能产生价值，由此催生了数据出境。借助数据出境活动，可以在全球范围内进行金融、贸易、技术等方面的数据共享与交换。据麦肯锡研究报告，2025年，数据跨境流动对全球GDP的贡献价值将达到11万亿美元。数据跨境流动成为各国提升数字经济话语权的焦点。据IDC的预测，我国将在2025年左右成为全球数据量最大的国家。我国拥有海量数据资源，尤其需要重点引导、建立具有中国特色的数据出境政策法规体系，积极将数据资源转化为具有实际价值的资产，推动数字经济及新质生产力的发展。

然而，数据出境的普遍性、实时性、复杂性、敏感性、依赖性、互操作性也给国家安全、数据主权、隐私保护等带来了诸多挑战。这些挑战不仅涉及技术层面，还牵涉法律、政策和国家政治行为等更深层面。例如，实时性虽然提升了数据出境效率，但也依赖数据传输设备、网络的性能及安全；数据出境的复杂性使得企业必须持续跟进不断演变的国际法律、政策，保证数据出境的合规性；数据出境涉及的大量敏感数据对国家利益和公民隐私造成了潜在的威胁，甚至导致国家间的政治紧张。

## 2 数据出境标准化需求

数字经济的高速发展带动数据出境量的成倍增长，无论从国家层面还是企业、个人层面，亟须进一步完善政策规范和制度标准体系，为安全、高效、合规的数据出境活动创造条件。

①随着数据中心、云计算、边缘计算、5G网络等基础设施的快速建设和优化，数据传输和处理能力得到了极大提升。然而，这些设施的跨国界部署和互联互通需要统一的标准，以确保数据在不同国家和地区的设施之间能够高效、安全地流动。现有关于数据传输和处理能力互联互通、设施兼容、性能与服务质量方面的标准与数据出境的匹配程度有待加强。

②数据出境技术应用快速发展，大数据分析、人工智能、区块链等技术的广泛应用，为数据出境提供了强大的动力。标准化对于数据格式与编码、涉及个人数据处理的人工智能应用的算法与模型、不同技术栈和平台之间的技术互操作性尤为重要。

③数据安全是数据出境中的关键要素，数据出境安全机制有待持续健全，需要有数据

传输加密标准、数据全生命周期管理隐私保护标准、安全审计与合规标准等技术措施来保障数据的完整性和隐私。

## 3 数据出境标准化现状与挑战

我国数据出境尚处于起步发展阶段,对应的标准规则体系还处于探索阶段,以数据出境利用设施、数据出境技术应用、数据出境安全机制三方面为主的标准化现状与挑战如表1所示。

表1 数据出境标准化现状与挑战

|  | 标准化现状 | 标准化挑战 |
| --- | --- | --- |
| 数据出境利用设施 | 数据出境所依赖的基础设施,如数据中心、云服务、网络传输设施等,正经历着快速的技术革新和全球扩张。标准化工作在这一领域已经取得了一些进展,例如,国际电信联盟(ITU)和电气与电子工程师学会(IEEE)等国际组织制定了网络通信、数据传输协议等相关标准;云计算服务提供商和数据中心运营商也逐步采纳了ISO/IEC 27001等国际信息安全管理体系标准,以提升数据处理和存储的安全性 | 不同国家和地区之间的设施标准不一,导致数据在出境传输时可能面临兼容性问题,如数据格式、编码和接口协议的差异;缺乏全球统一的设施安全标准,可能影响数据的完整性和安全性,尤其是在涉及数据出境存储和处理时 |
| 数据出境技术应用 | 在大数据、人工智能、区块链等技术领域,标准化工作正在逐步推进,旨在确保技术的互操作性、数据的可移植性和算法的透明度;国际标准化组织(ISO)和其他行业联盟已经开始着手制定相关技术标准,如ISO/IEC JTC 1/SC 42专注于人工智能的标准化工作 | 新兴技术的快速发展往往超前于标准化进程,导致标准制定滞后,不能及时满足技术应用的需要;技术标准的全球统一性仍然不足,不同国家和地区对技术标准的接受度和实施力度存在差异,增加了数据跨境流动的技术壁垒 |
| 数据出境安全机制 | 数据安全和隐私保护的标准化工作日益受到重视,如GDPR、CCPA等数据保护法规的出台,促使企业和组织加强数据安全管理,遵循统一的安全标准和最佳实践;国际上,ISO/IEC 27001和ISO/IEC 27018等标准被广泛采用,以保障信息安全管理和服务提供商的隐私保护能力 | 不同国家和地区对于数据安全和隐私保护的法律要求存在差异,标准化工作需要在平衡全球多样性需求的同时,确保数据出境的合规性;安全标准的实施和监督机制尚待完善,缺乏统一的全球性监督框架,可能导致标准执行的不一致性和数据保护水平的参差不齐 |

## 4 数据出境标准化体系框架

根据前期数据出境领域标准化整体情况的研究,初步形成了数据出境标准体系框架,如图1所示,从总体标准、数据供给、数据出境、数据安全、融合应用5个方面划分了数据跨境流动标准化工作,进一步细分内容如下。

①总体标准为其他部分的标准制定提供基础遵循,主要包括参考架构、指南等标准。

②数据供给是在数据出境前进行的系列转化处理活动,将来自不同数据源、未经分析加工的结构或非结构数据经数据打磨转化成一次数据,形成有价值、标准化的数据资产。数据供给包括数据采集、数据处理、数据质量、利用设施等标准。

③数据出境是针对数据出境过程的规范和要求,是衔接政策、法律法规、制度和技术的重要工具,包括数据分类分级、数据评估、数据出境等标准。

④数据安全覆盖数据出境的全流程,确保数据有序、合规出境和高效应用。包括出境

数据安全、出境活动安全、出境设施安全、监测预警、应急响应等标准。

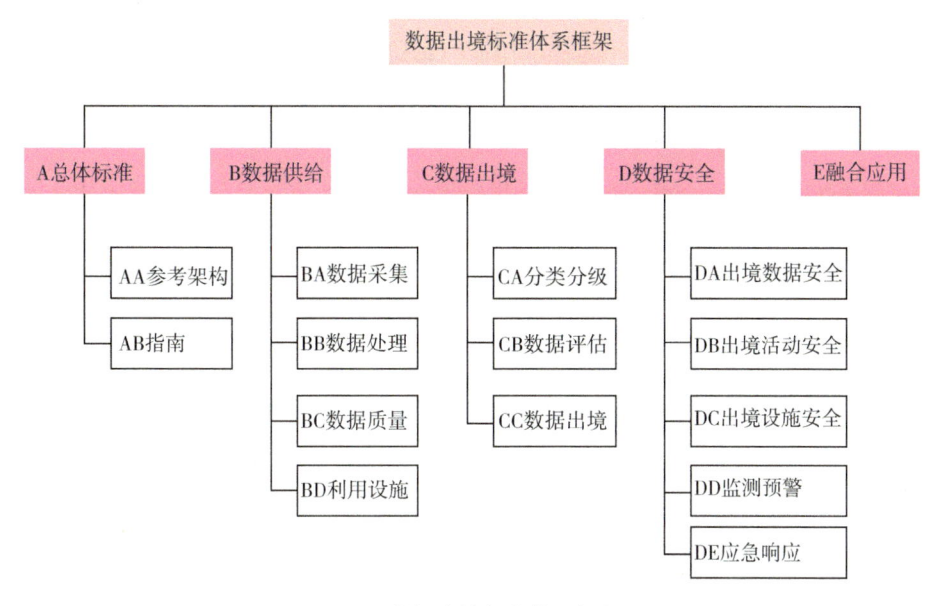

```
                        数据出境标准体系框架
         ┌──────────┬──────────┬──────────┬──────────┐
      A总体标准   B数据供给   C数据出境   D数据安全   E融合应用
         │          │          │          │
      AA参考架构  BA数据采集  CA分类分级  DA出境数据安全
      AB指南      BB数据处理  CB数据评估  DB出境活动安全
                  BC数据质量  CC数据出境  DC出境设施安全
                  BD利用设施              DD监测预警
                                          DE应急响应
```

**图 1　数据出境标准体系框架**

## 5　推进数据出境标准化策略

### 5.1　深化理论研究,指导成果落地

数据出境标准化建设离不开政策法规、制度模式、技术标准的制定与健全,基于这些顶层理论研究,再有针对性地对隐私与网络安全保护、数据主权、技术性与合规性的平衡、安全监测与应急处置等方面设置专项研究课题,加大攻关力度,形成相关重点理论研究成果,为数据出境标准化实践提供充分的理论依据。

### 5.2　总体谋划,完善数据出境活动顶层设计

加强组织领导,建立完善统一、权威、高效的标准管理体系。由国家对数据出境的标准化工作进行统一规划、管理和调配,发布数据出境标准化建设的指南性文件,包括总体工作思路、原则、任务目标、实践要求等,确保数据出境标准化工作目的明确、易于操作、稳步推进。同时坚持立法前置,由国家制定数据出境的纲领性法律法规,对标准化工作提供有力支撑。在此基础上充分调动行业、地方、团体组织的积极性,共同参与标准体系规划建设,与法律法规衔接配套,逐步完善数据供给、数据出境、数据安全等方面的行业标准、地方标准或团体标准,以及细化至数据清洗、数据脱敏、数据评估、数据安全监管等具体工作的管理方法与技术文件,形成协同推进的共建机制,有序推进数据出境相关标准研制和标准实施应用工作的开展,强化标准化工作监督,构建内外协同、上下联动的监管格局,确保数据出境依法合规开展。

坚持问题需求导向,遵循边发展边总结边完善,分阶段分步骤分层次,由易到难、逐步

试点探索的发展原则,加大对基础性、共性和重点领域的标准投入,建立包括国家、地方、行业、团体组织在内的多层级数据出境标准体系。可借鉴已有的与大数据相关标准体系的构建思路,注重与大数据标准化工作的协调。细化完善数据出境相关法规体系。

### 5.3 多元共治,支撑数据出境标准建设

建设"国家、行业、地方、团体"层面多元共治的标准化治理体系。以标准化工作为切入点,可以由中国电子技术标准化研究院、中国信息通信研究院、中国通信标准化协会等与大数据相关的标准化组织进行牵头,集结地方归口管理部门、企业、社会团体、高校等各类优势资源,共同参与从标准的需求调研、分析、获取、立项到标准的制定和修订工作,以及后续的标准推广、落地及维护等工作。

### 5.4 筑牢根基,营造一流发展环境

首先,扎实推进数据出境相关的基础设施、能力的建设。鼓励政府与企业、社会团体、科研机构的合作,从保障数据出境的安全性、合规性、完整性及可追溯性等方面加强对应技术研究与创新,如加密技术、隐私计算/保护技术、安全传输技术等,提升技术支撑水平。同时也要加快突破数据可见性、可用性和可控性相结合的数据流动技术,探索更多形态、更多模式、综合性的数据流动技术方案、技术规范。

其次,构建由第三方标准化服务机构主导的服务生态圈。基于数据出境标准化建设的需要,支持并指导第三方机构在数据安全评估、数据分类分级、数据合规管理、监控审计、鉴别与访问等方面进行能力培养与提升。鼓励有条件地区建立数据出境标准化服务试点,在试点范围内通过搭建独立、公正、权威的第三方数据出境服务平台等方式,重点优化数据出境标准化服务流程、能力及质量,提升标准化服务的专业化水平和综合能力。通过数据出境标准化服务生态的培育构建,面向数据出境发展实际需求,整合上下游资源,提供标准化整体解决方案,并在实施解决方案效果突出的地区、场景、模式中,提炼出示范标杆案例。

最后,寻求数据出境国际标准路径突破。建立由政府、企业、高校科研机构多级联动的国际标准化工作机制,分别从技术、管理、法规等方面促进国际标准化的合作。加快拓展技术标准化组织,形成与数据出境活动各环节相关的标准化技术委员会,为国际标准化交流合作拓展更多资源。在研究经费筹集、保障等方面提供基础资金支持,以专项资金或专项奖励基金等方式激励各类组织、个人积极参与 ISO、ITU、IEC 等各类国际性专业标准组织。同时,引入标准化优质资源,拓展国际标准化工作新路径,参加或承办 ISO、IEC 的国际会议,加强与国际标准化组织的交流与沟通,推动参与或主持数据出境国际标准制定、修订工作,加速标准研制成果的落地。

# 多芯光纤在空分复用光传输系统中的标准化探索与实践
## ——以数据中心短距离光互连为例

**张泽霖**[1] **秦钰**[2] **油光磊**[3]

1. 北京大学长三角光电科学研究院；2. 中天科技精密材料有限公司；
3. 中天科技光纤有限公司

**摘　要**：多芯光纤通过空间维度复用，可有效突破单模光纤香农极限的传输容量限制。本文以数据中心短距离光互连应用场景为例，阐述了多芯光纤这一新兴光传输介质在大容量空分复用光传输系统的标准化探索与工程化实践，并以日本为例分析了当前国外技术的发展趋势及政策导向，借此探析了高标准引领下空分复用技术的机遇与挑战。

**关键词**：多芯光纤　空分复用光传输系统　数据中心　光互连　企业标准

## 1 引言

大数据的应用需求激发了数据流量的爆发式增长，全球范围内数据中心基础设施建设的速度和规模持续扩展，而信息产生、储存和处理技术增速(45%)大于光接口速率增速(20%)的矛盾日益突出，加之普通单模光纤受制于香农极限的传输容量瓶颈，现阶段亟须开发新的复用维度以实现系统传输容量大幅提升。

近年来，研究人员尝试利用单根光纤传输的空分复用技术(Spatial Division Multiplexing，SDM)突破香农传输极限，相关的实验报道及工程应用实例也印证了这一方式的可行性[1]。SDM技术可极大地提高传输系统的频谱效率，使得现有光通信系统容量扩展近3个数量级，该技术也被认为是继波分复用之后光纤通信系统的又一次技术革命。目前，SDM系统的光传输实现形式包含两类[1]：一类是将多根导光纤芯富集在共同包层中形成多芯光纤(Multi-core Fiber，MCF)以满足多空间信道的大容量并行传输；另一类是将支持多个独立光学模式的少模光纤(Few-mode Fiber，FMF)作为传输介质，每个独立光学模式均可作为承载光信息的载体以实现单纤扩容，该技术也称为模分复用技术(Mode Division Multiplexing，MDM)。考虑到MDM技术后端需要复杂的模式解算，从技术实现难度角度，以MCF为光传输介质的SDM技术更有可能被商业化应用。相较于普通单芯光纤,MCF在提高单纤传输容量、增大频谱利用效率、节约敷设空间及降低资源能耗方面优势明显。光通信业界普遍认为MCF在短距离光互连、陆地骨干传输网络以及海底光缆等应用场景潜力巨大[2]。特别是对于高速高密度光互连解决方案的应用场景,如大型数据中心等,该类场景对传输光纤光缆的带宽及接入密度提出了更高要求。数据中心自身具有单-多模传输光纤共存、空间限制强、传输线缆更新速度快等特点,这恰好使得MCF成为最可能首先在光互连领域实现商用的传输光纤[3]。尽管,MCF已经在陆地骨干网络开展了试点测试应用[4],但在国内数据中心短距离光互连领域却鲜有应用。

经过近五年的技术积累,2023年江苏中天科技股份有限公司(以下简称中天科技)将MCF空分复用技术率先应用于数据中心短距离光互连应用场景,完成了省内首条数据中心MCF光传输试点线路建设,并编写且成功申报了国内首个针对SDM技术领域的企业标准——《短距离光互连用抗弯曲空分复用光纤》。同年,相关MCF产品指标经江苏省工信厅鉴定为国际领先水平。本文旨在通过对该企业标准的解读分析,探讨MCF在数据中心短距离光互连应用场景的技术关键点,剖析MCF产品指标提升及工程化应用发展前景。另外,通过阐述当前以日本为例的国外企业机构SDM技术发展及政策导向,探析高标准引领下SDM技术的机遇与挑战,为江苏省光通信产业的技术创新及高质量发展提出了意见和建议。

## 2　标准概况分析

2023年10月30日,《短距离光互连用抗弯曲空分复用光纤》企业标准(下称企标)第一版建立,企标编号:Q/320691ADB35—2023。该企标充分考虑了数据中心短途光互连应用场景空间狭小的特点,需避免因光纤宏弯损耗及芯间串扰带来的光传输信号质量恶化。另外,考虑到数据中心光信号双向传输的特性,MCF纤芯的数目被规定为四芯或八芯,即四芯光纤与八芯光纤(见图1)。并且,该企业标准也对短距离光互连用抗弯曲空分复用光纤的术语与定义、要求、试验方法、检验规则、包装、标志、运输和贮存等方面进行了规定。

MCF与传统单芯光纤具有众多技术共性,具体参照《通信用单模光纤　第7部分:

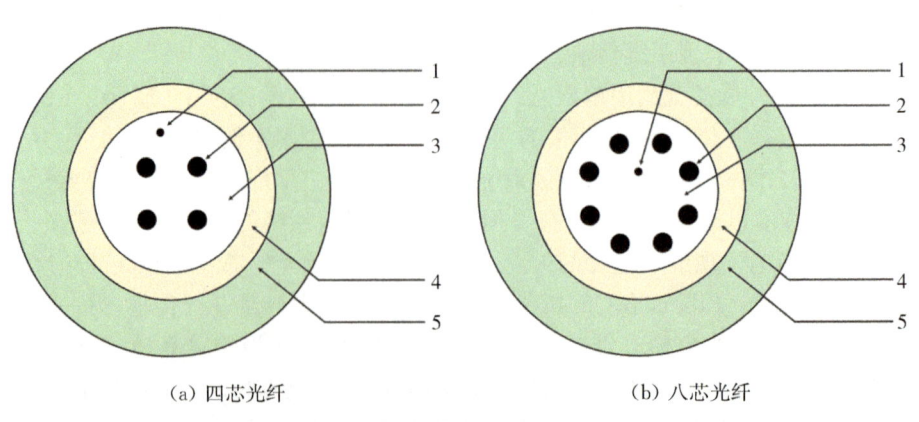

(a)四芯光纤　　　　(b)八芯光纤

1—标记芯;2—导芯;3—光纤包层;4—光纤内涂层;5—光纤外涂层。

图1　四芯及八芯光纤横截面示意图

弯曲损耗不敏感单模光纤特性》(GB/T 9771.7—2022)及《光纤试验方法规范》系列标准(GB/T 15972)。企标约定的MCF与传统单芯光纤具有相同的几何特性,如包层直径、涂覆层直径及光纤圆度等。另外,针对MCF导光纤芯的基本光学特性,如芯层衰减、模场直径及芯层模场直径等定义也是一致的,四芯及八芯光纤的尺寸参数如表1及表2所示。

**表1 四芯光纤尺寸参数**

| 序号 | 项目 | 指标 ||
| --- | --- | --- | --- |
| | | A级 | B级 |
| 1 | 包层直径,μm | 125.0±1.0 ||
| 2 | 芯间距(四芯),μm | 40～43 ||
| 3 | 包层不圆度,% | ≤1.0 ||
| 4 | 涂覆层直径(未着色),μm | 245±10 ||
| 5 | 包层/涂覆层同心度误差,μm | ≤12.0 ||
| 6 | 涂覆层不圆度,% | ≤6.0 ||

**表2 八芯光纤尺寸参数**

| 序号 | 项目 | 指标 ||
| --- | --- | --- | --- |
| | | A级 | B级 |
| 1 | 包层直径,μm | 125.0±1.0 ||
| 2 | 芯间距(八芯),μm | 30～33 ||
| 3 | 包层不圆度,% | ≤1.0 ||
| 4 | 涂覆层直径(未着色),μm | 245±10 ||
| 5 | 包层/涂覆层同心度误差,μm | ≤12.0 ||
| 6 | 涂覆层不圆度,% | ≤6.0 ||

从图1可以看出,针对四芯及八芯光纤结构,需要添加标记芯用于光纤熔接时的手性区分,这也是MCF与传统单芯光纤的明显区别之一。标记芯在设计时需充分避免对邻近纤芯的几何形变及相关附加衰减损耗[3],只需满足手性区分的功能即可。因此,对于四芯和八芯光纤,标记芯分别被设置于环形纤芯的内、外两侧排布。另外,标准约定四芯与八芯光纤具有与传统单芯光纤相同的包层外径和涂覆层直径,其目的是与下游成缆工艺及现有标准光通信设备规格匹配,减少因光纤外径变化带来的设备更新,节约成本。然而,125 μm标准外径却限制了MCF纤芯数目的进一步增加,在保证导光芯层光传输性能的情况下,八芯光纤已经是标准外径下纤芯数目的上限。四芯及八芯光纤的光学和传输性能参数如表3及表4所示。

表3　四芯光纤光学和传输性能

| 序号 | 项目 | | 指标 |
|---|---|---|---|
| 1 | 衰减系数最大值,dB/km | 1 310 nm | 0.42 |
| | | 1 550 nm | 0.27 |
| 2 | 芯层间衰减系数差异,dB/km | 1 310 nm | ≤0.05 |
| | | 1 550 nm | ≤0.03 |
| 3 | 芯间串扰,dB/km | 1 310 nm | ≤−60.0 |
| | | 1 550 nm | ≤−38.0 |
| 4 | 光纤宏弯最大损耗,dB(弯曲半径5 mm,弯曲圈数1) | 1 310 nm | ≤0.20 |
| 5 | 光纤宏弯最大损耗,dB(弯曲半径10 mm,弯曲圈数10) | 1 310 nm | ≤0.10 |
| 6 | 芯层模场直径,μm | 1 310 nm | 8.5±0.7 |
| | | 1 550 nm | 9.5±0.7 |

表4　八芯光纤光学和传输性能

| 序号 | 项目 | 指标 |
|---|---|---|
| 1 | 1 310 nm 衰减系数最大值,dB/km | 0.44 |
| 2 | 1 310 nm 芯层间衰减系数差异,dB/km | ≤0.05 |
| 3 | 1 310 nm 芯间串扰,dB/km | ≤−50.0 |
| 4 | 光纤宏弯最大损耗,dB（弯曲半径5 mm,弯曲圈数1） | ≤0.20 |
| 5 | 光纤宏弯最大损耗,dB（弯曲半径10 mm,弯曲圈数10） | ≤0.20 |
| 6 | 1 310 nm 芯层模场直径,μm | 8.5±0.7 |

从表3及表4可以看出,受制于当前光纤制备工艺,难以保证多个纤芯具有相同的芯层间衰减系数、模场直径及宏弯损耗,特别是邻近标记芯的导光纤芯相较于其他纤芯表现出更差的光传输性能[3]。因此,企标约定了芯层衰减系数最大值与芯层间衰减系数差异以保证SDM光传输性能。特别是基于相关文献报道[5],企标定义了芯间串扰来评价MCF芯层间的光传输互影响水平。考虑到数据中心场景光纤链路长度≤10 km,故四芯及八芯光纤的1 310 nm芯间串扰水平需分别≤−60.0 dB/km及≤−50.0 dB/km。由于八芯光纤相较于四芯光纤具有更加靠外的纤芯位置分布,故八芯光纤具有更大的宏弯损耗。另外,在平衡纤芯数目、串扰、衰减系数及标准外径等多种条件约束下,实验证实了八芯光纤仅支持光纤在1 310 nm附近的O波段传输[6]。MCF与传统单芯光纤存在诸多差异,尽管这些差异为后续SDM技术的工程化应用带来了技术难点,但也直接促进相关产业的技术革新发展。第3节将对MCF在数据中心短距离光互连应用场景的技术关键点及产业化探索进行分析阐述。

## 3 SDM 技术难点及工程化

从本质上讲,基于 MCF 的 SDM 光传输技术是面向大容量光通信应用的系统级解决方案,涵盖光输入/输出、空间复用/解复用、光传输介质及信号后端解算等众多技术要素,本节以三个主要技术难点为例进行分析。

### 3.1 技术难点一:光传输介质

从大容量传输需求的角度,低损耗、低串扰及高纤芯复用数目是 MCF 永恒的追求目标。但从上述企标分析及相关文献来看[6],纤芯数目、光纤尺寸和传输性能这三者总是在相互制约。如果脱离光纤尺寸限制而盲目追求高纤芯数目,致使后续成缆工艺及光通信设备改变,往往得不偿失。纵观整个光纤通信系统,其成本核心并非光传输介质。如果减少纤芯数目以追求每一个纤芯的极致传输指标,又会造成空间容量的浪费,SDM 的技术优势将大打折扣。因此,以现有 125 μm 标准光纤外径为基础,容纳更多的纤芯数目,并通过优化光棒制备、光纤拉丝及成缆工艺使得 MCF 与现有单芯光纤指标基本一致,成为现在 MCF 发展的核心技术思路。从图 2 中可以清楚地看到近十年来 MCF 外径和纤芯数目的变化[7],125 μm 标准外径的 MCF 光纤将成为后续 SDM 技术商业化的重要推动因素。

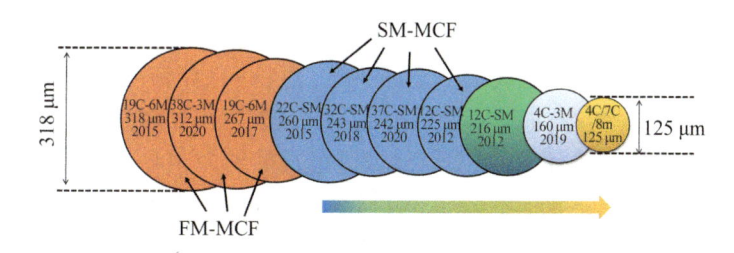

FM-MCF:纤芯支持少模传输的 MCF,如 38C-3M 即三十八芯三模式光纤;
SM-MCF:纤芯支持单模传输的 MCF,如 12C-SM 即十二芯单模光纤。

**图 2 MCF 外径变化发展**

### 3.2 技术难点二:高性能光器件

从光纤结构上来看,MCF 在同一包层内集中了多个导光纤芯。因此,如何通过低串扰、低插损的扇入/扇出(FI/FO)以实现每个空间信道的高质量空分复用/解复用传输是核心的技术难点之一。该技术难点不仅制约了 MCF 的研发测试进度,更限制了 SDM 传输系统的总体建设速度。近年来随着器件结构及制备工艺的优化,FI/FO 器件从最初的空间光耦合工作逐渐优化至现阶段基于熔融拉锥的全光纤式 FI/FO 器件,器件指标可达插损≤0.2 dB 且通道串扰≤-70 dB。基于此类全光纤式 FI/FO 器件,上述企业标准也提出了对短距离光互连用抗弯曲空分复用光纤芯层衰减及串扰测试的特定要求。尽管此类器件可以解决低串扰、低插损的光互连难题,但其制备工艺复杂、良品率低、价格昂贵,稳定的批量化生产模式还需进一步探索。

### 3.3 技术难点三:光纤熔接与放大

任何光纤通信系统都免不了光纤熔接与光信号放大,SDM 传输系统也不例外。上述企标中提出通过添加标记芯以实现光纤熔接时的手性区分,这也是众多光纤制造厂商优选的熔接对准方案[8]。然而可以预见的是,标记芯的添加会显著加剧邻近导光纤芯的传输性能恶化[3],但如何通过光纤设计及制备工艺优化来消除这一恶化效应,目前却鲜有研究报道。另外,现有光纤熔接机大多采用侧面成像的纤芯对准方案,尽管也有特定的熔接机(如 Fujikura FSM-100P+型)可通过光纤端面成像实现准确地对芯熔接,且现已将四芯光纤的熔接损耗降低至 0.1 dB,但该熔接机价格昂贵、操作复杂且熔接效率低,并不适合野外高强度电信施工。因此,低损耗、高强度的便携式高效熔接方案仍需进一步探索。并且,如何实现 MCF 每个纤芯的均衡放大以补偿衰减及器件插损造成的光信噪比也是需要考虑的技术难点。特别是对高性能的有源多芯光纤制备及高效的泵浦方案仍需深入研究。

面对上述技术难题,近五年来中天科技将前沿研发重点聚焦于 SDM 在数据中心短距离光互连场景的工程化应用,对 MCF 结构设计、光纤预制棒制造工艺、光纤拉丝工艺、光纤成缆工艺、低损耗光互连及敷设施工进行了全方位的技术探索,形成了"MCF 棒—纤—缆"的全链条研发,并于 2023 年完成了江苏省内首条数据中心 MCF 光传输试点线路建设。线路设计从运营商室外缆配线柜出发,采用低损耗熔融拉锥型的全光纤式 FI/FO 器件进行空间复用,经 4×24 芯的室外缆引入数据中心机房,随后经多个 FI/FO 器件解复用进入光收发模块进行信号分发,整个光传输链路长度约为 500 m。针对上述三个技术难点,MCF 采用打孔法制备的四芯光纤,保证高结构精度制备。其光纤筛选强度可达 150 kpsi,比单芯光纤筛选强度提高 50%,确保高强度成缆。室外缆采用高模量材料松套管配合填充油膏阻水,贯穿平行钢丝加固。成缆后相较于同等芯数的光缆,无论是在重量上还是在体积上,数值均大幅降低。采用 Fujikura FSM-100P+型熔接机进行端面成像熔接,使得四芯光纤与 FI/FO 器件的熔接损耗≤0.2 dB。经测试,单个空间信道的链路传输总损耗<3.0 dB。后续可对 FI/FO 器件插损及熔接损耗进一步工艺优化,单个空间信道传输损耗有望<1.5 dB。室外光缆、施工场景及熔融拉锥型全光纤式 FI/FO 器件如图 3 所示。

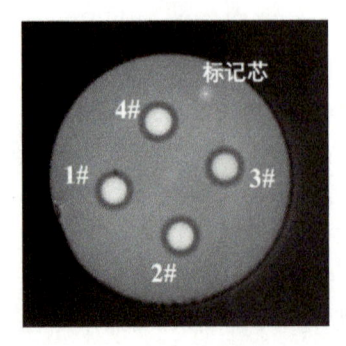

(a) 四芯光纤剖面

(b) 四芯光纤 4×24 芯室外缆结构剖面

(c) 四芯光纤 4×24 芯室外缆(右)及普通单芯光缆实物(左)对比 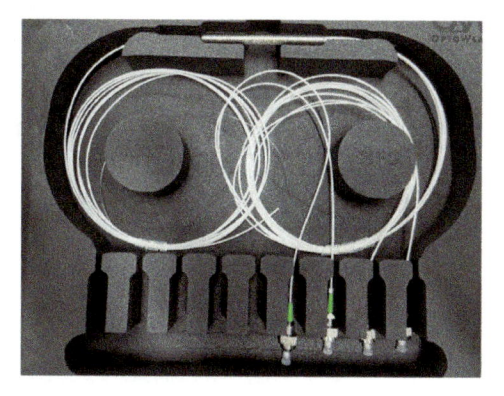　　(d) 熔融拉锥型全光纤式 FI/FO 器件

(e) 野外光缆敷设施工

**图 3　数据中心 MCF 光传输试点线路情况**

在实际工程建设过程中,MCF 产品及 SDM 技术的推广建设迫切需要更为完善的标准配套体系进行技术佐证与指导,如 MCF 成缆性能标准、FI/FO 器件性能及测试标准以及 SDM 光纤链路系统的测试标准等。第 4 节将以日本为例,剖析当前国外企业机构的 SDM 技术发展趋势及政策导向,并结合当前工程化应用结果,探讨高标准引领下 SDM 技术的机遇与挑战。

## 4　SDM 技术的机遇与挑战

近年来,随着网络流量需求的爆炸式增长,全世界各国对 SDM 技术及相关配套产业的发展给予了高度重视,并持续加强了对 MCF 等关键技术领域的政策支持和资金投入。特别是如藤仓、古河、NTT 等日本企业及研发机构发展早、技术积累时间长,现已领跑全球 SDM 技术发展。2019 年 3 月,日本电信技术委员会(The Telecommunication Technology Committee,TTC)发布了全世界首份《空分复用(SDM)技术报告》(报告编号:TR‑1077)。该报告中提出,当前SDM技术的研究及开发正在快速进行以显著提高光网络的传输容量。为了进一步扩大SDM技术推广范围,日本有必要制定国家标准并推动国际标准建立。基于上述技术发展趋势,TTC光纤传输技术委员会牵头开展了一系列SDM技术研讨活动,并将其编入TTC技术报告。

该报告将现阶段开展的SDM技术与现有国际电信联盟-电信标准分局(International Telecommunication Union-Telecommunication Standardization Sector,ITU-T)建议书中描述的技术项目进行比较,涵盖光纤技术、光学放大技术、连接技术、数字信号处理技术及系统节点配置技术这五大关键技术。更为重要的是,该报告还提供了未来标准应用于SDM光传输系统的示例、商业化进程路线以及标准化路线图。基于此报告,日本相关团体组织也为未来标准化推动提出了四条阶段性关键建议:①在日本国内持续讨论制定标准规范,加大技术讨论频次;②SDM技术领域的日本头部企业或组织机构向ITU-T提供技术信息,以尽快启动标准化制定活动;③密切关注上述机构对ITU-T相关建议的审议,并保持日本在ITU-T中的领先地位;④网络及设备管理相关问题的标准化步伐需进一步加快。

按照该报告,日本标准化部门将在2020—2030年陆续建立并完善SDM光纤测试方法标准、具有标准外径的MCF光纤标准、MCF连接器标准、密集空分复用光纤标准及MCF海缆及陆缆应用标准的全备标准体系。在这样的高标准路线引领下,全球SDM技术会迎来更好的发展机遇浪潮,进一步拓展包括MCF在内的相关配套光器件及光网络设备的技术创新升级。

然而,对比上述日本企业机构的标准化及技术发展进程,我国SDM技术水平及标准化力度仍显不足。可以预见的是,如果后续在日本企业及研发机构主导下,ITU-T建立SDM技术标准并推广至全球,我国光纤光缆生产商及光通信设备及器件制造商将处于被动局面,不得不进行技术设备升级以达到所谓的"日本标准"来获取市场份额。届时,无论是整个光通信领域的经济效益,还是国家信息通信安全都会面临前所未有的挑战。

江苏是中国光纤光缆行业的重要生产地之一,具有庞大的市场规模和完整的产业链条[9]。据2021年的数据显示,江苏省光纤光缆企业年产量就已超8 800万km,产能居全国第一,尤其在苏州市及南通市形成了较大的生产基地。产业链包括光纤材料、光缆芯、光缆皮、光缆组件等环节。面对当前SDM对传统光通信行业的技术冲击,针对江苏省光通信产业的高质量发展,笔者提出了以下几项建议。

第一,持续加强政策引导是推动光通信产业技术升级的关键。需要将信息通信产业纳入重点战略性产业,从顶层设计、规划布局、政策支持等多个层面加强产业发展。江苏省通信管理局会同江苏省工业和信息化厅组织编制的《江苏省"十四五"信息通信业发展规划》明确提出,到2025年,全省信息通信业整体规模进一步壮大,发展质量显著提升,基本建成高速泛在、集成互联、智能绿色、安全可靠的国内领先、国际一流新型数字基础设施。

第二,将标准作为推动技术发展的首要助推力。省内相关企业及头部科研院所可以牵头针对SDM技术的发展开展标准化讨论[10,11],逐步建立以头部企业标准为基础,以团体标准及行业标准为核心的多级标准体系,最终实现国家标准的建立。届时,各级标准将为SDM技术的快速发展注入强心剂。

第三,重点培养和吸引光通信产业的专业化人才及标准化领域的专家。产业发展,人才先行。江苏省光通信行业的领头研发机构和企业,需加强光通信技术标准化人才的培育,建立专业人才队伍,以支撑SDM技术革新及相关标准化工作的顺利进行。

## 5 结论

综上所述,本文通过对《短距离光互连用抗弯曲空分复用光纤》企业标准解读分析,并结合MCF在数据中心短距离光互连应用场景的工程化应用实例,探析了SDM技术商业化应用的主要技术难点。另外,通过阐述当前以日本为例的国外企业机构SDM技术发展及政策导向,得出SDM技术的快速发展必须依靠强大标准化支撑的结论。江苏省作为光纤光缆行业的重要集聚区,未来需要通过政策引导、标准牵引及人才培养推动以SDM技术为代表的新兴光通信行业高质量发展。

## 参考文献

[1] 涂佳静,李朝晖. 空分复用光纤研究综述[J]. 光学学报,2021,41(1):82-99.

[2] 余嗣兵. 多芯光纤应用分析[J]. 电信工程技术与标准化,2023,36(10):76-80.

[3] Zhang Z L, Qin Y, Zhu J, et al. Ultra-bend-resistant 4 - core simplex cable used for short-reach dense spatial division multiplexing optical transmission[J]. Micromahines,2024,15(108):1-10.

[4] 长飞光纤光缆股份有限公司. 中国移动联合长飞公司开展多芯光纤测试首创四芯光纤与七芯光纤同缆试点线路[J]. 现代传输,2023(6):18.

[5] 向练,潘洪峰,金树林,等. 多芯激励下实际多芯光纤芯间串扰特性研究[J]. 通信学报,2022,43(11):233-241..

[6] Hayashi T, Nakanishi T, Hirashima K, et al. 125-$\mu$m - cladding 8 - core multi-core fiber realizing ultra-high-density cable suitable for o-band short-reach optical interconnects[J]. Journal of Lightwave Technology,2016,34(1):85-92.

[7] Puttnam B J, Rademacher G, Luis B S. Space-division multiplexing for optical fiber communications[J]. Optica,2021,8(9):1186-1203.

[8] 张功会,陈伟,孙伟,等. 多芯光纤熔接与测试研究[J]. 光通信研究,2023(2):19-22.

[9] 姚可微,王筠婷. 我国光纤产业发展情况及对策建议[J]. 中国电信业,2023(8):68-71.

[10] 长飞光纤光缆股份有限公司. 发挥龙头企业带头作用 推动光纤光缆行业整体进步[J]. 现代传输,2017(S2):20-22.

[11] 谭越,郑辉,吴炜. 浅析标准化工作对企业发展战略的支撑作用[J]. 石油工业技术监督,2022,38(5):8-11.

# 深化实施标准化体系建设、推进标准化向项目化转变

## ——中车南京浦镇车辆有限公司开展电线路标准体系建设纪实

涂本荣　梅乔松

中车南京浦镇车辆有限公司

**摘　要**：中车南京浦镇车辆有限公司（以下简称浦镇公司）开展电线路标准体系建设项目，推动了标准化工作从离散化、局部化向系统化、项目化迈进，使标准化工作从标准管理向项目化管理转变，提升了标准化工作的深度和广度，使标准化工作人员在项目开展过程中获得成就感，推动标准化工作从被动、服务向主动、主导转变，有利于标准化工作深入企业创新发展、服务于企业技术创新、助力产品质量提升、保障产品安全运行。浦镇公司以车辆布线为主线，实施了轨道车辆电线路标准体系建设项目，推动浦镇技术转化为企业标准，有利于浦镇公司产品市场化、产业化和国际化，为浦镇公司开展标准化项目积累了经验，为国内企业系统性开展标准化工作提供了有益参考。

**关键词**：标准化　标准体系　调研　标准分析　标准编制　监督检查

## 1　前言

近年来，浦镇公司大力深化标准化工作，建立健全标准体系，积极推动科技创新成果的转化，取得了显著的成绩。企业标准立项从之前由各部门申报为主、标准化部门推出为辅转变为以标准化部门统筹立项标准体系建设为主、各部门申报为辅的工作方式。前者的标准化工作方式较为离散化、局部化，各部门各自为政，申报的标准涉及的方面不同，难以形成体系，标准之间的配套性和系统性不足；后者则是公司围绕重大产品平台制定标准体系架构，从各部门抽调专家组成专家组、系统梳理出需要编制的标准，将标准的制修订工作列入公司重点项目，通过统一立项，统一策划、分工合作、分批开展，取得了非常好的效果。浦镇公司已经成功建立城市轨道车辆（主要是地铁）标准体系，保障地铁的研发制造不再过度依赖国外标准，而是开始广泛采用公司城轨车辆标准体系中的标准。2021—

2023年，浦镇公司构建了覆盖城轨、客车、动车组等多种产品的电线路标准体系，共制定56项标准，包括设计标准、产品标准、工艺标准和试验检验标准，有效地保障了轨道车辆电线路设计及施工。浦镇公司目前正在就市域铁路车辆和现代单轨列车成立项目组，以系统地开展标准化体系建设。

## 2 重视调研、摸清情况、收集需求建议

2021年3月，浦镇公司标准化部门组织专家到设计、工艺、质量、采购车间对建设电线路标准体系的方法、设计中存在的标准缺失、现场常见质量问题、施工难点、电缆存储问题等进行了调研。专家组从以下几个方面进行了调研。①管理制度方面：是否按企业质量管理体系、管理制度对产品设计、工艺、采购、检验过程进行质量控制，是否制定相关二级文件规范项目全过程。②设计方面：电气设计过程是否了解顾客要求，是否对设计过程进行了策划，是否了解应采用标准的情况，是否能及时得到相关标准的有效版本，是否将技术标准落实到设计文件中。③采购方面：采购时能否将设计要求传递给供方、是否按标准或技术文件的要求进行采购，如何按标准要求对采购过程产品进行质量控制，电线电缆的存储是否符合标准的要求，不合格品如何管控。④工艺施工方面：电气工艺过程是否按中车工艺管理标准的要求进行了工艺和检验过程的策划。

项目组共安排两个小组到各相关部门和车间进行调研，并组织了三场讨论会。通过调研，项目组掌握了目前各部门从轨道车辆电线路设计到施工过程中标准执行不严以及缺乏标准规范的要素，调研了交付车辆在运行中发生过的电线路质量问题（如电线路老化失效、电线电缆起火冒烟），掌握了现有标准执行的情况以及存在的问题，听取了各部门对电线路标准体系的建议，形成了翔实的报告，为后续标准的制定打好了基础，有效保障了标准与使用者的衔接，防止关起门来做标准，从而避免标准适用性不强、贯标难的问题。

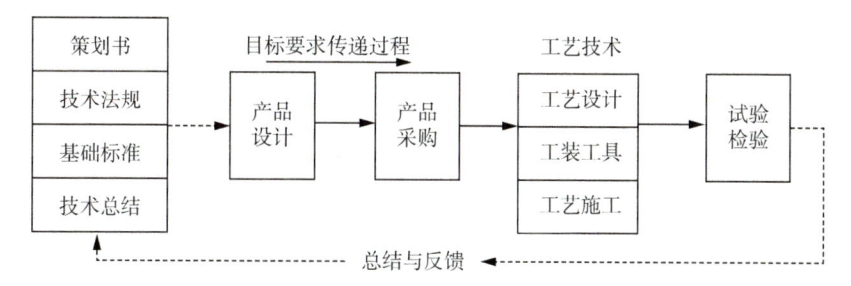

## 3 搭建电线路标准体系框架

标准体系框架是项目建设的前期工作，项目组采用标准综合体的分析方法，搭建了电线路标准体系框架，通过对产品设计、产品采购、工艺技术、试验检验等全过程的标准梳理，建立起电线路标准体系框架图（见图1）。框架图从四个方向进行分类，分别为产品设计标准、采购标准、工艺技术标准和试验检验标准。设计标准参考各产品平台所采用的不

**图1 电线路标准体系框架图**

同设计规范;采购标准为电线电缆、连接器及其附件产品的性能技术要求标准;工艺技术标准包括车下配线、设计下线、预布线、编号打码、剥线、压线、布线施工等列车电线路的工艺施工全过程标准,以及工装工具的选择使用等要求;试验检验标准包括施工质量试验检验等标准。

## 4　深入分析现有标准,反复讨论、编制顶层标准体系

根据项目组的工作要求,编制工作方案,明确工作目标、分工负责、团结协作,针对产品设计、采购(产品)、工艺技术、试验检测等电线路全过程技术标准进行整理,梳理出目前采用的国际、国家、行业标准明细,同时梳理出不同产品平台的特殊要求以及存在的不足和缺失。

项目组还搜集整理了目前国内外采用的电线路标准,确认了采用标准汇总清单。项目组从标准先进性、内容完整性、要求准确性以及可执行性、典型缺项和不足等方面对标准进行技术分析。标准分析以适用性、满足公司产品平台电线路设计工作需求、提高施工质量为原则,同时对国内外的同类标准进行对比分析。通过标准分析以及项目专家组的反复讨论,确定了哪些标准可以继续采用,哪些标准不应继续采用,需要新编哪些标准,哪些标准需要修订,形成了完整的标准对比分析报告,报告内容包括标准的适用性、差异性、继续直接采用的标准、需要修订的标准、不宜继续采用的标准以及需要新制定的标准清单。其中,需要新编制的标准清单为后续开展标准的编制提供了依据。

## 5　各部门通力合作、完成标准的编制

标准的编制执行了完整的立项申报、立项评审、征求意见稿编制及征求意见、意见处理及送审稿编制、标准会议审查、标准报批等过程。标准编制前,公司多次召开会议制订编制计划,深入研讨标准编制目标、方法、节点计划和分工等。根据分工成立由技术人员共同参与的起草组,以及由各部门技术专家组成的标准意见提出组,负责对标准提出意见,同时面向所在部门公开征求意见,保障了标准的合理性和适用性。

标准编制过程中强化了对标准编制说明的要求,详细说明了标准的核心要求、重要参数的来源及验证情况、分歧问题的处理过程,阐述了标准的技术水平等,纠正了以往编制说明过于简单的问题。标准发布后,浦镇公司及时下发贯标通知,并将标准收录至公司标准化系统供设计人员查询使用。标准化部门组织各项标准的主持或者参与专家对标准进行解读,主要介绍标准编制背景、标准主要内容解析、贯标的重点等。

## 6　标准实施的监督检查

标准实施后,为进一步贯彻落实电线路标准体系建设工作要求,巩固建设成果,公司标准化部门对电线路标准贯彻实施情况进行了专项检查。检查人员由项目组专家成员组成,检查采取听取汇报、查验资料和现场检查的方式,涵盖了标准宣贯、实施、监督等工作

流程,抽查了生产项目的图纸、技术规范、工艺文件、质量文件、设备管理台账、人员资质文件等。

检查发现了各部门在贯标实施过程中存在的问题和特色做法,以及存在的困难点和对标准贯标的建议。通过检查,各部门能够将标准的要求充实到设计文件和工艺文件中,现场的操作基本按照文件的要求执行,但仍然存在一些标准中明确的要求没有在现场操作和实物中得到落实的情况,还有部分要求在标准中未能得到明确规定。

## 7　标准体系建设产生的直接和间接效益

本项目系统地梳理和对比了国际、国内、行业电线路标准的差异和优劣,对标军工和航空行业相关标准,建立起了完整的浦镇公司轨道交通装备电线路标准体系,从系统性、协调性、成套性、目的性等方面建成了轨道交通车辆电线路标准体系,形成一套既能够满足轨道交通车辆电线路要求,又能够保证行车安全稳定、质量可靠的标准,填补了技术标准空白,从技术角度实现了电线路全流程相关工作有据可依。加强了各部门在技术上的沟通交流,取长补短,降低了不同产品平台在执行电线路标准上的差异性,大幅度提高公司产品的安全性、可靠性。

项目实施过程中,在公司分管领导和标准化主管领导的统一领导下,公司的标准化、设计、工艺专家通力合作,完成了调研、标准分析、标准编制、标准宣贯、标准执行情况检查全过程,在标准编制的不同阶段组织会议,邀请相关部门专家讨论标准内容的完善性和适用性,通过研讨会形式对相关问题和疑虑进行充分的讨论沟通,达成共识,为电线路标准体系建设的实施作出了积极贡献。项目的成功实施不仅为公司开展其他产品标准体系建设积累了经验,也为其他企业开展同类工作提供了有益参考。

# 构建智慧车站高标准市场体系

袁雪

南京国电南自轨道交通工程有限公司

**摘　要**：本文介绍了构建智慧车站高标准化体系的必要性、智慧车站高标准化体系框架，提出智慧车站高标准市场体系的关键要素、智慧车站高标准市场体系的实施策略和智慧车站高标准市场体系的挑战与对策，为构建更加高效、安全、便捷的城市交通体系贡献力量。

**关键词**：智慧车站　标准化　市场体系

## 1　引言

智慧车站是城市轨道交通系统的重要组成部分，其基于全面的智能感知、深度的数据融合和高效的数据治理理念，利用大数据分析、视觉计算和深度学习等智能化手段[1]，实现车站的数字化、网络化、智能化管理和服务。智慧车站的发展建设旨在从乘客、运营、建设3个维度提高车站的智慧程度，以实现服务的人性化及运营的智能化。

智慧车站是利用物联网、大数据、云计算等先进技术手段，实现车站全面智能化管理和服务的交通设施。它集成了票务、机电设备监控、车站级综合监控等多个系统，为管理者、业务人员和乘客提供统一的应用接口。建设高标准智慧车站市场体系框架，为推动经济高质量发展提供内生动能，实现质量、结构、规模、速度、效益、安全相统一的发展。在现有经济体制下依靠高标准市场体系的建设，能够加快质量、效率和动力变革，把有限资源配置到更高效领域，从而在更高水平上实现供需动态平衡和社会生产力水平的整体跃升。

## 2　智慧车站高标准市场体系框架

### 2.1　基础设施智能化升级

城市轨道交通智慧建设、智慧票务、智慧运维、智慧客服等智能化体系的创新与应用让智慧车站的理念落地生根，在提高运营管理效率、降低运营管理成本、提升车站运营管理联动控制、运行态势监控能力、乘客满意度等诸多方面发挥重要作用,进一步促进了绿智融合可持续发展[2]。

具体来说,一方面,对客运车站的软硬件进行一体化的数智化升级,通过优化乘客和驾驶员在场站内的出行体验,提升服务效率和用户满意度;另一方面,对车站运营管理业务进行数字化改造,基于数据驱动的高效协同,实现运营管理的自动化和智能化。可以从硬件设施智能化改造、信息通信系统建设、智能监控与安全保障三方面实现。

## 2.2 运营服务智慧化提升

智慧票务系统提供实时查询、购票、支付、进站、换乘功能,为乘客提供了全方位的出行服务。智能调度与行车管理提供基础性的车辆调度、电力调度、环控调度,提供服务的信息调度、乘客调度以及负责行车组织指挥的行车调度。行车调度的自动化程度、智能化程度及与其他调度协同接口信息的交互深度,直接关乎日常运营的效率、列车运行效能、客运服务水平和运营成本。乘客体验优化与增值服务从细节入手,提升服务品质。智慧车站能够在行程前、行程中和行程后的每个环节都为乘客提供不同的需求服务,比如出发前的短信提醒、实时路况通知、进站口导航、目的地的天气状况通知、安检等候时间预计,并且能够进一步简化流程,实现无纸化、自助化乘车。

## 2.3 管理与决策智慧化支撑

构建用计算机软硬件设施采集、存储、管理、分析和使用的超大规模数据集。用适当的统计分析方法对收集来的大量数据进行分析,提取有用信息,对数据加以详细研究和概括总结,通过算法搜索隐藏于其中的信息点,运用情报检索、专家系统(经验法)和模式识别等诸多方法来实现大数据分析与挖掘。

充分利用云计算平台提供大规模的数据存储与处理能力。在交通管理中,涉及的数据量十分庞大,包括车辆信息、交通事故数据、实时交通流量数据等。将这些数据上传至云端,可以充分利用云计算平台强大的计算能力和存储能力,通过数据挖掘和智能算法,提供交通流预测、路线推荐等服务,进一步优化交通运行,缓解交通压力、提高交通效率。

介入智能决策支持系统,可采用人工智能和决策支持系统(DSS)相结合的方式。智能决策支持系统在使用过程中,能够通过数据分析以及智能算法,提供有效的决策支持(见图1)[3],通过逻辑推理来帮助解决复杂的决策问题的辅助决策系统。

## 3 智慧车站高标准市场体系的关键要素

技术创新与研发、专业人才培养、国际合作这三个因素影响高标准市场体系的建立与实施。掌握前沿技术应用,积极探索、提升自主创新能力,建立产学研用合作机制,建立行业标准,规范操作流程、管理制度、质量与安全监管体系并监督执行。建立标准化人才智库,加强标准化专家队伍的专业性,充分发挥智库的作用,组成一批具有影响力的综合性标准研究机构,将标准化的理论和应用研究深入到实践中。标准化人才培养从教育中发

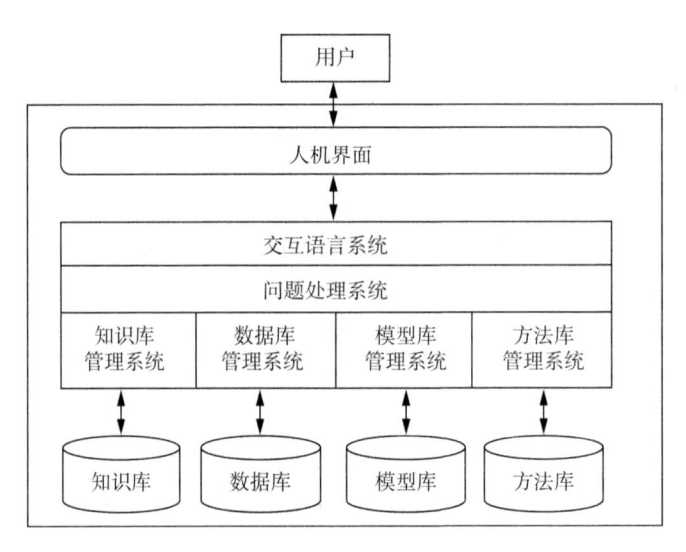

图 1 智能决策支持系统框架

掘人才,将标准化课程纳入中国各级教育体系当中、编写标准化教材,深入高校、企业的再教育中,让中国的标准走出去,把国际标准引进来,进一步实现标准化的交流互通。

## 4 智慧车站高标准市场体系的实施策略

党的二十大报告提出,要"加快建设制造强国、质量强国、航天强国、交通强国"。应积极响应国家政策,提供财政支持和税收优惠,加入行业监管协调机制,大力推广试点,针对典型案例分析与总结,进行成功经验复制与推广,在学习中挖掘亮点,保持创新与发展动力。同时进行产业链协同与资源整合,可以从上下游产业协同发展、资源整合与优化配置、产业生态构建与优化三方面实现。

## 5 智慧车站高标准市场体系的挑战与对策

国内各大城市加速智慧车站的建设,紧密结合自身的安全风险特点,广泛运用人工智能、大数据、物联网、数字孪生等数字技术[3],加强技术安全与隐私保护,建设风险综合监测预警平台,不断优化风险监测预警模型[4],需要加强网络安全防护,保障数据安全与隐私并制定应急响应机制。此外,要大力提升市场竞争力,促进合作与共享,构建良性竞争环境,推动可持续发展,关注长远发展规划,推动绿色低碳发展,加强社会责任履行。

## 6 结语

智慧车站高标准市场体系的目标在于通过先进的信息技术,构建一个高效、安全、便捷的车站运营管理体系,为乘客提供优质的出行体验。同时,该体系也致力于推动车站管理的智能化、精细化和标准化,从提升运营效率、强化安全保障、优化乘客体验、促进绿色发展等方面打造一个智能化、现代化、人性化的车站。

未来，智慧车站将不断创新和完善，以适应社会发展和乘客需求的变化，为构建更加高效、安全、便捷的城市交通体系贡献力量。同时，笔者呼吁各方积极参与，共同推动智慧车站高标准市场体系的建设与发展。

## 参考文献

［1］曹进.轨道交通智慧车站与智慧城市融合发展探讨［J］.通讯世界,2024,31(5):148-150.

［2］缪家玮.城市轨道交通智慧车站建设实践研究［J］.人民公交,2024(8):79-81.

［3］徐铭蔚.会计信息系统与智能决策支持系统的集成研究［J］.财会学习,2024(9):97-99.

［4］赵玲玲.城市数字化风险监测预警体系建设的实践路径——以杭州市为例［J］.湖北应急管理,2024(5):66-69.

# "智改数转网联"背景下医疗器械生产智慧监管标准化研究

刘琰[1]　左波[1]　侯月丽[1]　孙文明[2]

1. 江苏省质量和标准化研究院；2. 江苏省药品监督管理局

**摘　要**：医疗器械质量问题是关系人民生命安全和社会和谐稳定的重要问题，医疗器械行业的"智改数转网联"是国家的重要发展战略之一，是实现医疗器械智慧监管的有效途径。本文在研究国内外医疗器械产业智慧监管现状的基础上，对我国"智改数转网联"背景下医疗器械生产智慧监管存在的主要问题进行分析，指出智慧监管标准化的重要意义，并对如何实现智慧监管标准化提出建议，从而探索出适合我国医疗器械生产智慧监管发展的标准化道路。

**关键词**：医疗器械　智慧监管　标准化

## 1　医疗器械产业"智改数转网联"概况

医疗器械是关系人民健康的特殊产品，其质量问题关乎人民的生命安全和社会的和谐稳定。目前，医疗器械行业要求在严格的法律法规监管下合法合规运营，因此如何实现医疗器械高质量监管成为全球广泛关注的热点问题。

实现医疗器械行业"智改数转网联"是我国的重要发展战略之一，《中华人民共和国国民经济和社会发展第十四个五年规划和2035年远景目标纲要》中的第五篇对加快数字化发展、建设数字中国提出了明确要求。2021年12月30日，工信部办公厅在《制造业质量管理数字化实施指南（试行）》中对医药和食品等行业实施产品全生命周期质量追溯的要求做出规定。2021年，为进一步推动数字化、网络化、智能化的实施，工业和信息化部等八部门联合印发《"十四五"智能制造发展规划》。国家药监局作为医疗器械行业的主管监管机构，在《药品监管网络安全与信息化建设"十四五"规划》中要求以促进药品监管体系和监管能力现代化为目标，以信息化引领监管现代化进程。通过升级智慧监管能力，建设医疗器械监管体系来推动智慧监管建设提质、提速、提效。因此，智能化和数字化是医疗器械行业的必然发展要求。

"智改数转"也就是实现智能化改造及数字化转型,其核心技术是数字化创新应用,促进新一代信息技术与先进制造业深度融合,全面提升企业在各环节的智能化水平。"网联"重在依托工业互联网实现产业链上下游企业、制造业企业与数字服务企业的高效联接,打破信息孤岛,整合数据共享、提取及应用,带动技术、资金、人才、物资等优化配置,助力"智改数转"进一步普及深入。

在数字经济发展浪潮下,实施"智改数转网联"是深度融合数字和实体经济、推动高质量制造业的必然选择。近年来,医疗器械行业相关部门积极运用信息化创新医疗器械监管方式方法,将信息化工作逐步由政务服务向全生命周期风险数据归集、关联分析、深化应用方面拓展,推进各层级监管信息互联互通、共享共用,推动医疗器械智慧监管再上新台阶。

## 2 医疗器械智慧监管国内外现状

### 2.1 国外医疗器械智慧监管现状

#### 2.1.1 美国

美国是最早立法进行医疗器械监管的国家,美国食品药品监督管理局(FDA)在20世纪90年代已经运用信息技术手段改进监管工作。1976年,为加强医疗器械监管力度,美国国会通过了《美国联邦食品、药品和化妆品法案》的修正案,该法案首次提出通过分类的方法实行产品管理,并规定在医疗器械监管上,由政府行政部门负责。后续一系列规定由美国国会不断颁布,譬如《食品安全现代化法案》《医疗器械安全法》等,始终保持与医疗器械发展步调相一致。

2019年,FDA公布了《技术现代化行动计划》,指出需要拥有一个可以接收、评估和分析新型数据来源并将这些数据应用于未来几年监管决策的技术基础设施。2021年,FDA提出数字化转型倡议,对应成立了数字化转型办公室(ODT),以推动数字化转型。2022年ODT发布的战略规划明确提出了数据、云服务、网络安全、管理方式、卓越组织和运营,以及用户体验优先发展。配合以上政策的发布,FDA实施了多项智慧化监管工作,构建了多个覆盖医疗器械全生命周期的大数据平台,实现了从主动安全监测到全流程数字化监管的转换,例如,MAUDE数据库(the Manufacturer and User Facility Device Experience)收集产品不良事件和安全性信息,MedSun网络(Medical Product Safety Network)连接临床用户获取使用过程中的问题反馈。此外,FDA陆续出台了一系列数字化转型计划,如"Digital Health Innovation Action Plan",创建了统一整合上市前后数据的TPLC系统(Total Product Life Cycle)以及NEST系统(National Evaluation System for Health Technology),实现了对医疗器械全生命周期的有效监测。由此我们可以看出,FDA已经明确了智慧监管现代化的方向,并持续推进监管流程的信息化建设。

#### 2.1.2 欧盟

2017年5月,《欧盟官方期刊》(*Official Journal of the European Union*)发布了《欧盟医疗器械法规》(MDR)。相较于之前的《欧盟医疗器械指令》(MDD),其在监管级别上由指令升级为法规,通过10个章节123条及17个附录,在整合原指令基础上,大幅提升了医疗器械的可追溯性、产品在投入市场后的安全性和有效性等方面的监管,本次管理法规的重大变革，实现了欧盟成员国无须本国法律法规转化就可以实施监管的目的，提高了对欧盟成员国医疗器械的监管力度。

MDR 法规要求企业提供遵从性证明，鼓励采用新技术改进监管过程，如使用电子标签等新技术加强产品溯源。现阶段，欧盟医疗器械协调小组正在推进构建统一的 EU-DAMED 数据库，实现产品和企业信息的登记和共享。日本在 2014 年修订了医疗器械监管相关法规，允许监管部门使用视频摄像和传感器等新技术进行远程检查。与中国相比，美欧日在医疗器械智慧监管方面探索时间更长，应用更成熟，为我国提供了重要借鉴。并且，各国仍在继续优化监管模式，以适应新技术和新业态。

## 2.2　我国医疗器械智慧监管现状

1996 年，原国家医药管理局发布了《医疗器械产品注册管理办法》。后续颁布了一系列相应的管理条例及规范，如 2000 年的《医疗器械监督管理条例》、2014 年的《医疗器械生产质量管理规范》和 2015 年的《医疗器械生产质量管理规范现场检查指导原则》等。2022 年 3 月，为进一步加强医疗器械生产监督管理，国家市场监督管理总局令第 53 号公布的《医疗器械生产监督管理办法》对规范医疗器械生产活动，保证医疗器械安全、有效提出具体要求。

在各级政策引领下，系列实施行动促进医疗器械智慧监管不断发展。在 2019 年《国家药品监督管理局关于加快推进药品智慧监管的行动计划》和 2022 年《药品监管网络安全与信息化建设"十四五"规划》的基础上，国家药监局又于 2023 年印发了《关于加快推进省级药品智慧监管的指导意见》。一系列文件的制定与发布，为国家、省级医疗器械智慧监管一体化建设提供了根本遵循，也使得我国智慧监管的顶层设计更加完善。2023 年 8 月，《药品监管信息化标准体系》（NMPAB/T 11001—2023）正式发布实施，共包含 226 个信息化标准，其中引用国家标准、行业标准 152 个，自行制定标准 74 个。目前，国家药监局已经制定行业标准 2 个、团体标准 41 个、待制定标准 31 个。在医疗器械方面，已制定的标准包括：2 项医疗器械唯一标识数据库标准规范、4 项针对医疗器械及体外诊断试剂注册及备案管理的数据集及数据元标准规范、16 项关于医疗器械品种档案和信用档案基本数据集相关规范。2024 年国家药监局组织开展医疗器械行业标准制修订项目遴选工作，确定 98 项医疗器械行业标准制修订计划项目。在 98 项医疗器械行业标准制修订项目中，90 项为推荐性标准，8 项为强制性标准。一系列标准化措施为加强国家、省两级医疗器械信息化协同建设、数据协同共享奠定了基础，使得全国"一盘棋"的智慧监管标准体系更加健全。

国家药监局连续多年举办"药品数智发展大会"，选编智慧监管典型案例，推动理念和实践创新。在地方层面，多个省市开展了智慧监管试点，探索监管数据应用和风险管理，积累了宝贵经验。例如，江苏省建立"医疗器械生产监管信息平台"，并在常州试点大数据风险内控管理；浙江省建设"医疗器械跨区域监管平台"，运用数字化应用进行风险预警，辅助监管工作，优化了医疗器械监管流程。除此之外，天津药监局建设"医疗器械 UDI 可追溯平台"、成都高新区市场监管局搭建"医疗器械智慧监管云平台"等，都在医疗器械监管和企业信息化和数字化衔接方面做出了积极的探索。

基于以上系列法律法规及政策的颁布,我国目前以监管具体需求为引导、以监管业务为核心,统筹国家级、省级医疗器械信息化建设,运用系统思维全面布局,加强各层级间的高效协同联动,加快形成医疗器械智慧监管一体化建设工作格局。

## 3　医疗器械生产智慧监管存在的主要问题

我国正经历着从传统监管模式向智慧监管转型的重要阶段。医疗器械生产智慧监管过程存在的主要问题有以下几点。

①医疗器械生产过程复杂,产品对生产环境要求严苛,影响产品质量的原材料、中间品等类型较多,医疗器械生产企业如果只做最后的加工而不加以管控,其最终产品质量很难控制,这成为医疗器械行业的监管重点。另外,医疗器械的质量参差不齐,在注册拿证时的产品质量和实际生产过程中的产品质量存在不一致的现象,某些非法生产厂家的产品批次性误差很大,准确率较低,严重危害人民群众的生命安全。

②基层监管人手不足,普遍存在"查不到、查不尽、查不全"的情况。目前智慧监管重点需要解决的痛点是如何通过数字化相关技术架构出新型的监管机制,从而提升监管精准度。而通过标准化手段对实施路径和实现方法进行整合和统一也成为目前监管部门亟须解决的新命题。

③目前在医疗器械监管领域,《中华人民共和国电子签名法》等应用还不普及,对比美国《联邦法规 21 章》第 11 部分对电子记录、电子签名和在电子记录上执行的手写签名的要求,我国需要明确认可电子记录等同于纸质记录,明确电子记录真实、准确、完整、可追溯"四性"确认的技术路径,为企业电子化和监管部门实施提供标准化指南。

④监管数据的收集和应用系统性不足,监管机构间以及监管机构与企业之间的数据共享仍需加强。医疗器械生产企业缺乏标准化的电子信息化记录的技术要求,采购的第三方信息化系统参差不齐,在满足监管要求方面,往往难以拿出完整的符合要求的数据,而实际上企业并不缺少这样的数据,只是由于缺少这样的标准,数据散落在各个系统中,难以有效地提取出来。

## 4　医疗器械生产智慧监管标准化的重要意义

在医疗器械生产过程中,实施标准化对解决监管难题具有重要意义,能够提升医疗器械生产企业的质量管理水平,从而发挥节约医疗器械行业的信息化资金投入,引导行业良性发展的作用,主要体现在以下几点。

①通过数字化监管,提升企业的合规水平。为了行业的有序发展需要,行业内迫切需要针对医疗器械制定相应的数字化监管的标准规范,通过数字化监管提升企业的合规水平,减少企业重复投资,为企业建设数字化生产信息系统提供技术指导。

②为企业建设数字化生产信息系统提供了技术规范,解决医疗器械生产企业在生产过程、检验过程、质量管理、质量审计管理的信息化要求。医疗器械生产过程标准化对医疗器械生产和检验过程中关键数据项和参考数据集提出要求,企业按照规范进行数字化

生产信息系统建设,即可满足国家和省两级政府关于医疗器械生产的监管要求,为企业实现高质量发展提供技术保障。

③有利于政府进一步掌握企业的生产动态和质量控制水平。从前在发生重大疫情、重大群体卫生事件时,政府主要靠纸质台账掌握企业的库存和生产信息,当遇到需要进行库存统一调拨和管控的情况时,便无法掌握准确数据;而有了数字化抓手,政府可以通过数字化监管,直接掌握和控制企业库存,这对于稳定医疗器械的价格、确保市场供应,起到至关重要的作用。

## 5 医疗器械智慧监管标准化建议

### 5.1 构建医疗器械全链条标准体系,增强监管效能

实施促进医疗器械生产企业质量管理体系数字化转型,深入开展大中小型企业间"携手行动",推动医疗器械全产业链融通创新。与医疗器械"数智化"转型政策有效衔接,结合医疗器械相关企业所在地实际配套措施,加强监管工作分类指导和跟踪服务,促进监管对象、监管目标、监管实施及监管后处理等各项工作细节标准化,确保标准化监管工作落地见效,从而实现医疗器械产业链跨区域、跨平台系统化监管。

### 5.2 与先进信息技术相结合,促进监管智慧化

随着先进信息技术的不断发展,依照医疗器械产品质量和安全性的持续监管要求,可考虑采用传感器、大数据和人工智能等新兴技术来实现对生产全过程的质量数据智能化采集和监控,确定最优设计方案,提升智能化质量规划水平,从源头防止质量风险,解决质量问题。如将机器学习和大数据等技术相结合实现生产过程中不可预见的异常情况的自动调整;利用深度学习算法、数据挖掘和云计算等技术对生产数据进行自动化分析,识别出不合格品并触发报警系统;结合机器视觉识别和人工智能等技术对生产过程中产品质量检测流程进行监测,从而提升检测的全面性和准确性,提高预判预警水平。由此可以看出,通过先进信息技术的科学有机结合,可以提高信息采集的准确性、识别的可靠性、全面性和高效性,实现有效的预判和预警,从而大大提升生产监管的智慧化水平。

### 5.3 强化不良事件防控,完善预警机制

以工业互联网平台、国家药品监督管理局医疗器械唯一标识数据库、国家医疗器械不良事件监测信息系统等信息平台为基础,实现质量管理平台的统一化、标准化,采用条码技术、射频识别技术等自动识别技术,推进医疗器械生产企业联合上下游共建医疗器械产品唯一标识(UDI)规范,开展全链条全流程的 UDI 信息化质量追溯体系建设,积累模型化、平台化质量管理相关的知识、方法和经验,对不合格品数字化控制、不良事件数字化监测、预测和改进工作进行标准化、规范化,保障医疗器械全生命周期的质量水平。对于医疗器械生产方面的龙头企业,鼓励它们针对产业链构建质量协同平台,使得各项信息可以在企业之间共享,从而实现企业间知识共创的机制,这是对基于产业链的质量管理联动新模式进行的有益探索,使整个产业链质量的协同发展水平得到提高。

## 5.4 加强标准宣传培训,提升企业标准化意识

联合医疗器械监管相关单位及机构,在医疗器械生产企业、经营企业、医疗机构开展标准宣贯及培训工作,加强宣传,营造氛围,统筹规划,扎实推进,认真开展标准的应用实施工作。在标准培训宣传过程中,对企业或相关单位提出的建议和问题,归口单位要组织深入的研究探讨,持续做好标准后续的修订工作,确保以标准化促进医疗器械行业健康发展取得成效。

## 5.5 加强人员培训与队伍建设,保障实施有效性

加强对监管人员的标准化意识培训,提高监管人员的信息技术应用能力,规范监管人员依据标准进行数据分析的能力。建立专业的监管团队,加强人才梯队建设,吸引具备信息技术和监管知识的优秀人才,尤其是同时具备标准化经验的综合型人才,尊重人才成长规律,加大人才支撑,壮大监管人才队伍,优化人才结构,满足医疗器械监管的不断发展。

# 6 结语

"智改数转网联"是可以提高医疗器械生产智慧监管水平的重要措施。我国通过贯彻一系列信息化战略措施,将智慧监管方法与信息技术深度融合,为医疗器械生产的智慧监管带来新启发。"智改数转网联"是长期的、不断深化的过程,智慧监管的标准化对我国医疗器械生产智慧监管的方式带来了新的启发,也为医疗器械生产智慧监管数字化建设提出新的挑战。标准化的方法可以统一监管理念、积累监管经验、协调监管机制、总结成功方法,从而促进全产业链上各方信息数字化融合,探索出适合我国医疗器械生产智慧监管的标准化发展道路。

## 参考文献

[1] 曾美琪,连小奇.美国FDA医疗器械智慧监管现状与启示[J].中国医药导刊,2023,25(6):565-569.

[2] 徐勤,孙文明,司圣源,等.医疗器械生产企业智慧监管赋能路径研究[J].中国医学装备,2023,20(3):136-140.

[3] 许慧雯,郑佳,王慧超,等.新形势下医疗器械标准化体系研究[J].中国药事,2019,33(10):1087-1092.

[4] 林晓君.欧盟MDR法规下医疗器械产品监管机制解读[J].大众标准化,2020(13):146-148.

[5] 马艳彬,李非,李竹,等.中美医疗器械再评价的比较分析[J].中国执业药师,2010,7(11):32-35.

[6] 许愿,付奇.深化智改数转,叠加网联赋能[N].新华日报,2023-12-15(1).

# 标准塑造管理形态，数字赋能市监效能
## ——基于数字化视角的市场监管信息化标准体系研究

**杜舒雅**

江苏省质量和标准化研究院

**摘　要**：随着我国市场经济的高速发展，市场监管逐渐成为维护市场秩序、保障消费者权益和促进经济发展的关键环节。在此背景下，市场监管信息化标准体系建设显得尤为重要。本文从数字化视角出发，对市场监管信息化标准体系进行深入研究，旨在提高市场监管效能，为我国市场监管工作提供有力支持。

**关键词**：市场监管　信息化　数字化　标准体系

## 1　引言

随着信息技术的快速发展和广泛应用，市场监管面临着前所未有的机遇和挑战。如何构建一套科学、合理、高效的市场监管信息化标准体系，提高市场监管的效率和质量，已成为当前迫切需要解决的问题。

近年来，国家相继出台了一系列政策文件，明确提出了加强数字化政府法律法规及市场监管标准体系建设的具体要求。为深入贯彻落实《市场监管总局关于印发〈市场监管信息化标准化管理办法〉的通知》（国市监办发〔2021〕1号）[1]文件精神，笔者积极开展市场监管信息化标准体系研究工作，致力于构建江苏省市场监管数据共享技术规范，以实际行动积极响应市场监管总局的重要战略部署。同时，本研究也是提升和规范市场监管信息化、规范化、标准化建设水平与管理效能的关键举措。本文将展示市场监管数据共享领域标准化的前期研究成果，使各相关部门加快数据资源驱动，触发技术驱动，为形成"运用数据进行对话、依托数据制定决策、通过数据提供服务、借助数据推动创新"的现代化监管模式提供实操性指导，实现以数据驱动代替业务驱动，推动市场监管数字化政府工作的深入开展。

## 2 当前市场监管信息面临难题

### 2.1 新技术冲击困境

市场监管信息化标准体系的建设需要在现行法律法规和标准规范的框架下进行，然而，随着新技术的迅猛发展和广泛应用，现行法律法规和标准规范面临一定的挑战，甚至在一定程度上成为新技术推广应用的桎梏。例如，区块链技术正在快速迭代，如果缺乏有效监管，将会给政府部门带来风险；人工智能算法在当前法律体系中缺乏明确的法律依据和规范性标准，其技术标准体系有待深入健全；数据捕获与优化的流程可能存在对数据隐私及安全相关法律法规的潜在风险。政务数据与社会数据的整合、共享开放及应用开发等方面的法律法规与标准体系尚不完善，这在一定程度上限制了数据的共享开放和有效利用。同时，大数据标准基础架构的建设尚在进行中，这也在一定程度上阻碍了数据的采集整合、管理及应用工作。

### 2.2 数据集成与共享难题

市场监管信息化标准体系的建设，首先面临的是数据集成与共享难题。政务大数据共享存在标准不统一、平台重叠、接口不兼容等技术壁垒。我国政务数据标准体系仍在完善中，各部门之间在数据采集、处理和应用方面缺乏统一的规范，导致数据孤岛现象严重，难以实现数据的有效共享和协同监管。由于对接机制缺失、对接范围有限、数据资源匮乏、应用层次不深、沟通渠道不畅等问题，数据主体在数据共享方面的意愿并不强烈，数据的共享利用不充分，数据潜在价值未得到充分利用。尽管目前互联网企业纷纷推出数据中台解决方案，但各家方案的产品体系和标准并不一致，增加了政务数据和社会数据整合共享的技术难度。

### 2.3 数据风险持续升级

随着 5G、云计算、人工智能等新技术在政府信息化工作中的广泛应用，数据集中化、透明化及网络化的趋势日益显著，如何确保数据的安全性和隐私性成为一项重要挑战。在数字化时代的浪潮中，大数据联接广泛且复杂，网络攻击难以预测，任何层面出现问题都可能对数据构成致命威胁。人工智能、大数据等技术的应用会触及海量政务数据中的隐私信息，缺乏完善的安全风险评估机制将带来隐私泄漏风险。此外，我国信息化领域在原始创新方面仍显不足，核心技术长期依赖外部力量，这一状况几乎涉及数字政府应用的各个环节，这无疑给我国数字政府建设带来了挑战，也在一定程度上制约了我们在数据安全领域的自主保障能力。

## 3 基于数字化视角下的市场监管信息化标准体系构建

### 3.1 标准体系模型构建

信息标准化建设在信息化工作中占据着举足轻重的地位，是信息化建设的基石。该体系的建设不仅可以推进江苏省市场监管信息化的一体化进程,构建统一、规范的标准体系,还能有效提升数据质量,实现信息共享,促进业务协同。这一标准体系的构建,将为市场监管工作的现代化和智能化发展提供坚实有力的技术支撑,进而推动市场监管工作向更加高效、规范的方向发展。

因此,在构建标准体系的过程中,首先务必明确界定各标准体系之间的相互关系,以确保各标准体系之间能够相互融合、互为支撑,从而避免各自为政和重复建设的弊端。

根据标准化建设系统工程原理,拟定构建的江苏省市场监管信息化标准体系定位于标准类别、标准分布领域、标准级别、标准约束力 4 个维度,标准体系构建模型如图 1 所示。

图 1 江苏省市场监管信息化标准体系构建模型图

### 3.2 搭建基于数字化视角下的市场监管信息化标准体系框架

江苏省市场监管信息化标准体系严格依照国家相关法律法规、行业管理规定,遵循《标准体系构建原则和要求》(GB/T 13016—2018)等国家标准和有关资料的相关要求,结合江苏省市场监管信息化工作实际情况、工作特点和发展方向进行编制。设计的标准体系框架如图 2 所示。

该体系按层次结构分为 3 层。

第一层:标准体系的指导层是标准体系建立的依据和基础,位于虚线框外。以国家的法律法规为依据,包括以江苏省市场监管信息化工作的方针、目标为核心,以相关政策和规划为指导方向。这些对江苏省市场监管信息化标准体系具有指导作用,体系的所有标准都要在它们的指导下形成。

第二层:标准体系建设是市场监管大数据建设的基础,是实现信息共享的前提,根据市场监管的工作流程,市场监管信息化标准体系框架由总体标准、基础设施标准、数据标

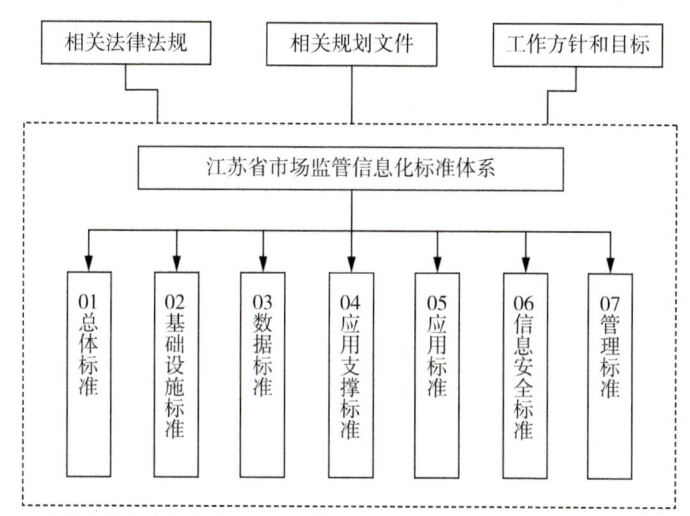

图 2 江苏省市场监管信息化标准体系框架图

准、应用支撑标准、应用标准、信息安全标准、管理标准七个分体系组成,这七个分体系相互作用、相互依赖和相互补充。

第三层:每个分体系可以再划分成多个次级类目。江苏省市场监管信息化标准体系第二、三层次结构图如图 3 所示。

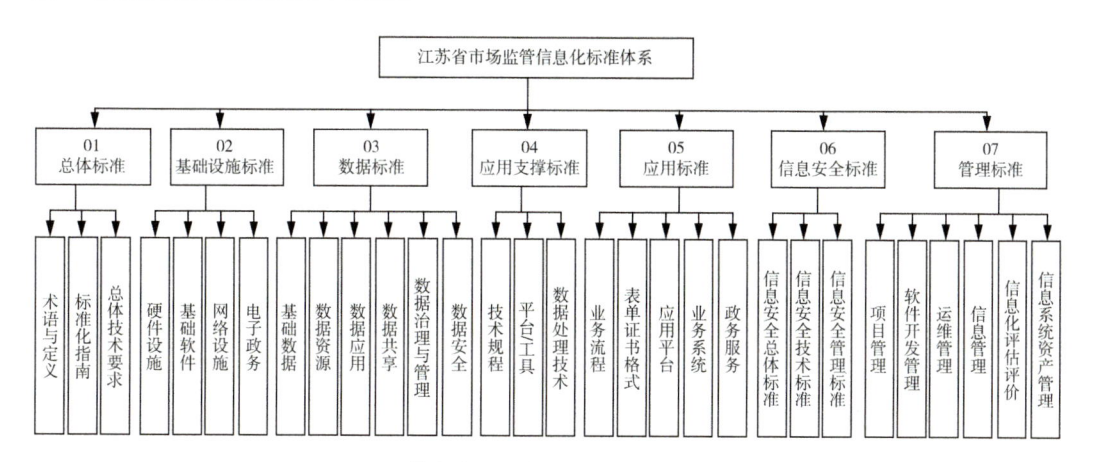

图 3 江苏省市场监管信息化标准体系结构图

## 3.3 标准体系的结论性说明

在构建标准体系的过程中,笔者充分借鉴了电子政务、数字政府以及市场监管信息化等领域的成熟标准体系架构,融合江苏省市场监管信息化的独特优势,实现标准统一化、信息联通化、数据共享化、业务协同化,从而推动市场监管工作的高效、规范与智能化发展。

标准体系包括法律法规、指导性文件等20项,标准314项。其中,自行制定标准29项,结合数字政府建设要求,完善数据标准子体系中基础数据、数据资源、数据应用、数据共享、数据治理与管理、数据安全等数据全生命期适用的标准105项。在此基础上,结合工作需求,重点提出拟制定数据标准17项,占总内部标准(29项)比重的58.6%。

## 4 信息化标准体系实施建议

### 4.1 制标准,定规范,实现内强扩展

加强市场监管主管部门的宏观管理和引导,为标准化活动创造良好的外部环境,支持对本领域有重大影响的标准制定。在标准的制定过程中,广泛吸收社会各方参与,固化管理和科技创新成果。推动市场监管信息化标准制修订工作体系化建设,明确编号、体例和制定流程。应用于市场监管信息化建设的标准包括国家标准、地方标准、行业标准及部分指导性文件、规范化文件和相关制度,为在市场监管信息化建设中推广和应用这些文件,应该将这些文件转化为标准,以更好地应用于市场监管信息化工作,促进标准实施。

### 4.2 强推广,重实施,输出服务管理

标准的制定只是第一步,关键在于执行。可通过组织培训、召开研讨会和多渠道宣传等方式,提升相方对标准的认识和理解。实施时,明确各级部门职责,确保相关人员理解自身角色和任务,以及了解如何应用标准,还应建立实施与监督机制,包括合规性检查、审计和评估,确保所有相关方遵守标准。应定期评估标准实施效果,鼓励各方提供对现行标准的反馈,并对反馈进行分析,找出标准中的不足和改进空间。此外,还可以学习和借鉴行业内的最佳实践,不断优化和改进标准的实施方法,帮助组织提高效率,减少错误和浪费。

### 4.3 跟动态,常维护,推动行稳致远

一个科学完整的标准体系是不断更新和改进的,随着技术进步和市场监管信息化需求的变化,现有标准可能需要更新或修订以保持其相关性和有效性。因此,应建立定期审查更新标准的机制,确保标准体系及时反映最新技术和行业发展。通过信息化手段,实时维护标准数据,实现对标准状态的动态跟踪、标准作废自动预警,以辅助标准体系的维护和管理,提高标准管理效率和透明度,实现动态管理和维护。

### 4.4 促协同,创发展,助推提档升级

标准数字化是利用数字技术对标准及其生命周期进行赋能的过程,其目的在于确保标准规则与特性能够被数字设备所读取、传输和应用。这一进程不仅是经济社会发展的客观需求,也是标准化体系对数字技术变革的积极回应。当前,研究主要聚焦于标准数据挖掘、知识管理以及智能化应用等领域,旨在提升标准的实用性和执行效率。数字化标准易于共享,有助于跨组织、跨领域的协作。同时,数字化标准可以与监管系统集成,自动检

测和报告不符合标准的情况。信息化工作与标准数字化的结合是未来发展的必然趋势，建议在市场监管信息化的标准化工作进程中逐步探索两者结合的可能性。

## 参考文献

［1］国家市场监督管理总局.市场监管总局关于印发《市场监管信息化标准化管理办法》的通知[EB/OL].（2021-01-18）[2024-10-30]. https://www.samr.gov.cn/zw/zfxxgk/fdzdgknr/bgt/art/2023/art_1fd6c5b9974e47db8c6f5574ce0c34e6.html.

# 高标准引领高质量发展
## ——以集成电路技术创新为例

李琳[1,2]　靳志鑫[2]　俞晓磊[3]　王安红[2]

1. 南京航空航天大学；2. 太原科技大学；3. 国家射频识别产品质量检验检测中心（江苏）

**摘　要**：集成电路作为现代信息技术产业的核心，其技术创新是推动高质量发展的关键。江苏省作为中国集成电路产业的重要基地，其技术创新和产业升级对推动区域经济高质量发展具有重要意义。本文以江苏省集成电路产业为例，分析了高标准引领下的技术创新路径、政策环境和产业发展趋势，探讨了集成电路产业实现高质量发展的方法。

**关键词**：集成电路　高标准　技术创新　产业政策

## 1 引言

集成电路（Integrated Circuit, IC）是信息技术产业的基础和能源动力，它已经渗透到国民经济和社会发展的各个领域，其技术创新直接影响到国家的经济安全和竞争力[1]。在全球经济一体化和科技快速进步的浪潮中，集成电路产业的高质量发展已经跃升为各国关注的前沿领域。中国凭借其庞大的市场规模和日益增长的消费需求，已成为全球最大的消费市场之一。中国的技术创新和产业升级不仅推动了自身的经济增长，而且对全球产业链的布局和发展方向产生了深远的影响。中国在集成电路领域的进步，不仅体现在技术突破和产品创新上，更在于其在全球供应链中发挥着越来越重要的作用，为全球经济的繁荣与发展贡献着中国智慧和中国力量。

标准化在各领域、各行业中具有举足轻重的作用，尤其是在集成电路产业高质量发展的关键时期，它将具有更加重要的战略意义和长远的经济价值，对于维护产业的稳健发展起到了重要作用，能够实现企业之间互操作性，促进产业链上、中、下游合作，推动产业的健康发展。2023年4月，全国集成电路标准化技术委员会正式成立，简称为"集成电路标委会"。该委员会由50余位来自不同领域的专家组成，包括高等教育机构、行业企业、科研院所、行业协会以及产业链下游的用户代表。集成电路标委会的成立旨在加快集成电路行业标准体系的完善，包括但不限于集成电路设备、半导体芯片、薄膜集成与混合薄膜集成电路、微波集成电路、电路模块、芯片及其知识产权核心（IP核）、微电子机械系统（MEMS）等相关标准。这些标准的制定、修订和研究工作将贯穿设计、制造以及应用等各个环节。集成电路标委会致力于全面落实《国家标准化发展纲要》，强化组织架构，构建和完善工作机制，支持企业深入参与全球产业分工协作和国际标准制定，推动标准实施和应用[2]，这不仅有助于提升企业的国际竞争力，也有助于推动中国标准走向世界。

标准化在推动技术进步、产业升级和国际贸易中扮演着重要的角色。对于集成电路产业来说，它不仅可以确保产品和流程的一致性，还促进了创新和效率的提升。集成电路作为信息技术产业的核心领域，其标准化有助于确保不同设备和系统之间的兼容性，降低成本，提高效率，同时为国际贸易提供便利。标准化不仅是现代信息技术进步的驱动力，更是经济社会发展的重要支柱和先导力量[3]。江苏作为长江经济带的核心区域，一直以来都是我国经济发展的重要引擎之一，其地理位置优越，资源丰富，产业结构多元，汇聚众多高等院校和科研机构，是我国最具创新活力的区域之一，同时也是我国集成电路产业的重要发展区域。

本文旨在探讨如何实现高标准引领江苏省集成电路产业的高质量发展，达成该领域产业技术创新实践促进产业结构优化升级，提高产业核心竞争力。为此，应系统分析江苏省集成电路产业的技术特征和发展现状，通过分析当前集成电路产业的相关标准和政策导向，进行高标准引领下的产业政策分析。并且，以江苏省为例，结合集成电路产业的案例研究，探析高标准引领下的产业挑战与机遇，为江苏省集成电路产业的技术创新和发展提出建设性的意见和建议。

## 2 集成电路技术应用概况

我国集成电路产业在设计和制造方面取得了一定的进展，尤其是在制造环节取得了一定的突破，拥有一批规模较大的集成电路制造企业，并建立了一定规模的制造基地[4]。然而，与国际先进水平相比，我国在高端芯片设计和先进制程方面的技术还有待提高，制造技术也有待提升。此外，我国用于集成电路制造的设备和材料还依赖于进口，这给产业的进一步发展带来了一定的挑战。

尽管面临挑战，我国集成电路产业仍然展现出快速发展的势头[5]。政府出台的一揽子政策和计划，促进了集成电路产业的创新和发展，包括：加大研发资金的投入力度，确保技术革新拥有充足的财务支撑；促进本土企业在核心技术上的自主研发，提升其创新能力和市场竞争力；实施人才引进计划，汇聚全球精英，为产业发展提供智慧支持。这些策略的实施，预计将为中国集成电路产业的加速发展注入强劲动力。

在全球范围内，中国在集成电路制造技术方面取得了显著的优势，特别是在降低功耗方面展现出卓越的能力，这在一定程度上弥补了中国在半导体制造工艺上的短板。尽管如此，中国的集成电路产业链在设计环节仍存在一定的薄弱性，尤其是在自主知识产权方面，与国际先进水平相比还有较大的差距，这一点在核心技术领域表现得尤为突出。

此外，我国集成电路产业的应用领域持续拓展，不断深化至更广泛的行业和生活场景中。如应用于消费电子、汽车电子、新一代网络通信、智能制造和新型数字基础设施等领域，并正在快速向人工智能、机器学习、物联网、智能驾驶和生物医疗等领域拓展[6]。这进一步加速了我国集成电路产业的迅猛发展，并为实现产业基础的高端化和产业链的现代化发展提供了强劲的推动力。

综上所述，我国集成电路产业处于快速发展中，政府的大力支持和市场的广泛应用为其提供了良好的发展环境。尽管与国际先进水平相比仍存在一定差距，但通过持续的技术创新和产业升级，我国集成电路产业的未来的发展趋向将聚焦于数字化、可持续性、智能化，以及产业的全面升级。

## 3　高标准引领的产业政策分析

过去十年里，集成电路行业经历了迅猛的发展，技术革新和市场需求的增长推动了相关标准数量的快速增加。得益于政府的坚定支持和市场的强大需求，中国的集成电路产业实现了显著的增长，并在设计、制造以及封装测试等核心领域取得了关键性的技术突破，这标志着产业的全面进步。集成电路产业链是一个复杂的生态系统，它从上游的基础原材料、生产设备和芯片设计软件，延伸到中游的芯片设计、生产和封装测试，最终覆盖到下游的广泛应用领域。

在集成电路产业链的起始环节，半导体基础材料的技术门槛较高，目前这一市场主要由国际供应商所主导。尽管如此，国内企业在特定领域，例如靶材、电子特种气体和CMP（化学机械抛光）材料等方面，已经实现了显著的技术进步和市场突破[7]。例如，2017年至2022年，中国光刻胶市场的规模从58.7亿元激增至98.6亿元，年均复合增长率为10.9%。同时，中国的硅片产量在2023年达到了622GW，实现了67.5%的同比增长。

在集成电路产业的中游制造领域，中国的集成电路产量自2017年的1 564.9亿块显著增长至2022年的3 241.9亿块，同时，在设计、制造和封装测试等关键环节，企业的自主创新能力不断增强，推动着市场规模的进一步扩大。

集成电路行业的标准化工作的目标是：截至2025年，制定或修订至少三项国际标准、超过十五项国家标准以及不少于二十四项行业标准。此外，还将致力于培养一批在集成电路设计、制造、封装测试、设备制造和材料供应等领域具有标准制定影响力的企业。这反映出集成电路产业的标准化进程正加速推进，以适应产业发展的需求。

在集成电路产业的标准化细节上，涉及的领域广泛，包括基础通用标准、产品规格标准、芯片设计规范、芯片生产标准、封装与测试标准，以及应用层面的标准等。这些标准贯穿了集成电路产业的全链条，为产业的规范化运作和高水准发展提供了坚实基础。

集成电路产业的标准化进程对于推动产业向更高层次的高质量发展至关重要。中国政府极其重视集成电路产业的繁荣，并采取了一系列政策措施来推动该产业的技术创新和标准化进程。例如，颁布《基础电子元器件产业发展行动计划（2021—2023年）》，并计划利用税收减免、财政补助和研发资助等激励手段，减轻企业负担，激发技术革新活力。

## 4 集成电路技术高标准引领的新挑战

近年来,江苏省对集成电路产业的发展给予了高度重视,并持续加强了对集成电路等关键技术领域的政策支持和资金投入。江苏省的集成电路产量在我国名列前茅,占总体量的比重近三成,但是集成电路产业标准化研制的任务仍很艰巨。在高标准的引领下,江苏省集成电路产业正面临一系列机遇与挑战。

第一,江苏省对集成电路产业的扶持力度显著增强。集成电路产业作为现代经济社会发展的支柱,具有战略性、基础性和先导性的特点,对于引领科技革命和产业变革具有至关重要的作用。为了推动集成电路产业的高质量发展,江苏省制定了一系列政策措施。例如,《省政府办公厅关于支持南京江北新区深化改革创新加快推动高质量发展的实施意见》中提到,将支持集成电路重大项目布局,加大基地型企业的引培,打造集成电路"千亿级"产业集群。此外,《省政府办公厅印发关于推进战略性新兴产业融合集群发展实施方案的通知》中强调,巩固先进封测领域优势,建设大规模特色工艺制程和先进工艺制程生产线,提高集成电路设计工具供给能力,突破高端芯片设计、核心装备及材料器件等关键环节。

江苏省的13个地级市通过发布产业发展政策,积极推动了各自地区的集成电路产业快速发展。如表1所示,2015—2023年,南京、无锡和苏州在集成电路产业相关政策的发布数量上位居前列。得益于这些政策的支持和引导,南京、无锡和苏州已经成为江苏省集成电路产业发展的核心区域。

表1 2015—2023年江苏省集成电路产业区域政策数量统计

| 地区 | 政策数量(条) |
| --- | --- |
| 南京 | 106 |
| 苏州 | 67 |
| 无锡 | 87 |
| 镇江 | 20 |
| 常州 | 63 |
| 扬州 | 43 |
| 泰州 | 29 |
| 南通 | 33 |
| 盐城 | 6 |
| 淮安 | 21 |
| 宿迁 | 24 |
| 徐州 | 25 |
| 连云港 | 45 |

此外，江苏省对集成电路产业的财政扶持力度十分显著，每年省级专项资金的投入不少于 5 亿元人民币，主要用于支持集成电路产业的关键技术研究、成果的转化以及平台的建设等方面。这些政策措施共同构成了江苏省集成电路产业的标准和政策体系，为产业的持续健康发展提供了坚实的政策保障。

第二，产业规模大，地域分布广。一系列与集成电路产业相关的政策出台，优化产业发展环境，提升产业链创新能力和整体水平。例如，《江苏省"十四五"制造业高质量发展规划》提出了打造综合实力国内领先的集成电路集群的目标。目前，江苏省的集成电路产业已经构建起一个完整的产业链，覆盖了从上游的基础材料和设备，到中游的制造，再到下游的应用等各个环节。截至 2024 年 5 月，江苏省正常运营的集成电路产业链企业总数已超过 50 000 家，其中集成电路设计企业数量超过 10 000 家，制造企业数量达到 5 591 家。此外，江苏省还培育出了包括芯原微在内的多家集成电路产业链的领军企业。

江苏省的集成电路产业在地理分布上表现出明显的集聚性，主要集中于苏南地区，特别是南京、无锡和苏州这三个城市，它们共同构成了江苏省集成电路产业链的中心地带。南京市在集成电路产业领域取得了显著成就，特别是在 5G 通信与射频芯片、高端晶圆制造、人工智能、物联网、汽车电子等高端芯片设计领域处于行业领先地位。无锡市在晶圆制造和封装测试行业方面位居全省之首，拥有多个集成电路产业的集聚区，例如无锡锡山集成电路装备产业园、无锡惠山国家先进半导体产业园以及无锡金投集成电路产业园。苏州在集成电路产业链中拥有众多企业，特别是在封装测试领域表现卓越。这些城市在集成电路的设计、制造、封装测试等产业链各个环节都进行了深入布局，形成了较为完善的产业集群。此外，江苏省其他地区如南通、扬州等城市也在集成电路产业方面展现出良好的发展势头，正在逐步形成具有自身特色的集成电路产业聚集地。

第三，集成电路产业的标准化体系不够完善。标准化助力集成电路产品的质量与可靠性，推动产业的高质量发展。标准化工作是产业发展的关键，它聚焦于满足产业发展的迫切需求，构建与时代发展同步的集成电路标准，以促进集成电路产业链和供应链的优化与升级。这包括强化组织架构，制定和完善相关制度，指导整个集成电路产业链的标准化工作，并鼓励企业深入参与全球产业分工及国际标准的制定。集成电路产业的标准化不仅促进了国际合作与交流，还推动了国内企业在国际市场的参与和协作，提高了它们在国际标准制定中的话语权，从而增强了中国集成电路产业在全球范围内的竞争力。江苏省作为集成电路产业活跃省份，企业在标准化过程中面临着标准化对象不清晰的问题，这将影响标准的制定和实施。标准化工作的组织机构有待进一步完善，推进标准化工作的系统性和连贯性。

综上所述，技术迭代推动了高性能产品的发展，系统级设计及封装成为技术发展的新趋势，为集成电路产业带来了新的增长点和挑战。江苏省出台了一系列政策，旨在提升产业创新能力、产业链整体水平，有助于解决标准化方面遇到的问题，推动集成电路产业的高质量发展。而集成电路产业在高标准引领下，正通过创新和技术进步来应对挑战，并抓住新兴市场和技术带来的机遇。

## 5 发展建议

深刻领会习近平总书记关于发展新质生产力的重要论述,充分发挥质量支撑和标准引领作用,推动新质生产力加快发展。针对江苏省集成电路产业的高质量发展,笔者提出以下几项建议。

第一,强化顶层设计和政策扶持是推动集成电路产业发展的关键。要将集成电路产业纳入"十四五"规划的重点战略性新兴产业,从顶层设计、规划布局、政策支持等多个层面加强产业发展。江苏省政府发布了《关于进一步促进集成电路产业高质量发展的若干政策》,明确了五大类具体措施,涵盖提升产业创新能力、提升产业链整体水平、形成财税金融支持合力、增强产业人才支撑和优化发展环境等方面。南京市对集成电路产业进行了精心规划,形成了"一核两翼三基地"的布局策略。"一核"即指江北新区,这里被定位为集成电路产业的中心区域,致力于建设具有国际竞争力的产业基地。"两翼"分别指江宁开发区和南京开发区,它们分别专注于第三代半导体产业和中高端芯片设计与制造产业的发展。"三基地"则涵盖了南京软件谷、徐庄软件园和麒麟科创园,这些区域将重点培育集成电路设计及相关软件服务产业。

第二,标准化引导提升集成电路产品质量和可靠性。制定和实施统一的技术规范和质量标准,有助于在整个集成电路产业中确保不同批次、不同生产条件下的集成电路产品能够保持一致的质量水平,从而降低产品的差异性。此外,标准化的工作不仅涵盖了现有的技术应用,同时还推动新技术的研发和推广。标准化的引导使得江苏省的企业可以更快速地将技术创新转化为实际产品,推动集成电路产业向更高质量迈进,并增强其产品的可靠性。

第三,重点培养和吸引集成电路产业的专业化人才及标准化领域的专家。充分利用南京集成电路产业协同创新学院的平台,开发创新的人才培养方案,为企业的发展提供坚实的人才支持。拓宽思路,为集成电路企业吸引的国际和国内的顶尖人才以及自身培育的高技能人才提供全面的生活支持,包括但不限于户口安置、子女教育、个人所得税优惠等。同时,鼓励长三角地区的集成电路产业链上下游企业组建创新联盟,共同致力于关键核心技术的突破研究,加强产业联盟的指导和支持。同时,加强集成电路标准化人才的培育,建立专业人才队伍,以支撑集成电路设计和相关标准化工作的顺利进行。通过各种相关政策集聚人才资源并推动标准化人才资源的建设,能够促进南京市集成电路产业的高质量发展。

第四,平衡标准化与创新需求,是推动集成电路产业发展的重要一环。依托江苏省在电子、信息技术等领域的现有产业基础,深入分析集成电路产业链的各个环节,选择集成电路产业链具有地方特色和竞争优势的细分领域,如芯片设计、晶圆制造、封装测试等,作为重点突破方向,鼓励共享标准化资源和成果,促进不同企业、研究机构之间的协作,以便保持技术的共享,激发新的思路和解决方案,营造良好的集成电路产业生态环境,推动产业实现高质量发展。此外,激励行业领军企业主导建立半导体集成电路产业的创新孵化园区和产业联盟,构建一个集中产业政策、人才资源、技术研发与产业投融资等要素的综合平台。在标准化的过程中充分考虑最终市场需求,确保标准化的成果可以满足市场的实际需求,同时促进新技术的市场化和标准化。

## 6　结论

综上所述,集成电路的产业化发展和标准化是相辅相成的。集成电路产业是现代电子信息产业的核心,而高标准化的研制是影响集成电路产业高质量发展的主要原因之一。因此,加强政策支持力度、推动标准化发展能够提升集成电路产品的质量和可靠性,培育和集聚集成电路产业化人才以及标准化人才,平衡标准化与创新需求,增强产业竞争力,推动集成电路产业的迅速发展。江苏省作为集成电路产业的重要集聚区,在技术创新中进一步丰富集成电路产业标准化的资源和成果,在制定高标准的同时推动集成电路产业的高质量发展。

## 参考文献

[1] Alabsi A, Hawbani A, Wang X F, et al. Wireless Power Transfer Technologies, Applications, and Future Trends: A Review[J]. IEEE Transactions on Sustainable Computing, 2025, 10(1):1-17.

[2] 尹航,宋璇,赵梦晗. 集成电路测试行业现状分析及建议[J]. 中国标准化,2024(13):251-254.

[3] 张心怡,夏冬阳. 团体标准引领集成电路产业创新升级[N]. 中国电子报,2024-06-21(8).

[4] Zhang B, Zhang W T, Zhu L, et al. Review of technologies for high-voltage integrated circuits[J]. Tsinghua Science and Technology, 2022, 27(3):495-511.

[5] 郭奕武,吴茹茹. 加快上海集成电路标准化建设[J]. 质量与标准化,2023(9):7-9.

[6] 孔宪伟,李秦华. 集成电路测试与标准化领域研究综述[J]. 信息技术与标准化,2023(7):39-43.

[7] 杨道虹,熊炳桥,任泰锟,等. 关键技术体系支撑新质生产力发展的机制与路径研究——以集成电路为例[J]. 科研管理,2024,45(9):55-63.

# 苏州市知识产权服务标准体系构建及发展策略研究

**李正祥**[1] **周文渊**[2] **韩玉坤**[1] **曹思齐**[1]

1. 江苏省质量和标准化研究院；2. 苏州市质量和标准化院

**摘 要**：知识产权是国家或地区发展的战略性资源和竞争力的核心要素，构建及发展知识产权服务标准体系对推动知识产权服务业发展，提升当地新质生产力，实施创新驱动发展战略至关重要。苏州市知识产权服务业高度集聚且发展水平国内领先，但在知识产权服务标准体系构建方面仍有较大提升空间。本文对现有知识产权服务法律法规、国家标准、地方标准进行梳理，提出苏州市知识产权服务标准体系构建与发展策略。

**关键词**：知识产权服务 标准体系

## 1 引言

知识产权是国家或地区发展的战略性资源和竞争力的核心要素，构建及发展知识产权服务标准体系对推动知识产权服务业发展，提升当地新质生产力，实施创新驱动发展战略至关重要[1-2]。建设知识产权服务标准体系是推动知识产权服务业健康发展的重要手段，对规范知识产权服务行为、提高服务质量和效率、提升服务能力和水平、完善市场环境、加强自律具有重要作用。

从中央到地方均高度重视知识产权服务标准体系的建设工作。国家知识产权局等九部门于2012年颁布的《关于加快培育和发展知识产权服务业的指导意见》指出知识产权服务业是现代服务业的重要内容[3]，这充分肯定了知识产权服务业对我国经济社会发展的重要性。

2014年颁布了《关于知识产权服务标准体系建设的指导意见》，2022年颁布《关于加快推动知识产权服务业高质量发展的意见》等文件，倡导构建知识产权服务标准体系，促进高质量服务供给。对此，苏州市人民政府发布《苏州市知识产权服务业发展扶持实施细则》《苏州市国家知识产权强市建设示范城市工作方案（2022—2025年）》等文件，为知识产权服务的标准化工作开展提供政策环境。

## 2 知识产权标准的现状及不足

近三十年来,随着知识产权服务行业快速发展,知识产业领域大量标准研究成果不断涌现并迭代更新。据统计,现行有效知识产权主题国家标准/行业标准共计 55 项,地方标准 98 项,团体标准近百项,另有 15 项国家标准制修订计划[①]。

截至 2024 年 5 月,已发布的知识产权领域各类标准共有 156 项,其中知识产权的创造、运用、保护、管理和服务五个阶段的标准共 144 项。五个阶段的标准分布如下:创造阶段的标准有 18 项,以地理标志商标为主;运用阶段的标准有 42 项;保护阶段的标准有 37 项;管理阶段的标准有 42 项;服务阶段的标准有 5 项。五个阶段标准占比如图 1 所示。

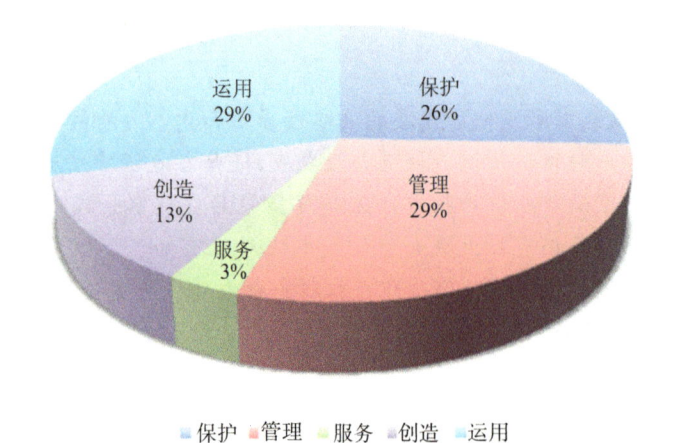

图 1 知识产权五个阶段标准占比图

知识产权服务领域的团体组织在全国团体标准公共服务平台上注册登记的数量呈逐年增长的态势,相关领域团体标准制定逐渐成为热点课题。对已发布的知识产权领域各类标准进行分析,发现在知识产权的创造、运用、保护、管理和服务五个阶段中,运用、保护和管理三个阶段产生的标准较多,创造和服务阶段的知识产权相关标准偏少,因此这两个阶段是将来制定标准的主要方向。

## 3 苏州市知识产权服务标准体系

### 3.1 标准体系的作用

标准体系是一定范围内标准化工作的规划、框架和蓝图,是标准制修订工作的重要基础。构建标准体系是识别标准之间的内在联系,并按照这种内在联系,使各标准之间互相关联、互相支撑、互相依存、协调统一,实现整个体系优化、协调、统一的过程。

为了构建苏州市知识产权服务标准体系,首先应对现有的法律法规、国家标准、地方

---

① 数据来源:全国标准信息公共服务平台 https://std.samr.gov.cn/。

标准进行梳理，充分了解现状。对于服务机构来说，掌握相关标准与掌握法律法规同样重要。开展标准体系建设工作有助于系统性、计划性地开展有关标准的制定，做到科学、合理、高质量、可持续发展。

### 3.2 知识产权服务标准体系结构图

在国家知识产权局提出的知识产权服务标准体系结构图的基础上，编制单位参照《企业标准体系表编制指南》(GB/T 13017—2018)、《服务业组织标准化工作指南 第2部分：标准体系构建》(GB/T 24421.2—2023)的有关要求，采用通用基础、服务提供、服务保障的三元结构建立标准体系。苏州市知识产权服务标准体系结构图如图2所示。

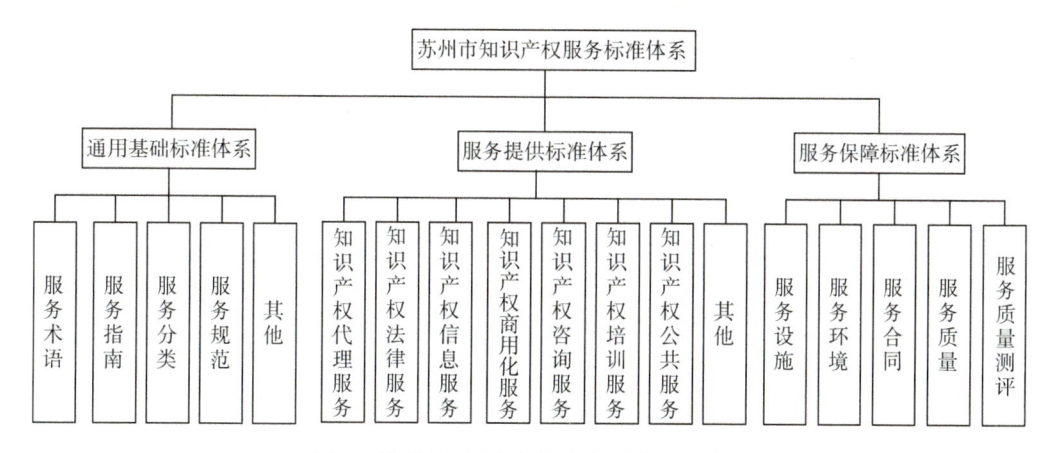

**图2 苏州市知识产权服务标准体系结构图**

通用基础标准体系，在整个标准体系中发挥着奠基性作用，是其他标准体系编制和实施的基础性参考依据，主要包括知识产权服务术语、服务指南、服务分类、服务规范等通用基础标准。

服务提供标准体系，是根据知识产权服务的内容进行分类，在通用基础标准体系的基础之上，形成了一系列服务类子标准，目前主要包括知识产权代理服务、知识产权法律服务、知识产权信息服务、知识产权商用化服务、知识产权咨询服务、知识产权培训服务、知识产权公共服务等，随着社会发展，新事物不断涌现，服务提供标准体系的子标准也会不断增加。

服务保障标准体系，是为切实保障服务提供标准体系的运行与实施，对知识产权服务提供的过程中涉及的关键环节和因素进行管理与控制的标准子体系，主要包括知识产权服务设施、服务环境、服务合同、服务质量、服务质量测评等。

### 3.3 知识产权服务标准体系明细

表1列出了在知识产权服务标准体系框架下，苏州市已有的标准和亟待研制的标准清单。清单主要来源于两个方面：一方面是对现有的标准梳理与筛查，在此过程中发现了标准的缺失项，为未来研制标准立项提供建议；另一方面参考了国内外已经发布的知识产权领域地方标准，在其中筛选出相关性较大的项目，作为苏州市标准体系建议推荐立项的项目。

表1 苏州市知识产权服务标准体系明细表

| 序号 | 子体系 | 标准编号 | 标准名称 | 标准类型 |
|---|---|---|---|---|
| 1 | 服务术语 | GB/T 21374—2008 | 知识产权文献与信息 基本词汇 | 国家标准 |
| 2 | | GB/T 30247—2013 | 信息技术 数字版权管理 术语 | 国家标准 |
| 3 | | | 知识产权服务术语 | 待制定 |
| 4 | 服务指南 | GB/T 39551.1—2020 | 专利导航指南 第1部分:总则 | 国家标准 |
| 5 | | GB/T 39551.2—2020 | 专利导航指南 第2部分:区域规划 | 国家标准 |
| 6 | | GB/T 39551.3—2020 | 专利导航指南 第3部分:产业规划 | 国家标准 |
| 7 | | GB/T 39551.4—2020 | 专利导航指南 第4部分:企业经营 | 国家标准 |
| 8 | | GB/T 39551.5—2020 | 专利导航指南 第5部分:研发活动 | 国家标准 |
| 9 | | GB/T 39551.6—2020 | 专利导航指南 第6部分:人才管理 | 国家标准 |
| 10 | | GB/T 39551.7—2020 | 专利导航指南 第7部分:服务要求 | 国家标准 |
| 11 | 服务分类 | GB/T 21373—2008 | 知识产权文献与信息 分类及代码 | 国家标准 |
| 12 | | | 知识产权 服务分类 | 待制定 |
| 13 | 服务规范 | DB 32/T 4035—2021 | 实体市场知识产权管理规范 | 地方标准 |
| 14 | | DB 32/T 4157—2021 | 专利申请预审规范 | 地方标准 |
| 15 | | | 知识产权服务机构服务规范 | 待制定 |
| 16 | 知识产权代理服务 | GB/T 34833—2017 | 专利代理机构服务规范 | 国家标准 |
| 17 | | DB 32/T 2823—2015 | 商标代理服务规范 | 地方标准 |
| 18 | 知识产权法律服务 | DB 3205/T 1023—2021 | 企业参展知识产权风险防范规范 | 地方标准 |
| 19 | | | 知识产权法规服务规范 | 待制定 |
| 20 | | | 知识产权案件诉讼服务 | 待制定 |
| 21 | | | 知识产权维权服务规范 | 待制定 |
| 22 | 知识产权信息服务 | GB/T 39550—2020 | 电子商务平台知识产权保护管理 | 国家标准 |
| 23 | | GY/T 333—2020 | 视音频内容分发数字版权管理 有线数字电视数字版权管理系统集成 | 行业标准 |
| 24 | | GY/T 334—2020 | 视音频内容分发数字版权管理 互联网电视数字版权管理系统集成 | 行业标准 |
| 25 | | | 专利信息检索服务规范 | 待制定 |
| 26 | | | 专利数据分类标记指引 | 待制定 |
| 27 | | | 知识产权公共信息平台建设与管理规范 | 待制定 |
| 28 | 知识产权商用化服务 | GB/T 42293—2022 | 商品交易市场知识产权保护规范 | 国家标准 |
| 29 | 知识产权咨询服务 | DB 32/T 4308—2022 | 高价值专利培育工作规范 | 地方标准 |
| 30 | | | 知识产权咨询服务规范 | 待制定 |
| 31 | | DB 3205/T 1101—2023 | 科创板上市企业知识产权风险防控指南 | 地方标准 |
| 32 | | | 跨境贸易知识产权风险防控规范 | 待制定 |

续表

| 序号 | 子体系 | 标准编号 | 标准名称 | 标准类型 |
| --- | --- | --- | --- | --- |
| 33 | 知识产权培训服务 |  | 知识产权人才培训工作规范 | 待制定 |
| 34 |  |  | 知识产权人才能力素质要求 | 待制定 |
| 35 | 知识产权公共服务 | GB/T 33251—2016 | 高等学校知识产权管理规范 | 国家标准 |
| 36 |  | GB/T 33250—2016 | 科研组织知识产权管理规范 | 国家标准 |
| 37 |  | GB/T 32089—2015 | 科学技术研究项目知识产权管理 | 国家标准 |
| 38 |  | GB/T 29490—2023 | 企业知识产权合规管理体系要求 | 国家标准 |
| 39 |  | GB/T 20003.1—2014 | 标准制定的特殊程序 第1部分：涉及专利的标准 | 国家标准 |
| 40 |  | GB/T 40953—2021 | 数字版权保护 版权资源加密与封装 | 国家标准 |
| 41 |  | GB/T 40985—2021 | 数字版权保护 版权资源标识与描述 | 国家标准 |
| 42 |  | GB/T 40949—2021 | 数字版权保护 可信计数技术规范 | 国家标准 |
| 43 |  | GB/T 35632—2017 | 测绘地理信息数据数字版权标识 | 国家标准 |
| 44 |  | GY/T 336—2020 | 视音频内容分发数字版权管理 系统合规性要求 | 行业标准 |
| 45 |  | GY/T 335—2020 | 视音频内容分发数字版权管理 标准符合性测试 | 行业标准 |
| 46 |  | YD/T 3414—2018 | 手机阅读业务 数字版权保护技术要求 | 行业标准 |
| 47 |  | GY/T 294—2015 | 电影数字节目版权保护技术体系框架 | 行业标准 |
| 48 |  | CY/T 133—2015 | 电子图书版权信息检测方法 | 行业标准 |
| 49 |  | CY/T 115—2015 | 电子书内容版权保护通用规范 | 行业标准 |
| 50 |  | GY/T 277—2019 | 视音频内容分发数字版权管理技术规范 | 行业标准 |
| 51 |  |  | 知识产权试点示范园区建设与运行规范 | 待制定 |
| 52 |  |  | 知识产权保护中心服务规范 一般要求 | 待制定 |
| 53 |  |  | 知识产权纠纷人民调解服务规范 | 待制定 |
| 54 |  |  | 知识产权出口特色基地建设规范 | 待制定 |
| 55 | 服务设施 | YD/T 3876—2021 | 互联网新通用顶级域名服务 域名商标保护服务（TMCH)流程和接口技术要求 | 行业标准 |
| 56 |  | QB/T 5056—2017 | 水转印商标用纸 | 行业标准 |
| 57 |  | JB/T 8474—2013 | 印刷机械 商标模切机 | 行业标准 |
| 58 | 服务环境 |  | 知识产权特色楼宇评价规范 | 待制定 |
| 59 |  |  | 知识产权综合服务中心建设规范 | 待制定 |
| 60 | 服务合同 |  | 知识产权法律顾问服务规范 | 待制定 |
| 61 | 服务质量 |  | 知识产权服务质量管理工作规范 | 待制定 |
| 62 |  |  | 知识产权服务质量维度分析规范 | 待制定 |
| 63 | 服务质量测评 | GB/T 37286—2019 | 知识产权分析评议服务 服务规范 | 国家标准 |
| 64 |  |  | 知识产权服务质量评估规范 | 待制定 |
| 65 |  |  | 知识产权服务质量评估指标 | 待制定 |
| 66 |  |  | 专利价值评估规范 | 待制定 |
| 67 |  |  | 服务质量评价模型的建立 |  |

## 4 对策建议

### 4.1 培养知识产权标准化人才

推动知识产权学科教育与职业教育、本科教育相结合，拓宽人才供给渠道。开展知识产权服务标准化教育培训工作，提升从业人员素质，增强知识产权服务标准化工作能力。开展知识产权服务专业人才淬炼工程，培养一批专业扎实、经验丰富、熟悉标准的人才，为知识产权服务标准化提供智力支撑。建立标准化人才激励机制，引导企业设立知识产权与标准化专员，推动服务机构从业人员、科研院所研究人员成为知识产权服务标准化工作的主力军。

### 4.2 促进知识产权服务产业与标准化协同创新

探索知识产权服务产业与标准化协同合作创新机制，推动标准化优质资源、知识产权服务机构专业力量与企业需求精准对接，通过标准化技术组织、标准化联席会议、知识产权标准化科研项目等渠道，促进标准化与知识产权深度融合，鼓励行业组织、服务机构、科研院所等积极参与知识产权服务标准研究与制修订工作。鼓励知识产权服务机构深入挖掘企业需求，帮助企业开展高价值专利布局、商标品牌培育、版权成果转化、知识产权风险防范等工作。推动知识产权服务机构深度参与高校院所创新全过程，主动服务国家战略科技项目，发挥产学研用协同创新效应，着力突破制约产业发展的关键核心技术和共性技术。

### 4.3 推动知识产权标准化试点示范项目

开展知识产权服务标准化试点（示范）项目工作，在知识产权服务机构、知识产权与标准化工作基础较好的企业中培育一批创新能力强、服务水平高、具有一定社会影响力的标准化试点（示范）项目，为全市全面推进知识产权服务标准化建设提供经验借鉴与示范引领。

### 4.4 加快研制知识产权重点标准

在对知识产权服务领域国际标准、国家标准、行业标准以及地方标准等进行分析研究的基础上，深入梳理全市知识产权标准化建设的现状与需求，确定知识产权服务标准制修订的长远目标、工作任务和实施步骤。按照加强对接、集中精力、分类推进的原则组织各方力量加快推进重点标准研制。

## 参考文献

［1］申长雨. 全面开启知识产权强国建设新征程［J］. 知识产权，2017(10)：3-21.

［2］丁可. 我国知识产权服务机构现状及发展对策［J］. 法制博览，2016(23)：173-175.

［3］陈幸. 加快培育和发展知识产权服务业恰逢其时［J］. 中国发明与专利，2012(1)：8.

# 数字经济与先进制造业融合发展中的标准化思考
## ——以扬州市为例

**茆法勇**

扬州市市场监督管理局

**摘　要**：标准对支撑数字经济和先进制造业融合发展发挥着重要的基础性、战略性和引领性作用。本文对扬州市近年来数字经济和先进制造业发展情况及其标准化工作现状进行调研分析，并从标准化工作的角度提出针对性思考，以期能为加快推进扬州市数字经济与先进制造业融合发展提供有益借鉴。

**关键词**：数字经济　先进制造业　标准化

中共中央、国务院印发的《国家标准化发展纲要》提出，实施高端装备制造标准化强基工程，健全智能制造、绿色制造、服务型制造标准；建立健全大数据与产业融合标准，推进数字产业化和产业数字化。标准对支撑数字经济高质量发展发挥着基础性、战略性和引领性作用，是产业发展的指南针和制高点。加快实施标准化战略，用标准化支撑数字化转型，以先进标准助力数字经济与先进制造业融合发展成为当务之急。笔者以扬州市为例，从标准化工作的角度提出针对性思考，以期能够加快推进扬州市数字经济与先进制造业融合发展。

## 1　扬州市数字经济与先进制造业基本情况

### 1.1　先进制造业总体情况

近年来，扬州锚定产业科创名城建设"主航道"，坚定不移推进"产业立市、制造强市"战略，聚力打造"613"产业体系，全力打造长三角有竞争力的产业科创高地、先进制造业基地，具体表现在三个方面。一是规划布局高点定位。扬州印发《加快建设制造强市行动方案》《扬州市六大主导产业集群高质量发展实施方案（2023—2025年）》《扬州市先进制造业集群重点产业链图谱》等。二是专项行动高效实施。制定并实施了"产业强链"三年行动、大企业大集团培育、"百企引航""千企升级""专精特新培育"等一系列专项行动计划。三是集群培育成效明显。海工装备和高技术船舶产业集群入围国家先进制造业集群，数控成形机床产业集群入选中小企业特色产业集群,高端装备产业集群入围中国百强产业集群,扬州位列先进制造业百强市前列。扬州现已形成:

——高端装备产业集群,现有800多家规上企业,数控成形机床国内市场占有率近30%,粮油饲料机械产量居全球第二,年造船完工量约占全省比重30%、全国比重13.5%,拥有一批细分行业"单项冠军"。

——汽车及零部件产业集群,现有4家整车制造企业和23家改装车企业、300多家规上零部件企业,整车产能达70万辆,整车产销量全省前三。

——新能源产业集群,现有150多家规上企业。光伏产业链完整,全市晶硅光伏组件年产量约占全省总量的20%、全国总量的6%。

——新材料产业集群,是产业强市的重要增长极,拥有780多家规上企业,扬州化工园区连续十年入围中国化工园区前十强,芳纶产销量国内第一、300万t PTA等重大项目蓄势待发。

——新一代信息技术产业集群,拥有400多家规上企业,半导体分立器件、无线射频标签、新型显示等细分领域具备比较优势,电子纸等特色产品技术全球领先,无线射频标签年产量保持在全球第二、亚洲第一。

——生命健康产业集群,拥有规上企业200多家,建有国家有机食品质量监督检验中心、扬州食品产业园,高新区生物医药、头桥新型医疗器械、杭集区医美日化集聚发展,"世界美食之都""中国美业港"品牌效应进一步放大。

### 1.2 数字经济发展基本情况

数字经济是以数据资源为关键要素,以现代信息网络为主要载体,以信息通信技术融合应用、全要素数字化转型为重要推动力,促进公平与效率更加统一的新经济形态。《扬州市"十四五"数字经济发展规划》提出,"十四五"时期,将实现电子信息制造业、软件和信息服务业两大领域和大数据、人工智能、物联网三个新兴产业等核心特色产业发展。近年来,扬州市产业数字化转型持续加快,截至2021年底,全市累计建成省级智能制造示范工厂3家、智能示范车间81个、培育省重点工业互联网平台6家、省工业互联网标杆工厂7家和星级上云企业721家,全市数字经济领域规模以上企业达1 000余家。到2025年,扬州数字经济核心产业增加值将较2021年实现翻番,电子信息制造业、软件和信息服务业两大产业规模超过1 840亿元,数字经济新兴产业规模达150亿元。

## 2 扬州市先进制造业领域标准化工作现状

### 2.1 标准化工作协调机制总体建立

2011年扬州市政府办公室出台《关于加快推进扬州市技术标准战略的实施意见》,2016年扬州市政府建立技术标准战略工作联席会议制度,2021年扬州市政府办公厅出台《关于支持标准化工作服务高质量发展的若干政策措施》,对标准创新实施奖励扶持,全市标准化工作协同推进机制基本形成。

## 2.2 标准化技术组织建设持续推进

国际国内专业标准化技术组织掌握着相关领域标准制定的话语权,是产业核心竞争力的重要标志。在先进制造业领域,扬州市拥有国际专业标准化技术委员会秘书处 1 个,全国专业标准化技术委员会秘书处 1 个、分技术委员会秘书处 4 个,专业标准化技术组织建设数量位居全省前列。

## 2.3 "扬州标准"国际化程度逐步提升

扬州市对主导制修订国际、国家、行业和地方标准的起草单位实施经费补助。据不完全统计,近年来扬州市完成制定国际标准 6 项,正在制定国际标准 4 项,核威弹簧、丰尚科技、舜天工具、九力绳缆等一批国际标准化领军企业正在形成,"扬州制造"的国际核心竞争力不断增强。

## 2.4 制造业标准体系不断完善

紧贴产业需求,强化培育引导,初步形成扬州特色制造业标准体系。重点围绕汽车及其零部件、数控机床、电力电子、农药化工、海工船舶、新材料等先进制造产业,以及玉器漆器、洗漱用品、纺织服装等传统制造产业构建标准体系,主导制定 220 多项国家、行业标准,积极培育标准领跑型企业 160 余家,引领和支撑产业科创名城建设。

## 2.5 标准化试点示范全面推广

开展循环经济、战略性新兴产业、高端装备制造标准化试点建设,引领和推动产业转型升级和提质增效。截至 2023 年,全市先进制造业领域建立国家级标准化试点 4 个,省级标准化试点 47 个。扬州市环保科技产业园区建成国家循环经济标准化试点园区,扬州高新技术产业开发区建成国家高端装备制造业(智能制造)标准化试点园区,杭集高新区获批国家级消费品标准化试点,江苏亚威机床股份有限公司获批国家级智能制造标准应用试点项目。

# 3 问题与不足

扬州市数字经济与先进制造业领域标准化工作虽然取得不少成效,但在标准化助推数字经济与先进制造业深度融合方面,与省内、省外先进地区相比存在明显的不足或短板。

## 3.1 抢占标准制高点意识不强

扬州市不少制造业企业成长到一定规模后就失去持久发展后劲,最终在竞争中倒闭或被外来企业兼并,其背后的重要原因就是企业高层领导标准化战略思维和危机意识不强,对标准化引领支撑制造业企业长远发展的重要作用认识不足,参与国际国内标准化活动的主动性、自觉性不强。

## 3.2 科技创新与标准研制协同推进不够

经不完全调查,扬州市建立科技创新与标准研制同步推进机制的制造业企业为10%左右,科技创新成果的技术标准转化率大概在50%以上,专利标准化、标准产业化程度不高。

## 3.3 数字经济与先进制造业融合不深

当前,扬州市不少制造业企业尚不能充分利用数字时代带来的技术和机遇,主动推进数字技术与制造业加快融合,"数实融合"领域标准研制较少,智能制造能力不强,产品附加值不高。

## 3.4 标准化推动"两化"融合作用发挥不够

企业在推动工业化与信息化"两化"融合发展过程中,未能充分发挥标准化工作的应有作用,忽视运用技术标准引领支撑智慧化改造和数字化转型。

## 3.5 企业标准化复合型人才严重匮乏

标准化专业人才缺乏是影响我市先进制造业高质量发展的突出短板,不少行业"单项冠军"和"隐形冠军"企业缺乏专职标准化人员,懂规则、懂技术、懂标准、懂外语的高层次复合型人才严重不足。

## 3.6 政府奖励扶持政策精准引导不够

扬州市政府及相关职能部门已经充分认识到数字经济与先进制造业融合发展的重要性和紧迫性,但还需进一步研究出台以标准化助推数字经济与先进制造业融合发展的专项政策措施。

# 4 针对性建议

数字化是时代趋势,如何进一步发挥标准化的基础性、引领性作用,加快推进数字经济与先进制造业深度融合发展,支撑建设更便捷、更高效、更普惠的"数字扬州"是数字化发展的重心。针对这一问题,笔者提出以下几点针对性建议。

## 4.1 建立和完善以标准化推进数字经济与先进制造业融合发展的工作机制

要进一步发挥扬州市推进技术标准战略工作联席会议制度作用,加强市场监管、发改、工信、科技、财政等部门互动协作,加快建立健全数字经济与先进制造业融合发展的标准化工作协同推进机制。

## 4.2 强化推动数字经济与先进制造业融合发展的政策措施

要着力围绕推动数字经济与先进制造业融合发展,制定并完善专项配套政策措施,对以标准化推动融合发展取得显著成效的企事业单位给予奖励扶持,充分调动广大企事业单位运用标准化手段参与"数实融合"的主动性、积极性。

### 4.3　积极支持企业参与数字经济与先进制造业融合发展领域标准制定

鼓励扬州市先进制造业企业抢抓机遇期,充分发挥扬州市承担的数控机床、喷射设备、口腔护理等国际国内专业标准化技术组织作用,积极参与数字经济领域基础通用标准、关键技术标准、融合应用标准、产业服务标准、数字化转型标准制修订活动,将先进的智能制造企业标准上升为国际标准、国家标准和行业标准,以标准引领支撑制造业数字化转型。

### 4.4　组织实施先进制造业标准化领航工程

推动企业标准化与科技创新互动发展,加强关键技术领域标准研究、以科技创新提升标准水平、以先进标准倒逼科技创新。积极开展国家级和省级技术标准创新基地建设,分梯度培育"标准创新型"企业。鼓励企业参加标准"领跑者"行动,将大数据、云计算、物联网、区块链、人工智能、5G通信等新兴技术融入先进制造业产品和服务标准,制定更多严于国际、国家和行业标准的"领跑型"企业标准,积极参与绿色制造团体标准制定,提升"扬州制造"智能化、数字化水平。

### 4.5　开展数字经济与先进制造业融合发展标准化试点建设

支持指导扬州市经济技术开发区、高新技术产业园区和先进制造业龙头企业,积极申报国家级和省级高端装备制造、战略性新兴产业、循环经济、新型消费品标准化试点项目,探索开展一批互联网、物联网、大数据、人工智能等数字领域关键技术在传统制造业领域融合应用的标准化试点,支持江苏亚威机床股份有限公司等企业开展国家智能制造标准应用试点建设。

### 4.6　强化标准化专业人才培养和引进

加强对企业、高校、科研院所等一线科研人员的标准化业务知识培训,提升标准化专业素质。持续在全市规模以上先进制造业企业推行企业标准总监制度,加快培养以标准总监为主体的企业标准化人才队伍。鼓励企业培养引进懂数字、精制造、通标准的高层次复合型人才,打造数字经济和先进制造业融合领域标准化人才高地。

### 4.7　加快提升先进制造业标准化服务能力

不断完善扬州市先进制造业标准信息服务平台建设,为企业提供及时高效的标准技术咨询服务。大力培育发展标准化服务业,引导扬州市标准化服务机构提高自身能力和服务水平,促进更多第三方标准化服务机构成长壮大,帮助企业引进高层次标准化服务机构,提供高效优质标准化服务。